Jürgen Weber
Sammeln nach 1998

Phänomenologie der Bibliothek: Redescriptions | Band 1

Editorial

Die Bibliothek ist tot – es lebe die Bibliothek. Die neue Reihe zu ihren *redescriptions* (Mary Hesse) verdankt sich der Überzeugung, dass ihre Beschreibungen weit über tradierte Funktionsbestimmungen wie Archivierung, Erschließung, Wissensvermittlung oder Freizeitgestaltung hinausgehen. Als permanent sich verändernde Wissensformation muss das Phänomen der Bibliothek für jede Gegenwart in den jeweiligen Zeithorizonten neu betrachtet werden. Nur so sind eine Sicherung und Fortschreibung kultureller Überlieferung möglich.

Die in der Kulturgeschichte der Bibliothek wie in ihren Reformulierungen sichtbar werdenden Problemstellungen sind Seismographen für Schwellen, Zäsuren oder Transformationen in der Geschichte des Wissens und damit auch in gesellschaftlichen, politischen Veränderungsprozessen. Als Sammlungen in Bewegung schreiben Bibliotheken nicht fest, sondern erweisen sich als Generatoren für immer erweiterbare Sprachformationen von Fragen und Antworten. Daher vermittelt die Reihe neue Erkenntnisse und Beschreibungen zu Erweiterung, Ausdifferenzierung, aber auch Auflösung und Zerstörung von Topographien, Provenienzen, Architekturen und von Raumgefügen der Bibliotheken. Über Fächergrenzen hinweg werden sie als maßgebliche Faktoren und Indikatoren für kulturelle Konstellationen sichtbar.

Epistemologisch erscheint die Bibliothek als Modell wie Modellierungsvariable. In ihrer sich ständig verändernden Prozesshaftigkeit liegen Aufgabe und Verantwortung in der modernen Gesellschaft begründet. Die Bibliothek ist ein aktives, lebendiges und seismographisches Instrument des kulturellen Wandels.

Die Reihe wird herausgegeben von Prof. Dr. Jasper Cepl (Weimar), Dr. Reinhard Laube (Weimar) und Prof. Dr. Ulrike Steierwald (Lüneburg).

Jürgen Weber (Dr. phil.), geb. 1961, ist Wissenschaftlicher Bibliothekar an der Herzogin Anna Amalia Bibliothek, Klassik Stiftung Weimar. Seine Arbeits- und Forschungsschwerpunkte sind Provenienzforschung, Sammlungserschließung und Kulturguterhaltung. Darüber hinaus hat er zu Themen der Barrierefreiheit publiziert.

Jürgen Weber

Sammeln nach 1998

Wie Provenienzforschung die Bibliotheken verändert

Bibliografische Information der Deutschen Nationalbibliothek
Die Deutsche Nationalbibliothek verzeichnet diese Publikation in der Deutschen Nationalbibliografie; detaillierte bibliografische Daten sind im Internet über https://dnb.dnb.de/ abrufbar.

Erschienen 2024 im transcript Verlag, Bielefeld

Umschlaggestaltung: Maria Arndt, Bielefeld
Umschlagabbildung: Architekturmodelle Thomas Looks, Weimar
Druck: Majuskel Medienproduktion GmbH, Wetzlar
https://doi.org/10.14361/9783839472248
Print-ISBN: 978-3-8376-7224-4
PDF-ISBN: 978-3-8394-7224-8
Buchreihen-ISSN: 2943-2782
Buchreihen-eISSN: 2943-2790

Gedruckt auf alterungsbeständigem Papier mit chlorfrei gebleichtem Zellstoff.

Inhalt

Anhang: Provenienzklärung

Einleitung: Sammeln nach 1998

»Eine Sammlung kann [...] ganz oder teilweise zerstreut bzw. vernichtet sein.«
Aus den Empfehlungen des Deutschen Bibliotheksverbandes e. V. zur Erschließung von Sammlungen in der Provenienzforschung, Juli 2020[1]

»Es ist ein eminent politisches und auch politisch brisantes Umfeld, in dem Provenienzforschung stattfindet. Sie ist, mehr als andere Forschung an Museen oder Bibliotheken, direkt abhängig von den gesellschaftlichen Rahmenbedingungen.«
Aus dem Leitfaden Provenienzforschung des Deutschen Zentrums Kulturgutverluste, Oktober 2019[2]

Abstract *Ohne Provenienzangabe ist ein Sammlungsstück für eine Kulturinstitution heute praktisch wertlos und von Privatleuten kaum in den Handel zu bringen, weil Herkunftsangabe und damit oft auch die Umstände und der rechtliche Status des Erwerbs ungeklärt sind. Die Akzentuierung des Provenienzbegriffs in der wissenschaftlichen Sammlungserschließung geht auf eine anfangs zurückhaltende, dann sich vertiefende Auseinandersetzung mit dem Thema Kulturgutentziehungen zurück, die – katalysiert durch die Washingtoner Prinzipien von 1998 – von der Provenienzklärung und Restitution von NS-Raubgut ihren Ausgang nahm. Provenienzforschung, verstanden als ein Mittel der institutionalisierten Aufarbeitung der Vergangenheit in juristischer, historischer und politischer Hinsicht, hat einen Veränderungsprozess der Bibliotheken in Gang gesetzt, der als Umbruchphase und zugleich als Findungsprozess innovativer Samm-*

lungskonzepte beschrieben werden kann. Kein anderes bibliothekspolitisches Thema stellt die kulturelle Integrität der Institutionen so sehr in Frage wie die Auswirkungen des Kulturgutraubs auf die Interaktion zwischen den Bibliotheken und betroffenen Personen.

Without provenance information, a collection item is of virtually no value for a cultural institution today and can hardly be brought into the trade by private individuals, because the indication of origin and thus often the circumstances and legal status of the acquisition are unclear. The emphasis of the concept of provenance in the scolarly description of collections can be traced back to an initially reticent, then deepening examination of the topic of withdrawel of cultural assets, which – triggered by the Washington Principles of 1998 – began with the clarification of provenance and restitution of Nazi looted assets. Provenance research, understood as a means of institutionalised reappraisal of the past in legal, historical and political terms, has set in motion a process of change in libraries that can be described as a phase of upheaval and, at the same time, as a process of finding innovative collection concepts. No other library policy issue challenges the cultural integrity of institutions as much as the impact that cultural assets looting has on the interaction of the libraries and individuals involved.

Der Gebrauch der Sammlung

Die Washingtoner Prinzipien von 1998 – das sind die *Grundsätze der Washingtoner Konferenz in Bezug auf Kunstwerke, die von den Nationalsozialisten beschlagnahmt wurden. Veröffentlicht im Zusammenhang mit der Washingtoner Konferenz über Vermögenswerte aus der Zeit des Holocaust, Washington, DC, 3. Dezember 1998* – beruhen auf einer internationalen Vereinbarung zwischen 44 Teilnehmerstaaten, darunter auch die Bundesrepublik Deutschland, und 13 nichtstaatlichen Organisationen.[3] Obgleich die elf Prinzipien völkerrechtlich nicht bindend waren, markierte ihre Verabschiedung dennoch einen neuen Umgang mit verfolgungsbedingtem Kulturgutverlust. In den Prinzipien geht es um den ungehinderten Informationszugang zu den Provenienzdaten und um die Klärung der Erwerbsumstände der in Kultur- und Bildungseinrichtungen überlieferten Objekte und Sammlungen in der Zeit vom 30. Januar 1933 bis zum 8. Mai 1945. Das schließt auch Zugänge von Kulturgütern ein, die bis 1945 entstanden und erst später, z.B. über den antiquarischen Handel oder als Schenkungen, in die Depots gelangt sind.

Bei dem Vorhaben, die Restitution von NS-Raubgut voranzubringen, hat der deutsche Staat 1999 einen neuen Weg eingeschlagen. In einer *Gemeinsamen Erklärung* haben Bund, Länder und Kommunen die Verantwortung für die Aufarbeitung der NS-Vergangenheit mit den öffentlichen Einrichtungen, die von dem Kulturgutraub profitiert haben, geteilt und auch die Bibliotheken dazu angehalten, Provenienzklärung mit Methoden eines professionellen Sammlungsmanagements zu verbinden und proaktive und Erfolg suchende Formen einer fairen Restitutionspraxis zu nutzen. Im Unterschied zu anderen Rückgabe- und Entschädigungsregelungen ist die »Selbstverpflichtung« zur Umsetzung der *Washingtoner Prinzipien* nicht mit einer zeitlichen Frist versehen worden.[4]

In Deutschland traf die in Ost und West geführte Debatte über NS-Raubgut auf die Abwicklung der Verfahren, die teilungsbedingte Vermögensverluste zur Zeit der DDR in Form von Rückgaben oder Entschädigungen ausgleichen sollten. Solche »offenen Vermögensfragen« betrafen Vermögenswerte auf dem Gebiet der DDR, die z.B. entschädigungslos durch Überführung in Volkseigentum verloren gegangen waren, aber auch Fälle von Vermögensverlusten der NS-Verfolgten, für die es in der DDR keine der westdeutschen Wiedergutmachung vergleichbaren Regelungen gegeben hatte.

Hinzu kamen die strafrechtlichen, beruflichen und verwaltungsrechtlichen Rehabilitierungsverfahren von Personen, die in der Sowjetischen Besatzungszone (SBZ) und in der DDR politischer Verfolgung ausgesetzt waren. Die drei SED-Unrechtsbereinigungsgesetze von 1992, 1994 und 2007 bezogen sich auf Personen, die in der Zeit vom 8. Mai 1945 bis zum 2. Oktober 1990 durch willkürliche oder politisch motivierte Maßnahmen einen folgenschweren Vermögens- oder Gesundheitsschaden oder eine Benachteiligung in Beruf, Ausbildung oder Schule erlitten hatten.

Mit der Novellierung und Entfristung der SED-Unrechtsbereinigungsgesetze im November 2019 schufen die Rehabilitierungsverfahren Raum auch für die Betrachtung der mit politischer Verfolgung verbundenen Kulturgutverluste in der DDR. Zur Handhabung solcher Fälle fehlen noch »rechtspolitische Handlungsoptionen«, die – so die Bundesbeauftragte für die Opfer der SED-Diktatur, Evelyn Zupke, in ihrer *Unterrichtung* des Deutschen Bundestages vom Juni 2023 – in einem Gutachten entwickelt werden, dessen Publikation durch das Deutsche Zentrum Kulturgutverluste Ende 2023 vorgesehen ist: »Für die SED-Opferbeauftragte ist dabei wichtig, dass bezogen auf die Betroffenen die Entziehung des Kulturguts weit mehr als einen finanziellen Schaden darstellt, sondern verbunden ist mit einem Verlust eines Teils der eigenen Identität und einer mitunter vielschichtigen Repressionserfahrung in der Familiengeschichte.«[5]

Weitere Fälle von Kulturgutverlusten kamen in den Blick, die für die Provenienzklärung des Sammlungsguts in Bibliotheken, Archiven und Museen relevant sind. Das Deutsche Zentrum Kulturgutverluste listet im Herbst 2023 auf der Webseite unter den Rubriken »Aufgaben« und »Forschungsförderung« neben Fällen NS-verfolgungsbedingt entzogenen Kulturguts auf: Fälle kriegsbedingt verlagerten Kulturguts (»Beutekunst«), Verluste durch »Schlossbergungen« und »Leerräumen« von Gutshäusern im Zuge der Bodenreform und Industriereform in der SBZ sowie die Kontroversen über den Umgang mit Sammlungsgut aus kolonialen Kontexten.[6]

Der Umgang mit den im Zeitablauf teilweise sich überlagernden Kulturgutverlusten liefert Beispiele für Erinnerungsdiskurse, die, im öffentlichen Raum ausgetragen, einerseits in Konkurrenz stehend wahrgenommen werden, andererseits sich wechselweise beeinflussen. Dabei nehmen sie im gesellschaftlichen Dialog Ausdrucksweisen, Stile, Gesten anderer Erinnerungsprozesse auf, ohne die Faktizität der Ereignisse und Spezifik der Gewaltgeschichten infrage stellen zu müssen. Solche komplex konstruierten Erinnerungsprozesse – Michael Rothberg spricht von »multidirectional memory« – sind kulturelle Phänomene, die sich wandeln und daher immer wieder zu hinterfragen sind.[7]

Das hat weitreichende Folgen für die Beziehung von Provenienzklärung und Sammlungserschließung in Kultur- und Bildungseinrichtungen und fordert auch zu einer Neubewertung der überlieferten Sammlungsnarrative und -konzeptionen auf. Denn auch wenn bei den aufgelisteten disparaten Fallkonstellationen die gesellschaftspolitische und rechtliche Ausgangslage für Entscheidungen über den weiteren Umgang mit den Sammlungsobjekten und deren Verbleib teilweise noch ungeklärt und strittig ist, so wird doch klar: Ohne die systematische Erforschung der Sammlungs- und Erwerbungsgeschichte und ohne die Möglichkeit, die Resultate in den Bibliothekskatalogen detailgenau zu dokumentieren, fehlen die Grundlagen für die geforderte Recherche- und Auskunftsfähigkeit der Einrichtungen.

Zwei Gründe haben die Provenienzforschung in Bibliotheken lange Zeit behindert: Die bibliothekarischen Regelwerke sahen die Dokumentation der Provenienzmerkmale in den Katalogen nur optional und in nicht normierter Form vor. Und Provenienzklärung und Restitutionspraxis sind bis 2012 in keinem der zahlreichen Kompendien für Bibliotheksmanagement eigens berücksichtigt worden.[8] Das war unverständlich, bot doch gerade die gut entwickelte, wirkungsorientierte Verwaltungskultur der Bibliotheken günstige Voraussetzungen für ein effektives Sammlungsmanagement.

Tatsächlich sind nur wenige Bibliotheken bekannt, die sich in den Jahren vor der Washingtoner Konferenz für Spuren möglicherweise verfolgungsbedingt entzogener Bücher interessiert haben. So berichtete *Der Spiegel* im August 1992 unter der Schlagzeile »Bomben im Keller« von dem Vorhaben der Staats- und Universitätsbibliothek Bremen, geraubte Bücher an die jüdischen Eigentümer zurückzugeben. Auch die Hamburger Staats- und Universitätsbibliothek war auf Nachfrage des Nachrichtenmagazins auf »Titel aus jüdischem Bestand« gestoßen, die 1944 als »Geschenk der Gestapo« verbucht worden waren.[9]

Vermögensgesetz

Im Zuge der Wiedervereinigung haben sich in den 1990er-Jahren Kultureinrichtungen vor allem im Beitrittsgebiet mit dem Themenfeld der Kulturgutverluste und Restitution auseinandersetzen müssen. Das einschlägige *Gesetz zur Regelung offener Vermögensfragen* bezog sich auf Vermögensverluste durch unrechtmäßige Enteignungen auf dem Gebiet der DDR.[10] Das Vermögensgesetz, das am 28. September 1990 in Verbindung mit dem Einigungsvertrag im *Gesetzblatt der Deutschen Demokratischen Republik* veröffentlicht worden war, ist also »originär ein Gesetz der DDR«, das am 3. Oktober 1990 in Bundesrecht überging.[11] Das Gesetz enthielt eine zwischen den beiden deutschen Staaten bis zuletzt umstrittene Bestimmung, die gegen Vorbehalte der Regierung de Maizière auch den Vermögensverlust durch NS-Verfolgung »aus rassischen, politischen, religiösen oder weltanschaulichen Gründen«[12] regelte. Damit sollte die bislang versäumte Restitution auf dem Gebiet der DDR nachgeholt werden, allerdings verknüpft mit Einschränkungen, z.B. dem Restitutionsausschluss besatzungshoheitlicher Enteignungen 1945 bis 1949 in der SBZ.[13] Wie Christian Meyer-Seitz in seiner Analyse der Rückerstattung Ost aus juristischer Perspektive 2002 darlegt, haben in der Folge höchstrichterliche Entscheidungen insbesondere des Bundesverwaltungsgerichts in Leipzig dafür gesorgt, »daß die Rückerstattung Ost juristisch ausgereifter und politisch störungsfreier verläuft als der Parallelvorgang in den alten Bundesländern«. Zumindest überwiege der Eindruck, dass mittlerweile »über die Notwendigkeit einer effektiven und fairen Rückerstattung des entzogenen jüdischen Vermögens an die Verfolgten [...] ein breiter politischer, juristischer und administrativer Konsens« bestehe.[14]

Als Element von »transitional justice« – verstanden als »institutionalisierte Aufarbeitung der Vergangenheit«[15] in historischer, politischer und juristischer Hinsicht (Brigitte Weiffen) – hatte die Kopplung von Gehalt und Merkmalen der Grundsätze des alliierten Rückerstattungsrechts und des Vermögensgesetzes zur Klärung offener Vermögensfragen aus SED-Unrecht den Weg zu einer pragmatischen und fairen Restitutionspraxis geebnet, und zwar in Ost und West.[16] Nach Ruti G. Teitels Antithese zur Schlussstrichmentalität lässt sich solchen Transitionsphasen Relevanz auch für lange zurückliegendes Unrecht zuschreiben, indem sie Entschädigungsleistungen im Zeitablauf eher wahrscheinlich als unwahrscheinlich machen. Denn die Nachfahren einer Tätergeneration seien eher als die Täter und Mittäter selbst bereit und in der Lage, begangenes Unrecht zu untersuchen und Verantwortung für einen Ausgleich mit den Opfern zu übernehmen. Mit schwindender Aussicht im Zeitablauf, Individuen konkrete Tatanteile zuzuweisen, gewinne der symbolische Charakter eines Ausgleichs an Bedeutung und an Akzeptanz.[17]

Aus Sicht der Opfer und ihrer Nachfahren bleiben Restitution und Kompensation von NS-Unrecht jedoch immer auch mit den sozioökonomischen Folgen des begangenen Unrechts verknüpft. Denn mit der Verfolgung waren neben dem Verlust von Vermögenswerten oft Verlust des Einkommens, des beruflichen und finanziellen Fortkommens, Emigration und Flucht, Verarmung, Krankheit und Tod verbunden, während die Nachfahren der Tätergeneration vielfach von dem Unrecht profitierten.[18] Teitel beobachtet nun, dass mit dem Zeitablauf (»passage of time«) transitionales Recht gesellschaftspolitische Fragen intergenerationeller Gerechtigkeit aufwirft: »With the passage of time, reparatory projects move farther from the traditional model of corrective justice. After time, wrongdoers don't pay; innocents do. And, after time, redress goes not to original victims but their descendants. With the passage of time, therefore, reparatory schemes look less like conventional corrective justice and more like a social distribution and political question.«[19] Als ein Beispiel für Auswirkungen transitionalen Rechts werden in Deutschland »distributive schemes« angesehen, d.h. Verteilungsmodelle etwa für erbenloses jüdisches Vermögen zugunsten von Nachfolgeorganisationen wie seit 1990 der Conference on Jewish Material Claims Against Germany für das Gebiet der ehemaligen DDR. Die Konfliktlinien intergenerationeller Gerechtigkeitsdiskurse reichen heute bis in die Kultureinrichtungen, selbst Profiteure des Kulturgutraubes, in denen die Kontroversen, wenn auch nicht immer an das Lebensalter der Akteurinnen und Akteure gebunden, wieder und wieder ausgefochten werden. So eröffneten die *Washingtoner Prinzipien* von 1998 noch einmal die Chance, den

NS-Kulturgutraub historisch und politisch gründlicher als bisher aufzuarbeiten und der Provenienzforschung in Bibliotheken, Archiven und Museen wirksame Impulse zu geben, auch wenn die Initiative in Deutschland genau genommen auf einer politischen Absichtserklärung und weitgehend auf freiwilligen Leistungen beruht.

Handreichung und Leitfaden

2019 – also 20 Jahre nach der *Gemeinsamen Erklärung* mit der »Selbstverpflichtung« zur Umsetzung der *Washingtoner Prinzipien* – erschienen mit dem *Leitfaden Provenienzforschung* und der *Handreichung* zwei Informationsbroschüren, die einerseits die aktuellen forschungs- und gesellschaftspolitischen Interessen an der Provenienzklärung herausstrichen, andererseits den Innovationsdruck zugunsten einer Professionalisierung des Sammlungsmanagements noch einmal verstärkten.

Die *Handreichung* vom Februar 2001, die im 2007 überarbeiteten Format in einer 68-seitigen Neufassung von der Beauftragten der Bundesregierung für Kultur und Medien im Dezember 2019 herausgegeben wurde (Abb. 1), wies zwar auf die unveränderte rechtliche Ausgangslage zum Jahr 1999 hin, wonach die Broschüre über eine »rechtlich nicht verbindliche Orientierungshilfe zur Umsetzung der Gemeinsamen Erklärung« nicht hinausgehe. Zugleich wird jedoch hervorgehoben, dass die Provenienzforschung in Deutschland »inzwischen über eine leistungsfähige Forschungsinfrastruktur in Kultur- und Wissenschaftseinrichtungen« verfüge. Provenienzforschung sei durch neu eingerichtete (Junior-)Professuren im universitären Bereich verankert, so dass auch Ausbildung und Angebote an Weiterbildungsprogrammen für das Personal der Kultureinrichtungen professionalisiert worden seien.[20] Provenienzforschung – das machen die *Handreichung* und auch der bereits im Oktober 2019 publizierte *Leitfaden Provenienzforschung zur Identifizierung von Kulturgut, das während der nationalsozialistischen Herrschaft verfolgungsbedingt entzogen wurde* klar – könne als eine der »Kernaufgaben« der Kultureinrichtungen nunmehr »systematisch«, »kontinuierlich«, »dauerhaft« und »nachhaltig« betrieben werden.[21]

Abb. 1: Handreichungen 2001, 2007, 2019 (maßstabgerecht)

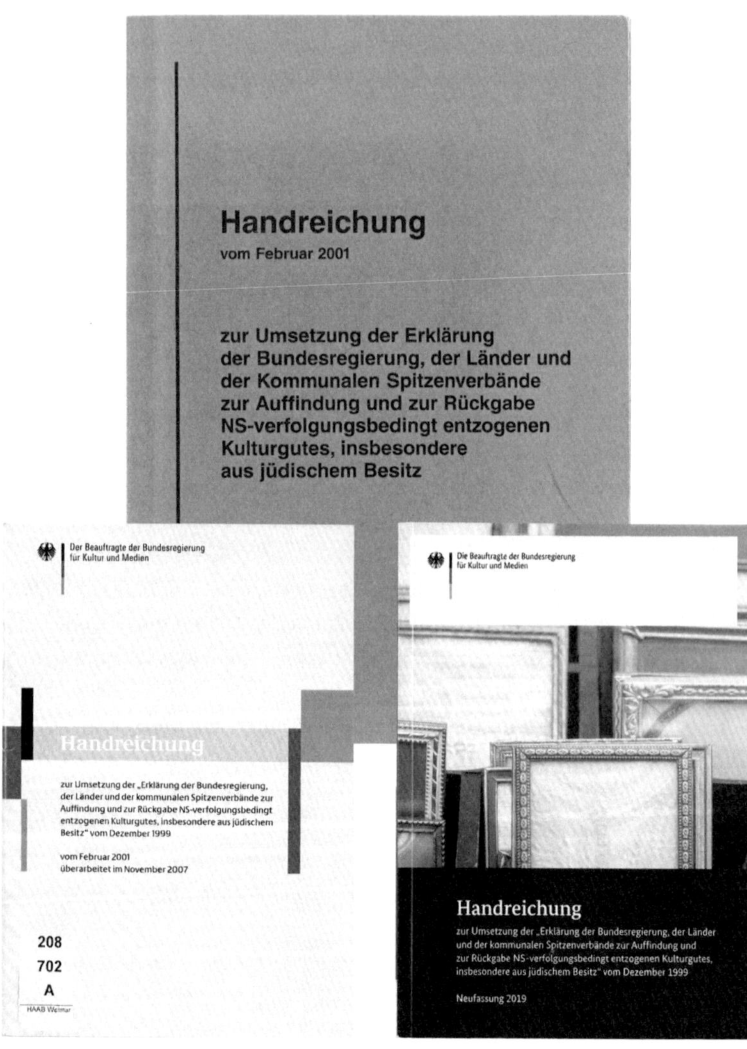

Klassik Stiftung Weimar, Herzogin Anna Amalia Bibliothek, Signaturen: AN 59800 D486; 208702 A; 325180 A

Für die Arbeit an dem 135 Seiten starken *Leitfaden Provenienzforschung* war es unter der Federführung des Deutschen Zentrums Kulturgutverluste gelungen, spartenübergreifend die einschlägigen Verbände und Fachvereinigungen – mit Ausnahme der deutschen Archive – zu einem Herausgeberkollektiv zusammenzuführen. Das sind der Arbeitskreis Provenienzforschung e. V., der Arbeitskreis Provenienzforschung und Restitution – Bibliotheken, der Deutsche Bibliotheksverband e. V., der Deutsche Museumsbund e. V., ICOM Deutschland e. V. (das ist die deutsche Sektion des international council of museums). Mit Blick auf die anstehenden Aufgaben, so formulieren es die Herausgeber, könne die Publikation »nur einen kleinen Ausschnitt aus dem komplexen Diskursfeld des Verfügungsanspruchs über historische Sammlungsgüter abdecken, das immer größeres Gewicht in der alltäglichen fachlichen Arbeit einnimmt«[22].

Bleiben mit der Fokussierung auf den nationalsozialistischen Kulturgutraub auch andere historische Entzugskontexte im *Leitfaden Provenienzforschung* noch ausgespart, so deutet diese Bemerkung doch auf eine veränderte Sicht auf das Sammlungsmanagement der Kultur- und Bildungseinrichtungen hin, das von den Erfahrungen aus 20 Jahren Restitutionspraxis zweifellos profitiert hat. Viele persönliche Begegnungen, der Erfahrungsaustausch mit den Nachfahren der ehemaligen Eigentümerinnen und Eigentümer restituierter Sammlungsstücke, Fallberichte und Fotos in zahlreichen Publikationen und Ausstellungen haben zu notwendigen Verunsicherungen und Irritationen über die historischen Akzessionsjournale, Kataloge und Narrative der Sammlungsüberlieferung geführt.[23]

»... in deutschen Wohnwelten«

Rüdiger Mahlo, seit 2013 Repräsentant der Conference on Jewish Material Claims Against Germany in Deutschland, nennt im Geleitwort des *Leitfadens Provenienzforschung* einen weiteren Grund, warum mit den Fortschritten der Provenienzforschung nach 1998 die gesellschaftspolitischen Auswirkungen der Restitutionspraxis eine stärkere Beachtung finden: »Provenienzforschung hilft, Teile der gestohlenen, erpressten und enteigneten Objekte an die Eigentümer bzw. deren Erben zurückzuführen. Der überwiegende Teil der entwendeten Vermögenswerte hunderttausender jüdischer Familien jedoch ist gewissermaßen in deutschen Wohnwelten aufgegangen, ohne Spuren zu hinterlassen.« Auch wenn Provenienzforschung hierbei zunächst an ihre Grenzen stoße, gehe es doch gerade in den Fällen noch nachvollziehbarer Provenienzklärung in den öffentlichen Einrichtungen darum, das überlieferte Wissen über die Herkunft unserer Kunstsammlungen, Bibliotheken und

Archive einer Revision zu unterziehen. Biete sich hieraus die Option einer Restitution, so führt Mahlo aus, könne begangenes Unrecht zwar nicht ungeschehen gemacht werden, die Unterlassung möglicher Restitutionen führe aber dazu, »Unrecht zu perpetuieren«. So charakterisiere das Handlungsfeld der Provenienzforschung »mittelbar das Selbstbild der Gesellschaft, in der wir leben.«[24]

Mahlo lenkt das Augenmerk auf die Privathaushalte, die ebenso wie die öffentlichen Einrichtungen im NS-Staat und später Adressaten der Vorteilsnahmen und Aneignung der entzogenen Vermögenswerte aus der Zeit des Holocaust waren. Seine Ausführungen stehen im Zusammenhang mit seinem Beitrag *Was bleibt von der Shoah?* 2018 auf der Berliner Fachkonferenz »20 Jahre Washingtoner Prinzipien«. Darin hatte er die Erinnerungsarbeit zu einem Thema auch des Privaten gemacht: »Erinnerung ist auch im individuell Privaten gefragt. Erinnerung daran, dass Teile der Zivilbevölkerung wissentlich und allzu bereit vom Holocaust profitiert haben. Erinnerung daran, wann und wie vererbte Möbel, Kunst- und Ausstattungsgegenstände Eingang in Privathaushalte gefunden haben.«[25]

Nahezu alle gesellschaftlichen Bereiche waren in die Verwertung der entzogenen Vermögenswerte verstrickt. Raub- und Beutegut gehörten zu den Ressourcen, die aus der systematischen Verfolgung, Enteignung und Ermordung der Juden Europas und anderer Bevölkerungsgruppen für die Stabilisierung der Staatsfinanzen, für die interne Umverteilungspolitik des NS-Staates und für die Sicherung des binnendeutschen Konsums gewonnen wurden.[26] Auch der Kunst- und Bücherraub ist von ökonomischen Faktoren der Ressourcenverteilung und Konsumtion mitbestimmt, seine Aufarbeitung und das Interesse daran müssen – als Ergebnis politischer Prozesse – darauf Bezug nehmen.

Ökonomien der Verwertung und des Konsums

Sammeln und der Gebrauch der Kunst- und Büchersammlungen können nach 1998 nicht mehr losgelöst vom historischen Kontext der Ökonomien der Verwertung, der Zirkulation der Vermögenswerte und des Konsums betrachtet werden. Tatsächlich war die Agenda der Washingtoner Konferenz von Fragestellungen geleitet, die sich aus der Diskussion des Themenfeldes »Nazi-Gold«, dem bereits die erste Konsultationskonferenz in London im Dezember 1997 gewidmet war, ergeben hatten.[27] Zu den strittigen Punkten gehörten Vermögenswerte wie z.B. Grundbesitz jüdischer Gemeinden, Bankguthaben,

Versicherungspolicen und eben auch Kunstwerke. Das Thema des »Nazi-Goldes« weitete sich zu einem Thema des Holocaust, als die ökonomische Ausbeutung der besetzten und kontrollierten Länder mit der Verfolgung der jüdischen Bevölkerung Europas und dem NS-Programm der Vernichtung des jüdischen Gesellschafts- und Wirtschaftslebens und der Verwertung der letzten Habe und der Leiber der ermordeten Insassen in den Konzentrationslagern aufeinander bezogen wurden. Damit war die Verwertung des (Zahn-)Goldes, der Uhren und Brillengestelle, des Schmuckes, der Münzen und Kleidung bis hin zur Verwertung der Asche der Getöteten als Düngemittel in der Landwirtschaft gemeint.[28] Die Radikalität der Verwertungsabsicht machte Mahlo zum Ausgangspunkt seiner Berliner Ausführungen zur Erinnerungskultur der Shoah.[29]

Die Teilhabe der Mehrheitsbevölkerung an den Verwertungserlösen ging einher mit den Versuchen des NS-Staates, die Volkswirtschaft vor dem Krieg und im Krieg zu stabilisieren, um den binnendeutschen Lebensstandard zu sichern. So organisierten z.B. Finanzämter so genannte »Judenauktionen«, auf denen der Hausrat der vertriebenen und deportierten Nachbarn zum Verkauf stand, die Erlöse flossen in den Staatshaushalt.[30] Zur Kriegswirtschaft und Besatzungspolitik wiederum gehörten Konstrukte wie Kontributionen und Besatzungskosten, die den abhängigen und besetzten Ländern auferlegt wurden.[31] Zu nennen ist ferner das Programm der Zwangsarbeit, der 20 Mio. Männer, Frauen und Kinder in der Zivilarbeit, Kriegsgefangenschaft und KZ-Haft unterworfen waren. Zwangsarbeit reichte praktisch in alle Bereiche der deutschen Gesellschaft und Wirtschaft bis hin zu kirchlichen und kommunalen Einrichtungen und privaten Haushalten.[32] Trotz aller Sichtbarkeit – Volkhard Knigge spricht daher von einem »Gesellschaftsverbrechen«[33] – wurde Zwangsarbeit zum Thema der historischen Forschung erst Mitte der 1980er-Jahre und in der Folge auch der Anerkennungs- und Entschädigungsdebatten Anfang der 2000er-Jahre.[34]

Auch bibliothekarische Einrichtungen waren in das System kollektiver Ausbeutung eingebunden. Transport, Registrierung und Verteilung geraubter Bücher aus den besetzten und abhängigen Ländern waren z.B. eine Aufgabe der Reichstauschstelle, die – im Verbund mit den Dienststellen des Beschaffungsamtes der Deutschen Bibliotheken und des Deutsch-Ausländischen Buchtausches – als eine Behörde des Reichsministeriums für Wissenschaft, Erziehung und Volksbildung der Preußischen Staatsbibliothek angegliedert war. Wie Cornelia Briel in ihrer Studie *Die Bücherlager der Reichstauschstelle* (2016) darlegt, wickelte die Reichsbehörde Bücherkäufe bei Verlagen, im

Buchhandel und auf dem Antiquariatsmarkt besetzter Länder ab, indem Geschäfte in abgewerteten Landeswährungen beglichen und Ausgaben »auf einem Besatzungskostenkonto verbucht und damit dem besetzten Land in Rechnung gestellt wurden.«[35]

Der NS-Kulturgutraub sollte das Ende der Überlieferung der jüdischen Kultur und Wissenspotenziale einleiten. Kulturgut sollte allenfalls noch als kollektives Studienobjekt in NS-Forschungseinrichtungen aufbewahrt werden, wie z.B. in dem in Frankfurt am Main geplanten Institut zur Erforschung der Judenfrage, das während des Krieges erbeutete Archiv- und Bibliotheksbestände sammelte.[36] Zugleich gehörten Kulturgut und Hausrat zu den Vermögenswerten, deren Verwertung als Handelsware den Konsum stabilisieren half und bis in die Privathaushalte hinein wirkte.

Rückgabe

Es gehört zu den oft wiederholten Grundüberzeugungen der Restitutionsdebatte, dass Rückgabe des Eigentums oder wenigstens ein materieller Ausgleich ein Zeichen der Korrektur eines Rechtszustandes darstellt, der seit dem verfolgungsbedingten Entzug vorliegt und, bleibt er ungesühnt, NS-Unrecht fortführt. Nach der aktuellen Rechtsprechung stellt die Argumentation nicht auf die Enteignung durch eine Rückgabe ab, um nicht mit der Eigentumsgarantie des Grundgesetzes in Konflikt zu geraten. Vielmehr wird der Erwerbsvorgang selbst in Frage gestellt und für nichtig erklärt, wenn er unter Bedingungen der NS-Verfolgung zustande gekommen ist. Restitution macht also einen an sich unrechtmäßigen Erwerbsvorgang rückgängig.[37] In Verbindung mit der Aufklärung der Erwerbsumstände und Vorgeschichte der Objekte wird Restitution so zu einem Mittel der gesellschaftlichen Selbstaufklärung und auch Teil des Selbstverständnisses der bundesdeutschen Gesellschaft.[38]

Aus dieser Konsequenz leiten Inka Bertz und Michael Dorrmann im Ausstellungskatalog der Jüdischen Museen in Berlin und Frankfurt am Main zum Thema »Raub und Restitution« (2008) sehr anschaulich die Maxime ab, dass Einrichtungen die Rückgabe nicht als »Weggeben«, sondern vielmehr als »Nicht-haben-Wollen« eines unrechtmäßig erworbenen Gegenstandes und als »Bringschuld« begreifen und damit einen Perspektivwechsel vollziehen sollten. Ob der geforderte Perspektivwechsel in den Kultureinrichtungen tatsächlich vollzogen ist, ist indes noch nicht ausgemacht. Keinesfalls gilt eine optimistische, auf administrative Vorgänge gemünzte Einschätzung Constantin Goschlers und Jürgen Lillteichers aus dem Jahr 2002, wonach

»mittlerweile die Restitution jüdischen Eigentums zu einem *business as usual* geworden« sei.[39]

So wurde denn auch auf der Berliner Bilanzkonferenz 2018 trotz zahlreicher Fortschritte auf dem Feld der Provenienzforschung vielfach Kritik an dem schleppenden Fortgang gerade des Restitutionskapitels laut. Die Kritik betraf weniger einzelne Fälle als grundsätzliche Defizite fehlender Strukturen einer konsistenten Restitutionspraxis in den Kultureinrichtungen.[40] Stuart E. Eizenstat, einer der Initiatoren der Washingtoner Konferenz 1998, beobachtete etwa ein Innehalten und Zurückfallen einzelner Akteure unter den Einrichtungen, die in den 2000er-Jahren erste energische Schritte der Provenienzforschung eingeleitet hatten.[41]

Die elf *Washingtoner Prinzipien* bilden ein Kapitel mit Empfehlungen, die in den Konferenzakten als »Appendix G: Washington Conference Principles on Nazi-Confiscated Art« abgedruckt sind.[42] Aufbauend auf Vereinbarungen der Art Dealers Association of America und der Association of Art Museum Directors, hatte Eizenstat als Under Secretary of State for Economic, Business and Agricultural Affairs (so die Titelseite der Konferenzakten) diese Empfehlungen zunächst im Entwurf vorgelegt. Die Prinzipien waren zwar nicht bindend, aber als »a set of principles to guide the international community towards a consensus on Nazi-confiscated art« handlungsleitend wirksam, wie es im Conference Chairman Concluding Statement Abner J. Mikvas heißt.[43] Das Themenfeld der Zerstörung von Bibliotheken und privaten Büchersammlungen in Europa war bereits im Vorfeld der Konferenz in einer Diskussionsrunde am 11. September 1998 im United States Holocaust Memorial Museum in Washington erörtert worden, die Resultate sind im »Appendix D: Summary of the Roundtable Discussion on Nazi-Confiscated Libraries and Archives« der Konferenzakten zusammengefasst und ergänzen die Beiträge aus den Plenar- und Arbeitssitzungen der Konferenz zu »Archives, Books and the Role of Historical Commissions«.[44] Demnach wurde für das Bibliotheks- und Archivgut, das 1945 und 1946 nicht entdeckt und restituiert werden konnte, nach wie vor ein hoher Klärungsbedarf gesehen, den Abner J. Mikva im Concluding Statement als »the vital urgency of setting the book issue to rights«[45] aufgriff.

Es war notwendig, Bibliotheks- und Archivgut in separaten Anhängen zu behandeln, da es in den *Washingtoner Prinzipien* nicht als potenzielles Raubgut aufgeführt, sondern vielmehr in der Funktion eines Nachweis- und Recherchemediums der Provenienzforschung betrachtet wurde, so im zweiten Grundsatz betont das Archivgut und implizit das Bibliotheksgut. So ist die Anwendung der *Washingtoner Prinzipien* auch auf Archiv- und Bibliotheksgut ein

Ergebnis des frühen Rezeptionsprozesses der Anhänge der Konferenzakten, in dessen Verlauf im Sprachgebrauch neben den Begriff der NS-Raubkunst der übergreifende Begriff des NS-Raubguts tritt.

Obwohl die *Gemeinsame Erklärung* 1999 des Bundes, der Länder und der Kommunen und die beigefügte *Handreichung* 2001 keine spartenspezifischen Unterschiede in der Anwendung der *Washingtoner Prinzipien* auf Museen, Archive und Bibliotheken machen, taten sich die Bibliotheken bei der Umsetzung der elf Prinzipien ungleich schwerer als die Museen. Während unter den 15 Unterzeichnern des Vorwortes der *Handreichung* von 2007, im Unterschied etwa zum Deutschen Museumsbund, der Deutsche Bibliotheksverband mit seinen mehr als 2.100 Mitgliedsbibliotheken noch fehlte,[46] hat sich der Verband 2019 dem Herausgeberkollektiv des *Leitfadens Provenienzforschung* angeschlossen.

Blickt man auf die Dynamik und die Wirkungen, welche die Provenienzforschung auf methodischem Gebiet, aber auch förder- und bildungspolitisch entfaltet hat, so gehören die *Washingtoner Prinzipien* von 1998 zu den einflussreichsten Dokumenten in der zeithistorischen Betrachtung des institutionellen Sammelns. Bei keinem anderen bibliothekspolitischen Thema sind die Verwerfungen der Provenienzforschung und Restitutionspraxis wieder und wieder an die Öffentlichkeit gehoben und die kulturelle Integrität der Einrichtungen so herausgefordert worden wie durch die Folgen, welche die Kulturgutentziehungen für die Interaktion der beteiligten Bibliotheken und Personen bis heute haben.

Schlüsseltexte, in denen in diesem Buch das Spannungsfeld von Provenienzforschung und Restitutionspraxis in den Bibliotheken untersucht und veranschaulicht wird, sind in *Teil 1: Der Gebrauch der Sammlung* der Beitrag *Sammeln als Konsum*, der Kontinuitäten bibliothekarischen Verwaltungshandeln seit den 1930er-Jahren beleuchtet, sowie der Beitrag *»Contextual evidence«*, der – zeitgleich mit dem staatlichen Bücherraub – die Unterstützung medizinischer Versuche an Insassen des Konzentrationslagers Buchenwald durch Informationsdienstleistungen der Thüringischen Landesbibliothek Weimar in den 1940er-Jahren dokumentiert.

Aufgegriffen wird auch das Thema der politischen Zensur, das die funktionalistische Ausrichtung des bibliothekarischen Verwaltungshandelns, aber auch die Resilienz der überlieferten Spuren auf Dingen und in Verwaltungsakten als elementare Voraussetzungen für die Objekt- und Kontextanalyse institutionellen Sammelns veranschaulicht. So haben die Thüringische Landesbibliothek Weimar und seit Mitte der 1950er-Jahre die Zentralbibliothek der deutschen Klassik, die beiden Vorgängereinrichtungen der Herzogin Anna Amalia Bibliothek, über die Zeit zweier totalitärer Staatsformen hinweg Zensur praktiziert. Bucheinbände indizierter Titel wurden in den Jahren 1935 bis 1990 mit roten Punkten etikettiert. Roland Bärwinkel konnte anhand noch heute identifizierbarer Zensurexemplare in detailreichen Studien darlegen, wie die politische Instrumentalisierung der überlieferten Ressourcen eine Informationsinfrastruktur mithilfe kompromittierender Katalogeinträge und eingeschränkter oder verwehrter Nutzung zu durchdringen vermochte.[47] Etliche Bücher dieser Zensurpraxis konnten als NS-Raubgut sozialdemokratischer und gewerkschaftlicher Bibliotheken identifiziert und restituiert werden.[48]

Michael Knoche hatte daher bereits Anfang der 1990er-Jahre, an Bernhard Fabians Kritik der geisteswissenschaftlichen Literaturversorgung in Deutschland und Paul Raabes Wolfenbütteler Modellbibliothek anknüpfend, über Weimar hinausreichende forschungsbibliothekarische Impulse gegeben und die Formierung eines Verbundes von Forschungsbibliotheken angeregt. Vor Ort hat er dann die institutionellen Voraussetzungen geschaffen, die bibliothekarische Erschließungsarbeit auf die facettenreiche Produktions-, Herkunfts- und Gebrauchsgeschichte der Bücher und Sammlungen auszurichten.[49] Bezogen auf die Nutzung, aber auch Produktion solchen Datenmaterials hat Reinhard Laube in einem programmatischen Aufsatz *Das Wissen der Sammlungen* (2020) schließlich die gesellschaftliche Bedeutung von Sammlungen gegen einen naiven Begriff von kultureller Überlieferung als historischem Quellenmaterial gestellt. Die Pointe seiner Argumentation ist, dass Sammlungen genau auf die Rationalität und Narrative einer Gesellschaft verweisen, die sie als Resultate der Erschließung der vorfindlichen Bestände hervorbringen. Laube spricht von »Zivilität«, deren Ausübung und Vermittlung den gesellschaftlichen Auftrag der Bibliotheken ausmachen, die hierfür auch der Räume bedürfen: Repositorien als Basis der Erhaltung kultureller Überlieferung in einer Archiv- und Forschungsbibliothek wie Weimar, dazu Lesesäle und Sammlungsräume, die bürgerliche Öffentlichkeit herstellen.[50]

Veränderungen

Die Forderung der *Washingtoner Prinzipien* von 1998, für die Dokumentation der Provenienzdaten die modernen Verfahren des Sammlungsmanagements zu nutzen, trug nun nicht nur zum Ausbau der Infrastruktur und zur Professionalisierung der Provenienzforschung bei. Der Innovationsdruck setzte auch eine Reflexion auf die Grundlagen des institutionellen Sammelprozesses in Gang, der künftig nicht mehr losgelöst vom Provenienzbegriff und den ökonomischen Implikationen des Kulturgutraubes gedacht werden kann.

Dabei musste Provenienzerschließung nicht neu erfunden werden, doch ist sie durch neu entwickelte und in ihrer Anwendung mengentaugliche Informationsmittel wie den *Thesaurus der Provenienzbegriffe*[51] aus der Nische der Spezialkenntnisse der Expertinnen und Experten für die Beschreibung von Handschriften und Frühdrucken herausgeholt worden. Voraussetzung hierfür war allerdings ein neuer Blick auch auf das industriell hergestellte Buch, das nicht mehr nur als serielles Produkt und Massenware, sondern – wie das alte, vor 1850 hergestellte Buch – als Artefakt in physischen Details der Spuren des Gebrauchs und Vorbesitzes auf mögliche Kulturgutentzüge untersucht und nach Standards beschrieben werden konnte.

Folgerichtig erschien daher der Herzogin Anna Amalia Bibliothek eine Projektkooperation mit der Koordinierungsstelle für Kulturgutverluste Magdeburg, der Deutschen Nationalbibliothek (1990 bis 2006 Die Deutsche Bibliothek genannt) und der Bibliothèque municipale de Lyon mit dem Ziel der Konzeption eines effizienten Recherchetools mit freiem Zugang für alle, die in Internetressourcen nach Provenienzdaten suchen wollen. Beschrieben werden die Intentionen des Projektes in dem Aufsatz *ProvenanceFinder. Preparing a search engine for the retrieval of provenance data*, der als Debattenbeitrag auf einem Forum des Consortium of European Research Libraries (CERL) zu »Provenance information and the European cultural heritage« veröffentlicht worden ist.[52] Dem Projekt, das auf dem multilingualen *Thesaurus der Provenienzbegriffe* und dem Normdatenpool der Deutschen Nationalbibliothek aufsetzte, blieb 2004 eine Förderung durch die Deutsche Forschungsgemeinschaft (DFG) versagt. Für die auf Lehre und Forschung bezogenen geschichtswissenschaftlichen Internetangebote, so führt das Ablehnungsschreiben aus, leiste es keinen Beitrag, der Bedarf sei zu gering, um den hohen Entwicklungsaufwand zu rechtfertigen.[53] In der Folgezeit konnten daher nur einzelne Komponenten des Projektes umgesetzt werden, etwa auf den Portalen CERL Provenance Information und ProvenienzWiki des Deutschen Bibliotheksverbandes, ohne je das Potenzial eines auf Provenienzdaten trainierten Webthesaurus ausschöpfen zu können.[54]

Mit der Schärfung des Blicks für die physischen Details eines Buches in seinen Bezügen zu anderen Büchern und Objekten, Objektgruppen und Sammlungen ging nun auch eine Neubewertung der überlieferten Sammlungsnarrative einher. Der traditionelle Sammlungsbegriff, der auf eine monozentrische und irgendwie geordnete Anhäufung von Objekten und Daten von Objekten hinausläuft, ist zugunsten konstruktivistischer und soziokulturell motivierter Vorstellungen des Sammelns, wie sie etwa die britische Museumswissenschaftlerin Susan M. Pearce bereits in den 1990er-Jahren vertritt, aufgebrochen worden und in Bewegung geraten.[55]

Die Idee der Sammlung

Sammlungen sind nicht statisch. Die ultimativen Merkmale, die eine Sammlung charakterisieren, sind Bewegung, Struktur und Maß. Diese Merkmalsbestimmung ist ein Vorschlag, Sammlung unter dem Aspekt der Medialität zwar nicht ohne Inhalte, aber doch unabhängig von Inhalten zu betrachten.

Bewegung

Die Vorstellung, dass Sammlungen in Bewegung sind, geht auf ein medientheoretisches Konzept zurück, das Sammlung als Prozess versteht. Das wird im Beitrag *Was ist eine Sammlung?* in *Teil 2: Die Idee der Sammlung* ausführlicher dargelegt. Wenn man die Ressource Sammlung aus dem Kontext wissenschaftlicher Arbeit in einer Bibliothek, einem Archiv oder Museum heraus versteht, kann man auch sagen, dass Sammlung, als Prozess gedacht, eine mediale Form kooperativer Informationsverarbeitung ist. Das ist eine Umschreibung des Normalfalls moderner wissenschaftlicher Arbeitsorganisation, etwa in der Konstellation von Forschungsteams, die eine Sammlung zum Ausgangspunkt, Mittel oder Ziel ihrer Vorhaben machen.

Vor dem Hintergrund akteur-netzwerktheoretischer Überlegungen hat die Soziologin Susan Leigh Star die Funktion von Sammlungen in Informationsinfrastrukturen am Beispiel von Repositorien einer Bibliothek erläutert. Demnach stellen Repositorien analoge und digitale Speicher dar, deren Inhalte modulare, iterativ verwendbare und transportierbare Objekte sind, die – als mehr oder weniger geordnetes Set von Medien – eine Sammlung bilden. Der springende Punkt ist, dass diese Objekte von heterogenen Akteursgruppen genutzt werden können, ohne dass sich die Objekte oder die Struktur der Sammlung wesentlich verändern. Denn bei der Nutzung wird die Ressource Sammlung nur insoweit als Medium definiert, als es für die Arbeitsbedingungen der Forschungsteams notwendig ist, unabhängig von Festlegungen, welche die Sammlung in ganz anderen, auch konträren Kontexten haben kann. In ihrer intermediären Funktion – als Bindeglied und Bezugspunkt kooperativen Arbeitens – ist Sammlung tatsächlich ein Medium im Moment seiner Verfertigung: eine Form der Informationsverarbeitung. So lässt sich im Anschluss an Star die Definition der Sammlung von der essentiellen Form *Was ist eine Sammlung?* (*What is a collection?*) in eine intermediäre Bestimmung *Wann ist eine Sammlung?* (*When is a collection?*) überführen.

Auf der Ebene institutioneller Geschäftsprozesse einer Bibliothek lässt sich die Vorstellung der *Sammlung in Bewegung* sogar bis auf die Manipulationen und technischen Zurichtungen ausdehnen, die für die Funktionalität der Medien für Archivierung, Information, Forschung und Unterhaltung in einer modernen Bibliothek notwendig sind. Traditionell stellt der »Laufzettel« eine Art Protokoll dieser Arbeitsschritte dar.[56] Es sind die Prozesse des Markierens und Umsortierens, der Konversion analoger in digitale Formate und umgekehrt, des Erschließens, Lesens und Ausstellens von Büchern und ihrer Beförderung auf Transportbändern und von Hand zu Hand.

Objekte einer Sammlung weisen Gebrauchsspuren auf, die Aufschluss über Ereignisse, Umfeld und Vorbesitz und damit auch über so etwas wie eine Vorgeschichte des Objektes geben können. Bei Büchern können z.B. aus Annotationen, Exlibris und Fehlstellen Informationen darüber gewonnen werden, welche Funktion ein Buch für eine Person oder Institution hatte. Solche Bücher gelten in der Fachliteratur geradezu als »association copies«, und da die Beziehung von Person oder Institution und Buch typologisch eingeordnet werden kann, spricht man auch von »Exemplartypen«, z.B. Aussonderungs-, Beleg-, Rezensions- und Zensurexemplaren.[57] Das heißt, dass neben chronologische auch relationale Aspekte von Person oder Institution und Buch treten, sobald wir uns mit Gebrauchsspuren auseinandersetzen.

In der Systematik kulturwissenschaftlicher Erschließungspraktiken fallen solche Sachverhalte unter den Provenienzbegriff, konkretisiert z.B. an den Dynamiken des Transports, des Handels oder auch des Raubes von Objekten. Provenienz stellt hierbei einen Funktionsbegriff dar, auf den sich Informationen über Herstellung, Herkunft, Vorbesitz und Gebrauch des Objektes beziehen, miteinander kombinieren und eindeutig zuordnen lassen.

Struktur

Struktureigenschaften einer Sammlung lassen sich anhand von Ordnungssequenzen ihrer Komponenten untereinander (intra) und im Verhältnis zu anderen Sammlungen (inter) untersuchen. Das können nummerische oder alphabetische Sequenzen sein, überformt durch die Gliederung nach der Klassifikation von Fachgebieten in Beziehungen der Unter-, Über- und Beiordnung oder Entgegensetzung einzelner Komponenten.

Klassifikationen, aber auch andere Ordnungssysteme, erklären keine Sammlungen hinreichend. Sie betten Sammlungen vielmehr in Informationsinfrastrukturen ein, indem durch sie Schnittstellen und Relationen zu technischen, fachlichen und ethischen Standards, Praktiken, Narrativen des Umfeldes der Institution definiert werden. Das haben Geoffrey C. Bowker und Susan Leigh Star in der empirischen Studie *Sorting things out. Classification and its consequences* (1999) am Beispiel der Klassifizierung von Krankheiten und Pflegeleistungen und der Rolle der »invisibility« in dem Prozess untersucht, durch den Klassifizierung in menschliche Interaktion eingreift. Dass der Aufbau von Informationsinfrastrukturen moralischen und politischen Agenden unterliegt, die bestimmen, was dabei sichtbar und was ausgeblendet werden soll, ist unausweichlich: »Each standard and each category valorizes some point of view and silences another.« Die vielfältigen Motive dieses »invisible matching process«, der zu Festlegungen geführt hat, müssen jedoch transparent gemacht werden.[58]

Bezogen auf die Klassifizierung von Sammlungen verweisen die Effekte des Matchings – Musterung, Anpassung und Aussortieren – im Kontext der Provenienzforschung von NS-Raubgut auf weit verbreitete, auch in der Thüringischen Landesbibliothek Weimar angewandte Praktiken, mit denen Objekte im Geschäftsprozess zum Verschwinden gebracht werden sollten, indem z.B. Objekte geschlossen überlieferter Sammlungen auf verschiedene Fachgruppen verteilt, Herkunftsdaten im Akzessionsjournal durch Formeln wie z.B. »Alter Bibliotheksbestand« anonymisiert wurden.

Ross Atkinson hat bereits Anfang der 1990er-Jahre unsere Sicht auf die Struktur von Sammlungen grundlegend verändert, indem er in Abgrenzung zur landläufigen Vorstellung monozentrischer Sammlungsformen die Figur der polyzentrischen Struktur favorisiert und an den Begriff der Funktion bindet.[59] Je nachdem, unter welchen Perspektiven man eine Sammlung betrachtet, können *funktional definierte Cluster* von Objekten zu Sammlungskernen oder Teilsammlungen werden, z.B. im Hinblick auf die Funktion für die Nutzungsfrequenz, Wissensgebiete, den Vorbesitz oder den physischen Erhaltungszustand. Diese Form der Multiperspektivität ist eine Voraussetzung dafür, dass wir an Sammlungen immer wieder neue Entdeckungen und Wiederentdeckungen machen können.

Maß

Die Strukturen von Sammlungen nehmen erfahrungsgemäß mit der Zeit an Komplexität zu. Komplexität variiert, so dass anhand quantitativer und qualitativer Veränderungen sammlungstypische Prozessverläufe identifiziert werden können. Komplexität manifestiert sich an zahlreichen Themenfeldern des Sammlungsmanagements, etwa an den Aufstellungsszenarien von Repositorien in Sammlungsräumen, an der Entwicklung von Budgets, Parametern der Medienauswahl, Ausstattungsmerkmalen von Bucheinbänden, Benutzungsstatistiken und Provenienzregistern. In dem Beitrag *Sammlungen enthalten kleine Kopien ihrer selbst. Symmetrien und fraktalähnliche Muster im Sammelprozess* wird der Vorschlag gemacht, den Grad der Komplexität einer Sammlung zum Maß der Sammlung zu machen. Orientiert an technischen Anwendungen der Internettechnologie (Datenströme und Konnektivität der Netzwerke), Urbanistik (Siedlungsformen, Verkehrsströme) und Visual Arts[60] ist das der Versuch, über Visualisierungen die Bildung von Mustern in der räumlichen oder diagrammatischen Darstellung von Sammelprozessen für die Messung ihrer Informationsgehalte zu nutzen.

Resümee

Provenienzforschung nach der Washingtoner Konferenz 1998 hat die unkritische Überlieferung der Sammlungen in Bibliotheken und anderen Kultur- und Bildungseinrichtungen beendet, indem Beziehungen und Spuren jüdischen Lebens in den Einrichtungen offengelegt und im Hinblick auf Vorbesitz, Aneignung und Sammlungsmanagement seit 1945 ausgeleuchtet und Restitutionen ermöglicht werden. Mit der Umsetzung der *Washingtoner Prinzipien* von 1998 ist für die Bibliotheken eine Professionalisierung der Provenienzforschung verbunden, die – zeitgleich mit der digitalen Transformation der kulturellen Überlieferung – auch eine Neuinterpretation des Mediums Sammlung und ihrer Dokumentation in den Bibliothekskatalogen erfordert. Dieser noch nicht abgeschlossene Findungsprozess wird anhand von neun bibliothekswissenschaftlichen Studien aus den Jahren 2005 bis 2022 beschrieben und diskutiert. Die verstreut publizierten Aufsätze sind thematisch in zwei Teilen und einem Anhang gebündelt: Teil 1: Der Gebrauch der Sammlung, Teil 2: Die Idee der Sammlung, Anhang: Provenienzklärung. Texte, Anmerkungen und Abbildungen sind in einem Personen- und Sachindex erschlossen.

Redaktionelle Notiz

Alle Texte werden mit Abstracts in deutscher und englischer Sprache eingeleitet, in einigen Fällen wurden die Abstracts erst 2023 verfasst. Texte und Anmerkungen der Erstveröffentlichungen wurden auf formale Versehen durchgesehen und korrigiert, in zwei Fällen wurden in den Texten des Anhangs inhaltliche Aussagen präziser formuliert und erläutert. Die Schreib- und Zitierweisen, die Beschriftung der Abbildungen und die bibliografischen Angaben in den Anmerkungen wurden angeglichen. Alle in den Erstveröffentlichungen angegebenen Internetadressen wurden am 26. Oktober 2023 aufgerufen, überprüft und, falls möglich, aktualisiert. Nicht mehr gültige Internetadressen, die weder aktualisiert noch durch Angabe einer Printausgabe der zitierten Quelle ersetzt werden konnten, wurden als »2023 online nicht mehr verfügbar« markiert.

Dank

Thematische Schwerpunkte und Beispiele in den Beiträgen nehmen Erfahrungen aus der langjährigen Praxis des Autors als Wissenschaftlicher Bibliothekar an der Herzogin Anna Amalia Bibliothek Weimar auf. Die Folgen der *Washingtoner Prinzipien* von 1998 haben fachlich und durch persönliche Begegnungen die Tätigkeit geprägt. In einem Arbeitsumfeld wie der Herzogin Anna Amalia Bibliothek – als Teil der Klassik Stiftung Weimar mit ihren mehr als 20 Museen und dem Goethe- und Schiller-Archiv – ist es eine Vielzahl von Personen, denen ich für Zusammenarbeit und Austausch von Informationen, Argumenten und Ideen danke, die in der einen oder anderen Weise für die Entstehung und Diskussion der Aufsätze wichtig waren. Mein Dank schließt auch die Mitglieder der Arbeitsgruppen zur Provenienzforschung der Klassik Stiftung Weimar und des Deutschen Bibliotheksverbandes sowie des Forschungsverbundes Marbach Weimar Wolfenbüttel in der Formationsphase ein, von denen ich viel gelernt habe. Zu nennen sind auch die Digitalisierungswerkstatt der Bibliothek und die Fotothek, ohne deren Expertise und technische Unterstützung im Zusammenspiel mit den Verlagen die Abbildungen über die Jahre nicht hätten bereitgestellt werden können. Schließlich gilt mein Dank Jasper Cepl, Reinhard Laube und Ulrike Steierwald für das Angebot, mit diesem Buch die neue Publikationsreihe *Phänomenologie der Bibliothek: Redescriptions* zu eröffnen. – Dem Verlag Vittorio Klostermann, Frankfurt am Main, dem Wallstein

Verlag, Göttingen, dem Verlag Dashöfer, Hamburg, und dem Consortium of European Research Libraries, London, danke ich für die freundliche Genehmigung für den Wiederabdruck der Texte.

Anmerkungen

1 Deutscher Bibliotheksverband e. V., Kommission Provenienzforschung und Provenienzerschließung (hg.), Empfehlungen. Sammlungen in der Provenienzerschließung, Bearbeitungsstand: Juli 2020, https://dbv-cs.e-fork.net/sites/default/files/2020-12/Empfehlungen_Sammlungen_in_der_Provenienzerschliessung.pdf.

2 Deutsches Zentrum Kulturgutverluste gemeinsam mit Arbeitskreis Provenienzforschung e. V./Arbeitskreis Provenienzforschung und Restitution – Bibliotheken/Deutscher Bibliotheksverband e. V./Deutscher Museumsbund e. V./ICOM Deutschland e. V. (hg.), Leitfaden Provenienzforschung zur Identifizierung von Kulturgut, das während der nationalsozialistischen Herrschaft verfolgungsbedingt entzogen wurde, Magdeburg: Deutsches Zentrum Kulturgutverluste, Bearbeitungsstand: Oktober 2019, https://kulturgutverluste.de/sites/default/files/2023-04/Leitfaden-Download.pdf, S. 12.

3 Die elf »Washington Principles« (Washington Conference Principles on Nazi-Confiscated Art, Washington Declaration, Washingtoner Prinzipien oder Grundsätze, auch Washingtoner Erklärung genannt) sind im Appendix G der »Proceedings of the Washington Conference on Holocaust-Era Assets« abgedruckt in: James D. Bindenagel (ed.), Washington Conference on Holocaust-Era Assets, November 30 – December 3, 1998, Proceedings, Washington, DC: Government Printing Office, 1999, S. 971–972, https://www.lootedart.com/MG8D5622483, und in deutscher Übersetzung auf der Webseite des Deutschen Zentrums Kulturgutverluste online verfügbar: https://kulturgutverluste.de/sites/default/files/2023-04/Washingtoner-Prinzipien.pdf.

4 Erklärung der Bundesregierung, der Länder und der kommunalen Spitzenverbände zur Auffindung und zur Rückgabe NS-verfolgungsbedingt entzogenen Kulturgutes, insbesondere aus jüdischem Besitz, Dezember 1999. Die Gemeinsame Erklärung gehört zu den Anlagen der Handreichungen 2001, 2007, 2019 (Anm. 20) und ist online verfügbar unter https://kulturgutverluste.de/sites/default/files/2023-04/Gemeinsame-Erklaer

ung.pdf. – Vgl. Leonie Schwarzmeier, Der NS-verfolgungsbedingte Entzug von Kunstwerken und deren Restitution, Hamburg: Verlag Dr. Kovač, 2014, S. 224–233, hier S. 232. – Jürgen Weber, Provenienzklärung und Restitution in Bibliotheken. Grundlagen, Geschäftsprozess, Ressourcen, in: Hans-Christoph Hobohm/Konrad Umlauf (hg.), Erfolgreiches Management von Bibliotheken und Informationseinrichtungen, Loseblatt-Ausgabe, Hamburg: Dashöfer, 2013, Kap. 3.9.8, S. 1–28.

5 Deutscher Bundestag, Drucksache 20/7150, 13. Juni 2023, Unterrichtung durch die Bundesbeauftragte für die Opfer der SED-Diktatur beim Deutschen Bundestag, Jahresbericht 2023, 70 Jahre DDR-Volksaufstand. An die Opfer der SED-Diktatur erinnern – die Betroffenen heute unterstützen, https://dserver.bundestag.de/btd/20/071/2007150.pdf, hier S. 41 und S. 73–75 (Verzeichnis einschlägiger Rechtsquellen). – Thomas Finkenauer/Jan Thiessen, Kunstraub für den Sozialismus. Zur rechtlichen Beurteilung von Kulturgutentziehungen in SBZ und DDR, Berlin: De Gruyter, 2023.

6 Stiftung Deutsches Zentrum Kulturgutverluste, Aufgaben, https://kulturgutverluste.de/stiftung/aufgaben. – Vgl. den institutionengeschichtlichen Abriss in der Handreichung (Anm. 20), S. 13–15: Das aus Bundesmitteln finanzierte Zentrum geht zurück auf die 1994 gegründete »Koordinierungsstelle der Länder für die Rückführung von Kulturgütern« mit Sitz in Bremen, getragen von zehn Bundesländern. Aufgabe war die Dokumentation kriegsbedingt verbrachter Kulturgüter deutscher öffentlicher Einrichtungen. Seit 1998 in Magdeburg angesiedelt, wurde die Koordinierungsstelle 2001, nunmehr paritätisch vom Bund und von allen Bundesländern getragen, zur zentralen deutschen Serviceeinrichtung für Kulturgutverluste. In einem Zwischenschritt wird 2008 eine »Arbeitsstelle für Provenienzrecherche/-forschung« beim Institut für Museumsforschung der Staatlichen Museen zu Berlin – Stiftung Preußischer Kulturbesitz, gegründet. Die Arbeitsstelle, die von der Beauftragten der Bundesregierung für Kultur und Medien und der Kulturstiftung der Länder finanziert wird, hat die Aufgabe der Vergabe von Fördermitteln. 2015 werden die Magdeburger Koordinierungsstelle und die Berliner Arbeitsstelle im »Deutschen Zentrum Kulturgutverluste« in Magdeburg zusammengelegt.

7 Michael Rothberg, Multidirectional memory. Remembering the Holocaust in the age of decolonization, Stanford: Stanford University Press, 2009, S. 34.

8 Jürgen Weber, Provenienzklärung und Restitution als Managementaufgabe, in: Hans-Christoph Hobohm/Konrad Umlauf (hg.), Erfolgreiches Management von Bibliotheken und Informationseinrichtungen, Aktualisierungs- und Ergänzungslieferung Nr. 38, Loseblatt-Ausgabe, Hamburg: Dashöfer, 2012, Kap. 2.2.1 (Praxisbeispiel), S. 1–11, abgedruckt im Anhang dieses Buches. – In Walther Umstätters Lehrbuch des Bibliotheksmanagements, Stuttgart: Hiersemann, 2011, verweist der Registereintrag »Restitution« (S. 255) auf eine Textstelle auf S. 120, die unter der Rubrik »Deakquisition« das Thema Kulturgutraub kurz umreißt: »Ein besonderes Problem in einigen deutschen Bibliotheken ist die Restitution bzw. das Raubgut, das sich dort noch in Katalogen ausfindig machen lässt. Dieses ›NS-verfolgungsbedingte Kulturgut‹ ist nicht immer leicht als solches identifizierbar, muss aber, sobald es als solches erkannt wird, an die rechtmäßigen Eigentümer zurückgegeben werden. Hier kann die Provenienzrecherche in der Datenbank *lost art* hilfreich sein.« Vgl. zur Editionsgeschichte dieses Standardwerkes seit 1937: Jürgen Weber, Sammeln als Konsum – Die Verwaltung von NS-Raubgut in deutschen Bibliotheken, in: Regine Dehnel (hg.), NS-Raubgut in Museen, Bibliotheken und Archiven. Viertes Hannoversches Symposium, Frankfurt am Main: Klostermann, 2012 (= Zeitschrift für Bibliothekswesen und Bibliographie, Sonderbd. 108), S. 31–40, hier S. 34–35 und S. 37, abgedruckt in Teil 1 dieses Buches.

9 Bomben im Keller. Die Bremer Staatsbibliothek will von den Nazis geraubte Kunstgegenstände den jüdischen Eigentümern zurückgeben, in: Der Spiegel, 46, 1992, H. 34, S. 59–65, hier S. 61, 63. – Jürgen Babendreier: Keine »Bomben im Keller«, aber Geschichte im Magazin. Diskursive Anmerkungen zur Raubgutrecherche in der Staats- und Universitätsbibliothek Bremen, in: Jahrbuch für Kommunikationsgeschichte, 18, 2016, S. 129–142. – Vgl. Bernd Reifenberg, NS-Raubgut in deutschen Bibliotheken, in: Inka Bertz/Michael Dorrmann im Auftrag des Jüdischen Museums Berlin und des Jüdischen Museums Frankfurt am Main (hg.), Raub und Restitution. Kulturgut aus jüdischem Besitz von 1933 bis heute, Berlin: Stiftung Jüdisches Museum/Frankfurt am Main: Jüdisches Museum/Göttingen: Wallstein, 2008, S. 157–171, hier S. 170.

10 Vollzitat: »Vermögensgesetz in der Fassung der Bekanntmachung vom 9. Februar 2005 (BGBl. I S. 205), das zuletzt durch Artikel 15 Absatz 33 des Gesetzes vom 4. Mai 2021 (BGBl. I S. 882) geändert worden ist«, https://www.gesetze-im-internet.de/vermg/__1.html.

11 Christian Meyer-Seitz, Die Entwicklung der Rückerstattung in den neuen Bundesländern seit 1989. Eine juristische Perspektive, in: Constantin Goschler/Jürgen Lillteicher (hg.), »Arisierung« und Restitution. Die Rückerstattung jüdischen Eigentums in Deutschland und Österreich nach 1945 und 1989, Göttingen: Wallstein, 2002, S. 265–279, hier: S. 268.

12 § 1 Abs. 6 VermG (Anm. 10) bezieht sich auf vermögensrechtliche Ansprüche von Bürgern und Vereinigungen, »die in der Zeit vom 30. Januar 1933 bis zum 8. Mai 1945 aus rassischen, politischen, religiösen oder weltanschaulichen Gründen verfolgt wurden und deshalb ihr Vermögen in Folge von Zwangsverkäufen, Enteignungen oder auf andere Weise verloren haben.«

13 Meyer-Seitz (Anm. 11), S. 266.

14 Meyer-Seitz (Anm. 11), S. 278–279.

15 Brigitte Weiffen, Transitional Justice: Eine konzeptionelle Auseinandersetzung, in: Anja Mihr/Gert Pickel/Susanne Pickel (hg.), Handbuch Transitional Justice. Aufarbeitung von Unrecht – hin zur Rechtsstaatlichkeit und Demokratie, Wiesbaden: Springer VS, 2018, S. 83–104, hier S. 84.

16 Uta Wiedenfels, Das Vermögensgesetz – Restitution im Zeitenwandel. Die offenen Vermögensfragen nach der Wiedervereinigung, Berlin: Berliner Wissenschafts-Verlag, 2019, S. 28–34. – Zu »Transitional Justice nach 1990« vgl. Annette Weinke, Die Bundesrepublik Deutschland – ein Fall von Transitional Justice avant la lettre?, in: Mihr/Pickel/Pickel (Anm. 15), S. 249–274, hier S. 269–271.

17 Ruti G. Teitel, Transitional historical justice, in: Lukas H. Meyer (hg.), Justice in time. Responding to historical injustice, Baden-Baden: Nomos, 2004, S. 209–221, hier S. 219–221. – Vgl. Wiedenfels (Anm. 16), S. 32–34.

18 Ruti G. Teitel, Transitional justice, New York: Oxford University Press, 2000, S. 119–147, hier S. 123: »For the victims, reparations were a matter of economic necessity, and so, for them, the point of departure in the negotiations was the refugees' cost of resettlement.«

19 Teitel (Anm. 18), S. 141.

20 Die Beauftragte der Bundesregierung für Kultur und Medien (hg.), Handreichung zur Umsetzung der »Erklärung der Bundesregierung, der Länder und der kommunalen Spitzenverbände zur Auffindung und zur Rückgabe NS-verfolgungsbedingt entzogenen Kulturgutes, insbesondere aus jüdischem Besitz« vom Dezember 1999, Berlin: Neufassung 2019 der zuletzt 2007 überarbeiteten Broschüre 2001, S. 7, 16 und 18; auch online ver-

fügbar, Bearbeitungsstand: Dezember 2019, https://kulturgutverluste.de/sites/default/files/2023-04/Handreichung.pdf.

21 Handreichung (Anm. 20), S. 10, 17; Leitfaden Provenienzforschung (Anm. 2), S. 12–13.

22 Geleitwort der Herausgeber, in: Leitfaden Provenienzforschung (Anm. 2), S. 5–7, hier S. 6.

23 Aus der Vielzahl lokal- und regionalgeschichtlich orientierter Darstellungen in Form von Werkstatt- und Erfahrungsberichten aus den Bibliotheken sowie Überlegungen zum »Mehrwert der Provenienzforschung« seien genannt: Ira Kasperowski/Claudia Martin-Konle (hg.), NS-Raubgut in hessischen Bibliotheken, Gießen: Universitätsbibliothek, 2014 (= Berichte und Arbeiten aus der Universitätsbibliothek und dem Universitätsarchiv Gießen, Bd. 62); Markus Helmut Lenhart/Birgit Scholz (hg.), Was bleibt? Bibliothekarische NS-Provenienzforschung und der Umgang mit ihren Ergebnissen, Graz: Clio, 2018 (= Veröffentlichungen der Forschungsstelle Nachkriegsjustiz, Bd. 5).

24 Rüdiger Mahlo: Geleitwort der Conference on Jewish Material Claims Against Germany, in: Leitfaden Provenienzforschung (Anm. 2), S. 8–9, hier S. 9.

25 Rüdiger Mahlo, Was bleibt von der Shoah? Formen der Erinnerungskultur, in: Provenienz & Forschung. Themenheft zur Berliner Konferenz 2018 »20 Jahre Washingtoner Prinzipien: Wege in die Zukunft«, 2019, H. 2, S. 35–39, hier S. 39.

26 Vgl. Götz Aly, Hitlers Volksstaat. Raub, Rassenkrieg und nationaler Sozialismus. Mit einem Nachwort: Antwort auf die Kritik, Frankfurt am Main: Fischer, 2006 (zuerst 2005). Aly hat Ziele und Techniken der Volkswirtschaft und Kriegsfinanzpolitik in der Zeit des Nationalsozialismus anhand umfangreichen Archivmaterials untersucht und den für die deutsche »Gefälligkeitsdiktatur« konstitutiven »Zusammenhang von antiinflationärer Politik, Arisierung und deutschem Volkswohl« (S. 40) an Fallbeispielen dargelegt.

27 Tono Eitel, »Nazi-Gold« und andere »Holocaust-Vermögenswerte«. Zu den beiden Konsultations-Konferenzen von London (2. bis 4.12.1997) und Washington (30.11. bis 3.12.1998), in: Volker Epping/Horst Fischer/Wolff Heintschel von Heinegg (hg.), Brücken bauen und begehen. Festschrift für Knut Ipsen zum 65. Geburtstag, München: Beck, 2000, S. 57–75.

28 Vgl. Eitel (Anm. 27), S. 59–60.

29 Mahlo (Anm. 25), S. 35.

30 Wolfgang Dreßen, Betrifft: »Aktion 3«. Deutsche verwerten jüdische Nachbarn, Berlin: Aufbau-Verlag, 1998. – Carolin Lange, Der Raub der kleinen Dinge. Belastetes Erbe aus Privatbesitz: Ein Leitfaden für Museen, Berlin/München: Deutscher Kunstverlag, 2022, S. 19–33.

31 Vgl. Aly (Anm. 26), S. 93–113.

32 Jens-Christian Wagner, Zwangsarbeit im Nationalsozialismus. Ein Überblick, in: Volkhard Knigge/Rikola-Gunnar Lüttgenau/Jens-Christian Wagner (hg.), Zwangsarbeit. Die Deutschen, die Zwangsarbeiter und der Krieg, 3. Aufl., Weimar: Stiftung Gedenkstätten Buchenwald und Mittelbau-Dora, 2011 (zuerst 2010), S. 180–193, hier S. 180.

33 Volkhard Knigge/Rikola-Gunnar Lüttgenau/Jens-Christian Wagner, Einleitung, in: Knigge/Lüttgenau/Wagner (Anm. 32), S. 6–11, hier S. 8.

34 Constantin Goschler, Die Auseinandersetzung um Anerkennung und Entschädigung der Zwangsarbeiter, in: Knigge/Lüttgenau/Wagner (Anm. 32), S. 232–243. – Vgl. die Onlineplattform »Zwangsarbeit 1939–1945«. Eine Kooperation der Stiftung »Erinnerung, Verantwortung und Zukunft« mit der Freien Universität Berlin und dem Deutschen Historischen Museum, https://www.zwangsarbeit-archiv.de/zwangsarbeit/entschaedigung/index.html.

35 Cornelia Briel, Die Bücherlager der Reichstauschstelle, Frankfurt am Main: Klostermann, 2016 (= Zeitschrift für Bibliothekswesen und Bibliographie, Sonderbd. 117), S. 14 mit Hinweis auf Götz Aly (Anm. 26). – Vgl. Cornelia Briel, Zum Verhältnis zwischen Reichstauschstelle und Preußischer Staatsbibliothek in den Jahren 1934 bis 1945, in: Hans Erich Bödeker/Gerd-Josef Bötte (hg.), NS-Raubgut, Reichstauschstelle und Preußische Staatsbibliothek, München: Saur, 2008, S. 45–83, hier S. 59–61.

36 Ernst Piper, Der Einsatzstab Reichsleiter Rosenberg, in: Bertz/Dorrmann (Anm. 9), S. 113–119, hier S. 114.

37 Meyer-Seitz (Anm. 11), S. S. 272–273 und S. 275.

38 Constantin Goschler/Jürgen Lillteicher, »Arisierung« und Restitution jüdischen Eigentums in Deutschland und Österreich. Einleitung, in: Goschler/Lillteicher (Anm. 11), S. 7–28, hier S. 25.

39 Goschler/Lillteicher (Anm. 38), S. 28.

40 Vgl. Wesley A. Fisher, 20 Jahre nach Washington. Eine Einschätzung aus Sicht der Claims Conference und der World Jewish Restitution Organization, in: Provenienz & Forschung, 2019, H. 2, S. 17–20, hier S. 19.

41 Stuart E. Eizenstat/Thomas Yazdgerdi, Die »Washingtoner Prinzipien«. 20 Jahre danach, in: Provenienz & Forschung, 2019, H. 2, S. 10–16.

42 Bindenagel (Anm. 3), S. 971–972.

43 Bindenagel (Anm. 3), S. 133–142, hier S. 137; vgl. S. 971.

44 Bindenagel (Anm. 3), S. 925–928 und S. 719–799.

45 Bindenagel (Anm. 3), S. 140.

46 Der Beauftragte der Bundesregierung für Kultur und Medien (hg.), Handreichung zur Umsetzung der »Erklärung der Bundesregierung, der Länder und der kommunalen Spitzenverbände zur Auffindung und zur Rückgabe NS-verfolgungsbedingt entzogenen Kulturgutes, insbesondere aus jüdischem Besitz« vom Dezember 1999, vom Februar 2001, überarbeitet im November 2007 (= 5. überarbeitete Aufl.), Bonn/Berlin: 2007, S. 6. Im Impressum der Broschüre (Rückseite des Umschlages, S. 44) sind vier Internetadressen angegeben, unter denen die Handreichung abrufbar war; wiederum fehlt, im Unterschied zum Deutschen Museumsbund, der Deutsche Bibliotheksverband.

47 Roland Bärwinkel, Zensur in der Zentralbibliothek der deutschen Klassik von 1970 bis 1990, in: Lothar Ehrlich (hg.), »Forschen und Bilden«. Die Nationalen Forschungs- und Gedenkstätten der klassischen deutschen Literatur in Weimar (NFG) 1953–1991, Köln/Weimar/Wien: Böhlau, 2005, S. 125–165.

48 Vgl. Werner Schroeder, »Arbeiter, fördert und unterstützt weiter eure geistige Rüstkammer«. Aufbau, Bedeutung und Zerschlagung der Arbeiterbibliotheken in Thüringen, Bonn: 2008 (= Veröffentlichungen der Bibliothek der Friedrich-Ebert-Stiftung, Bd. 20); auch online verfügbar, https://library.fes.de/pdf-files/bibliothek/06299.pdf. – Werner Schroeder, Arbeiterbibliotheken in Thüringen, in: Regine Dehnel (hg.), NS-Raubgut in Bibliotheken, Museen und Archiven. Viertes Hannoversches Symposium, Frankfurt am Main: Klostermann, 2012 (= Zeitschrift für Bibliothekswesen und Bibliographie, Sonderbd. 108), S. 41–47.

49 Michael Knoche, Die Forschungsbibliothek. Umrisse eines in Deutschland neuen Bibliothekstyps, in: Bibliothek – Forschung und Praxis, 17, 1993, H. 3, S. 291–300. Michael Knoche, Erwerben und abgeben, integrieren und rückabwickeln. Bestandsumschichtungen im wissenschaftlichen Bibliothekswesen der ehemaligen DDR, in: Klaus-Rainer Brintzinger/Ulrich Hohoff (hg.), Bibliotheken: Tore zur Welt des Wissens, 101. Deutscher Bibliothekartag in Hamburg 2012, Hildesheim/Zürich/New York: Olms, 2013, S. 327–334. Beide Aufsätze sind wiederabgedruckt in: Mi-

chael Knoche, Auf dem Weg zur Forschungsbibliothek. Studien aus der Herzogin Anna Amalia Bibliothek, Frankfurt am Main: Klostermann, 2016 (= Zeitschrift für Bibliothekswesen und Bibliographie, Sonderbd. 120), S. 24–45 (1993) und S. 64–73 (2013).

50 Reinhard Laube, Das Wissen der Sammlungen. Die Zukunft der Archiv- und Forschungsbibliothek, in: Zeitschrift für Bibliothekswesen und Bibliographie, 67, 2020, H. 1, S. 6–14, hier S. 10.

51 ProvenienzWiki – Plattform für Provenienzforschung und Provenienzerschließung. T-PRO | Thesaurus der Provenienzbegriffe, Bearbeitungsstand: 13. Dezember 2022, https://provenienz.gbv.de/T-PRO_Thesaurus_der_Provenienzbegriffe.

52 Jürgen Weber, ProvenanceFinder – preparing a search engine for the retrieval of provenance data, in: David J. Shaw (ed.), Books and their owners: Provenance information and the European cultural heritage. Papers presented on 12 November 2004 at the CERL conference hosted by the National Library of Scotland, Edinburgh, London: Consortium of European Research Libraries, 2005 (= CERL PAPERS, V), S. 71–79, abgedruckt im Anhang dieses Buches.

53 Mitteilung der Deutschen Forschungsgemeinschaft vom 9. März 2004 an die Herzogin Anna Amalia Bibliothek, GZ LIS 2:55495(1) Weimar.

54 Consortium of European Research Libraries, Bearbeitungsstand: 12. Januar 2023, https://www.cerl.org/resources/provenance/main. – ProvenienzWiki (Anm. 51).

55 Vgl. Jürgen Weber, Sammlungsspezifische Erschließung. Die Wiederentdeckung der Sammlungen in den Bibliotheken, in: Bibliotheksdienst, 43, 2009, H. 11, S. 1162–1178, hier S. 1167–1171.

56 Arno Barnert, Laufzettel. Eine bibliothekarische Wegbeschreibung, in: Jahrbuch für Buch- und Bibliotheksgeschichte, 6, 2021, S. 113–135.

57 Vgl. John Carter/Nicholas Barker, ABC for book collectors, New Castle: Oak Knoll Press/London: The British Library, 2006 (zuerst 1952), S. 27–28. – ProvenienzWiki (Anm. 51), https://provenienz.gbv.de/T-PRO_Thesaurus_der_Provenienzbegriffe#Exemplartypen.

58 Geoffrey C. Bowker/Susan Leigh Star, Sorting things out. Classifications and its consequences, Cambridge/London: MIT Press, 2000 (zuerst 1999), S. 319, Zitate S. 5 und S. 6.

59 Ross Atkinson, The conditions of collection development, in: Charles B. Osburn/Ross Atkinson (ed.), Collection management. A new treatise, Part A, Greenwich/London: Jai Press Inc., 1991, S. 29–48.

60 Beispiele: Michael Frame/Alia Urry, Fractal worlds. Grown, built, and imagined, New Haven/London: Yale University Press, 2016, S. 89–128.

Teil 1: Der Gebrauch der Sammlung

Sammeln als Konsum

Die Verwaltung von NS-Raubgut in deutschen Bibliotheken

Abstract *Auf dem Sektor der verwalteten Kultur sind Bibliotheken für die Literaturversorgung und Erhaltung von Kulturgut zuständig. Als institutionelle Sammler treten Bibliotheken jedoch zugleich auf einem von Konsumverhalten geprägten Markt zu anderen Sammlern in Konkurrenz. Auf diesem Markt wurden jüdische und andere Sammlungen als Ziele des NS-Kulturgutraubes vereinnahmt und werden auch heute noch zur Aufwertung öffentlicher Sammlungen genutzt.*

In the managed culture sector, libraries are responsible for supplying literature and preserving cultural assets. However, as institutional collectors, libraries also compete with other collectors in a market characterised by consumer behaviour. In this market, Jewish and other collections were appropriated as targets of Nazi cultural looting, and they are still used today to valorise public collections.

Einleitung

1945 gab es auch für die deutschen Bibliotheken keine »Stunde Null«.[1] Die Ausgrenzung der jüdischen Kollegen und Leser aus den Bibliotheken und die Teilnahme am Kulturgutraub haben Bibliothekare zu Profiteuren und Mittätern des NS-Staates werden lassen. Angesichts der Bilanz aus 65 Jahren Restitution kann – trotz der ermutigenden aktuellen Projekte[2] – keine Rede davon sein, dass die Beteiligung der Bibliotheken am NS-Kulturgutraub schon »bewältigt« worden ist. Man kann auch nicht sagen, dass dieses ungeheuerliche Kapitel deutscher Bibliotheksgeschichte einfach nur »verdrängt« worden ist. Denn wie viele der belasteten Bibliothekare und Bibliothekarinnen nach 1945 wieder in den Einrichtungen integriert wurden, so wurden auch Hunderttausende geraubter Bücher noch nach 1945 inventarisiert und in den Magazinen aufgestellt. Die Integration der geraubten Sammlungen hatte Priorität vor der Provenienzklärung und Restitution.

Diese Prioritätssetzung – so die These des Beitrages – folgt einem Funktionalismus des Verwaltungshandelns, das mit dem Ausbau der Bibliotheken zu effizienten Verwaltungsapparaten im 20. Jahrhundert das bibliothekarische Selbstverständnis bis heute prägt. Auf dem Sektor der verwalteten Kultur sind Bibliotheken für die Literaturversorgung und Erhaltung von Kulturgut zuständig. Als institutionelle Sammler treten Bibliotheken jedoch zugleich auf einem von Konsumverhalten geprägten Markt zu anderen Sammlern in Konkurrenz. Auf diesem Markt wurden jüdische und andere Sammlungen als Ziele des NS-Kulturgutraubes vereinnahmt, und sie werden bis heute zur Aufwertung öffentlicher Sammlungen genutzt. So erscheint die Verwaltung von NS-Raubgut in deutschen Bibliotheken – über die gesamte Folge des Geschäftsgangs vom Zugang bis zur verschleppten oder verweigerten Restitution – als eine Form des Sammlungsmanagements, das sich als »displacement« kultureller Werte[3] diskreditiert.

Verwaltungshandeln

Das *Library Journal* berichtete 1948, dass an der Sammelstelle im hessischen Hungen die für die Restitution vorgesehenen Bücher ständig vor Diebstahl und Sabotage der deutschen Fachkräfte geschützt werden mussten: »The German workers felt that all of this Nazi loot was their rightful booty; that the entire restitution operation was the undoing of the work in which they still believed.«[4] Doch anders als in der ausländischen Presse spielte das Thema Restitution in der deutschen Fachpresse der Nachkriegszeit keine Rolle. Vielmehr prägte lange Zeit Georg Leyhs Bericht über die Lage der Bibliotheken 1947 das Bild eines Bibliothekswesens, das »als Ganzes [...] zusammengebrochen« sei und »aus den Ruinen wieder aufgebaut werden« müsse.[5] Zwar waren trotz der Zerstörungen etliche Bibliotheksstandorte, wie Leyhs eigene Wirkungsstätte, die Universitätsbibliothek Tübingen, unversehrt geblieben.[6] Doch dominierten in der bundesdeutschen Bibliotheksgeschichtsschreibung fortan die Klagen über die Verluste durch den Krieg, während Umfang und Folgen der politischen Verstrickungen in den NS-Staat über Jahrzehnte unterschätzt oder ausgeblendet wurden.[7]

Diese Tendenz prägt auch Gisela von Busses viel gelesenes Standardwerk über das wissenschaftliche Bibliothekswesen der Bundesrepublik Deutschland von 1977. Im Kapitel »Wiederaufbau 1945–1949« des 900 Seiten starken Bandes streift sie rückblickend auf einer halben Druckseite zwar »die Sekretierung politisch nicht genehmer Literatur« und »die Entfernung der ›nichtarischen‹ und der ›politisch verdächtigen‹ Kollegen« aus den Bibliotheken.[8] Doch lässt sie Bücherraub, Collecting Points und Restitution gänzlich unerwähnt. Das verwundert, denn als Beamtin in leitender Stellung des Beschaffungsamtes der Deutschen Bibliotheken für ausländische Literatur und der Reichstauschstelle – seit 1934 Dienststellen des Reichserziehungsministeriums – verfügte sie über privilegiertes Wissen über die Beschaffungswege, zumal in den besetzten Gebieten.[9] Beide 1941 zu einer Reichsbehörde vereinigten Dienststellen waren an der Verwertung beschlagnahmter und geraubter Sammlungen beteiligt und seit 1943 mit Ersatzbeschaffungen für die Kriegsverluste beauftragt.[10] Nach dem Krieg leitete Gisela von Busse 16 Jahre lang das Bibliotheksreferat der Deutschen Forschungsgemeinschaft (DFG) und kehrte damit zu den Anfängen ihrer beruflichen Karriere 1930 in der Notgemeinschaft der Deutschen Wissenschaft, der Vorgängerin der DFG, zurück.[11] Es sind die personellen Kontinuitäten in Schlüsselpositionen dieser Art, die es über den Wechsel der politischen Systeme hinweg verhindert haben, dass restitutionsrelevante Themen auf die bibliotheks- und förderpolitische Agenda der frühen Bundesrepublik gesetzt wurden.

Auf dem Sektor der verwalteten Kultur bildeten die Bibliotheken im 20. Jahrhundert zunehmend das Bewusstsein einer eigenen Funktionselite aus, deren Organisationsformen und Arbeitsweisen in einer Reihe von Kompendien zur »Bibliotheksverwaltung« beschrieben wurden. Als bewährt geltende Kompendien der Vorgängergeneration wurden dann gern im Stil »völliger Neubearbeitung« wieder aufgelegt. Ein Beispiel für diese Form der Traditionsbildung ist Gisela Ewert/Walther Umstätter: *Lehrbuch der Bibliotheksverwaltung* von 1997, das auf Wilhelm Krabbes *Kurzgefaßtes Lehrbuch der Bibliotheksverwaltung* von 1937 (2. Aufl. 1940, 3. Aufl. 1953) zurückgeht. Ewert/Umstätter rechtfertigen den Rückgriff ausgerechnet auf Krabbes Werk folgendermaßen: »Mit der Entscheidung, den konventionellen Begriff ›Bibliotheksverwaltung‹ von Krabbe/Luther zu reaktivieren, wollen wir somit den Versuch wagen, dem englischsprachigen Management einen akzeptablen deutschsprachigen Begriff entgegenzusetzen, und darüber hinaus der bibliothekarischen Tradition verpflichtet, nachweisen, daß die begriffliche Breite dieses Terminus' ihn auch unter aktuellen betriebswirtschaftlichen Erfordernissen zu einem eigenständigen Spezialgebiet macht.«[12]

Nun ist Krabbes Werk auch ein Beleg dafür, wie antisemitische Erlasse in bibliotheksspezifisches Verwaltungshandeln übersetzt wurden. In der 2. Auflage von 1940 werden die »Benutzungsbeschränkungen [...] aus politischen und moralischen Gründen« um das rassenideologische Kriterium der Sekretierung »nichtarischer« Literatur ergänzt.[13] War die 2. Auflage in den Augen Krabbes, wie er in der auf »Weihnachten 1939« datierten Vorbemerkung bekennt, nicht mehr als eine »Gelegenheit, [...] das eine oder andere hinzuzufügen«,[14] so reflektierte diese Ergänzung in Wahrheit doch die Verschärfung der nationalsozialistischen »Judenpolitik« von der Entrechtung hin zur wirtschaftlichen Ausbeutung und Vernichtung und wies auf die zunehmende Verstrickung der Bibliotheken in die Verfolgungsmaßnahmen hin.

So waren in einem Erlass des Reichserziehungsministeriums vom 15. Mai 1939[15] die Direktoren von 27 Universitäts-, Staats- und Landesbibliotheken kraft Amtes zu Sachverständigen über jüdisches Umzugsgut und Vermögen berufen worden. Die Sachverständigen, die jeweils den Devisenstellen zugeordnet waren, hatten den Auftrag, Büchersammlungen jüdischer Bürger zu sichten, unabhängig davon, ob ein Auswanderungsantrag vorlag. Gesucht wurde nach allem, was »besondere heimatliche, geschichtliche oder wissenschaftliche Bedeutung« hatte.[16] Die Handlungsanweisung, die den Bibliotheken mit einem »Eilt sehr!«-Vermerk und in dreifacher Ausfertigung zugestellt worden war, installierte unter den Gutachtern ein System von gegenseitiger Kontrolle und Wettbewerb. So sollten die Sachverständigen über die Sichtung der Vermögensverzeichnisse hinaus »Erkundigung in Fachkreisen« einholen und »vorsorglich« andere Sachverständige über relevantes Kulturgut in deren Zuständigkeitsbereich informieren.[17]

Die Anwendung des Erlasses durch die Bibliotheken ist bislang nicht erforscht worden, und es ist unklar, wie viele und welche Bibliotheken und Bibliothekare durch Amtshilfe und Delegierung der Aufgaben an der Erstellung der Gutachten beteiligt waren. Schon Krabbes Transformation der Sekretierung »nichtarischer« Literatur in einen Verwaltungsvorgang zeigt beispielhaft, wie leicht zentrale Vorgaben durch praktische Interpretation der Verwaltungen adaptiert und in bürokratische Abläufe integriert werden konnten. Die neuere Verwaltungswissenschaft hat dieses Phänomen administrativer Effizienz auch nicht auf Formen starren bürokratischen Gruppenhandelns zurückgeführt, sondern auf die Fähigkeit der Verwaltungen zur Selbstkoordination und darauf, Normen und Ausführungsbestimmungen an konkrete Situationen beständig anzupassen.[18] Plausibel erscheint diese Deutung gerade im Hinblick auf die Sekretierungspraxis der Bibliotheken. Denn zahlreiche Aktenvermerke und Stellungnahmen dokumentieren zwar die Unsicherheit der Bibliotheksverwaltungen in der Handhabung der als unzureichend kritisierten Listen verbotener Literatur.[19] Doch lassen die deutlichen und dauerhaften Spuren, die die Sekretierung vielfach in den Beständen und Katalogen hinterlassen hat, auf eine wirkungsvolle Zensurpraxis schließen. In der Thüringischen Landesbibliothek Weimar etwa wurde das 1935 eingeführte Sekretierungsmerkmal, ein roter Punkt auf dem Bucheinband, auch für in der DDR indizierte Titel sogar bis 1990 beibehalten.[20]

In der Rolle von Zensoren und Zensorinnen und Sachverständigen über »nichtarische« Literatur und jüdisches Umzugsgut agierten Bibliothekare und Bibliothekarinnen als eine Art »repräsentative Fassadenfiguren«, wie ein Begriff der politischen Psychologie schon der 1950er-Jahre zur Charakterisierung der unteren Funktionseliten lautete.[21] Auf diese Weise verschafften sie den Maßnahmen der Entscheider des NS-Staates auf dem Feld der Literaturversorgung und des Kulturgutschutzes den Anschein von Legalität. Ausschlaggebend für die Effizienz des NS-Regimes, das in nur zwölf Jahren unfassbare Massenverbrechen begehen konnte, war auch der Umstand, dass dem Regime effiziente Verwaltungen zur Verfügung standen, die bis zum bitteren Ende ihre Aufgaben erledigten.[22]

Von solchen Klärungsversuchen der Verwaltungswissenschaft zeigen sich die Bibliotheksverwaltungslehren bislang unbeeindruckt. So steht Ewert/Umstätters »Neubearbeitung« von 1997 für einen eigensinnigen bibliothekarischen Traditionalismus, dessen zögerliche Haltung gegenüber der *Washingtoner Erklärung* von 1998[23] und der *Gemeinsamen Erklärung* von 1999[24] in der Öffentlichkeit auf Kritik gestoßen ist.[25] Weder die Erfahrungen mit der mangelhaft ausgeführten Wiedergutmachung der 1950er- und 1960er-Jahre in der alten Bundesrepublik noch die Debatte um die in den 1990er-Jahren nachgeholte Rückerstattung Ost in der ehemaligen DDR haben – bis auf wenige Ausnahmen – zur Professionalisierung im Umgang mit der Provenienzklärung und Restitution jüdischen Vorbesitzes beigetragen. Und es ist verstörend, dass auch die aktuelle bibliothekarische Verwaltungs- und Managementliteratur bis 2011 ohne Ausnahme das Thema Restitution ausklammert,[26] obwohl es die Einrichtungen vor beträchtliche organisatorische, finanzielle und erschließungspraktische Herausforderungen stellt.

In der Debatte um die Restitution von NS-Raubgut werden von Seiten der Bibliotheken und Museen immer wieder vier Vorbehalte vorgebracht, die die Sicherung des Kulturgutes für die Öffentlichkeit reklamieren: Substanzerhaltung, wissenschaftliche Interessen, Zugänglichkeit für die Allgemeinheit, Zusammenhalt einer Sammlung und Ensembleschutz.[27] Es sind die gleichen notorischen Interessenvorbehalte, die im Erlass des Reichserziehungsministeriums vom 15. Mai 1939 den NS-Kulturgutraub begründen sollten und die heute restitutionshemmend wirken. Diese Vorbehalte sind nicht unumstritten, aber sie stoßen nach wie vor auf Akzeptanz in Fachkreisen und dem gesellschaftlichen Umfeld. Der folgende Abschnitt, der Sammeln als Konsumaktivität interpretiert und mit Haltung und Handeln der Bibliotheksverwaltungen verbindet, hinterfragt einige Voraussetzungen solcher Akzeptanzbildung.

Sammeln und Konsum

Aus soziokultureller Sicht können Sammlungen als soziale Konstrukte betrachtet werden, d.h. als Gruppierungen von Objekten, die bestimmte ökonomische und soziale, ja psychologische und identitätsstiftende Funktionen für den Sammler bzw. die Sammlerin und die sammelnde Institution haben. Dabei ist es weniger der Gebrauch als vielmehr der *Besitz* der Sammlungen, der das vorrangige Ziel der Sammler und der sammelnden Institutionen ausmacht. Vor dem Hintergrund materialistischer Grundhaltungen zumindest westlicher und westlich orientierter Gesellschaften können Bibliotheken und Museen als Institutionen charakterisiert werden, die primär am Besitz materieller Kultur ausgerichtet sind.[28]

Wenn dies zutrifft, gehören Klärung und Nachweis der Provenienz, d.h. des *Vorbesitzes*, zu den Kernaufgaben des Sammlungsmanagements. Die Vernachlässigung der Provenienzforschung führt folglich zu Erschließungsdefiziten, die die Integrität der Institutionen berühren. Zu den weitreichenden Folgen dieser Defizite gehört etwa die Entstehung so genannter »hidden collections«, d.h. verborgenen Sammlungsguts, das der öffentlichen Nutzung und Forschung vorenthalten und, da in seiner Bedeutung möglicherweise verkannt, unsachgemäßer Handhabung ausgesetzt und gefährdet wird.[29]

Unabhängig davon, ob individuell oder institutionell gesammelt wird, unterliegt Sammeln starken marktökonomischen, konkurrenzbetonten und affektiven Interessen. Sammeln, so die These der soziokulturellen Forschung, ist eine Konsumaktivität.[30] Zumindest treffen wir im Sammeln und Konsumieren auf die gleichen kulturellen Prozesse des Aneignens und des Besitzens, d.h. des Verfügens über ein Objekt. Zu diesen Aktivitäten, die auch arbeitsteilig ausgeführt werden können, gehören Beschaffung, Besitz, Gebrauch und Präsentation der Objekte. Es geht dabei um einen Wettbewerb unter Sammlern und Sammlerinnen, der durch eine konkurrenzbetonte Erwerbshaltung, Zurschaustellung und Selbstbestätigung durch das Sammlungsobjekt geprägt ist. Gelungene Erwerbungen, die Prestige versprechen, werden daher oft mit Stolz und einer gewissen exhibitionistischen Größe zur Schau gestellt. Der Aneignung geht dabei bisweilen die exzessive und illegitime Beschaffung von Informationen über das begehrte Objekt voraus.[31]

Sammeln in europäischer Tradition gilt als eine sozial anerkannte und zunächst positiv konnotierte Tätigkeit. Sammeln stellt dabei eine Variante des Konsums dar, die zwar ganz auf die Aneignung und den Besitz von Gütern aus ist, doch dem zwiespältigen Streben der Konsumgesellschaft nach materiellen Gütern eine untadelige Form zu geben scheint. Es scheint so, als beschenke sich der Sammler mit jeder Erwerbung legitimerweise stets aufs Neue, mag der Preis hierfür auch hoch sein.[32] Eine kritische Wendung nimmt die Sammelaktivität erst dann, wenn sie obsessiv betrieben wird und wenn dadurch soziale Zusammenhänge zerstört werden. Dies zeigt sich z.B. in der Fetischisierung des Sammlungsgutes und in diversen Techniken des Verbringens und Verbergens.[33]

Besitz und Verwaltung von NS-Raubgut scheinen Teilen der Fachwelt und auch des gesellschaftlichen Umfeldes dann noch hinnehmbar, wenn der Vorbehalt der Kulturgutsicherung und wissenschaftliche Interessen geltend gemacht werden können.[34] Man spricht in diesem Zusammenhang auch von Rationalisierungen der Sammelaktivität.[35] Diese Entlastungsstrategie wird getragen z.B. durch die Bildung von selbstrechtfertigenden Expertenkulturen in Gestalt von Berufsverbänden, Fachkommissionen und Liebhabervereinen. Solche Zirkel beanspruchen die Deutungsmacht über die Objekte, fixieren deren Wert, erstellen Expertisen, legen Ausbildungsinhalte und Förderlinien fest und definieren Sinn, Ziele und Reichweite von Sammelinteressen. Zu nennen ist auch die Deutung des Sammelns als Investment, das auf die Wertsteigerung von Besitz zielt. Diese Zuschreibung grenzt die Rolle des Sammlers vorteilhaft von der Rolle des Händlers und insbesondere des Spekulanten ab, in dessen Nähe umgekehrt denn auch oft die Begünstigten von Restitutionen gerückt werden.[36]

Restitutionsskeptiker und -skeptikerinnen können die Integrität der Institution, deren Umgang mit NS-Raubgut in der Kritik steht, mit Hinweis auf Rechtfertigungen dieser Art heute nicht mehr glaubhaft verteidigen. Die moderne Sammlungsforschung lässt *Aneignung, Besitz und Verwaltung von NS-Raubgut* als das erscheinen, was sie sind, nämlich als eine Form des Sammlungsmanagements, das die sozialen Zusammenhänge zerstört und das Sammlungsgut gefährdet. In dem Maße, in dem der NS-Kulturgutraub Kapital, Prestige und Zuwachs an Kontrolle und Deutungsmacht über die vereinnahmten Objekte versprach, sehen sich die Profiteure von einst durch die Restitution von Kontrollverlust und der Schwächung im Wettbewerb der Einrichtungen untereinander bedroht. Es bleibt zu wünschen, dass die neueren Forschungsansätze helfen, die restitutionshemmende Haltung vieler Bibliotheksverwaltungen wenn nicht zu verstehen, so doch zu erklären und zugleich mit guten Gründen zurückzuweisen.

Erstveröffentlichung: Der Aufsatz ist unter dem Titel *Sammeln als Konsum – Die Verwaltung von NS-Raubgut in deutschen Bibliotheken* zuerst erschienen in: Regine Dehnel (hg.), NS-Raubgut in Museen, Bibliotheken und Archiven. Viertes Hannoversches Symposium, Frankfurt am Main: Klostermann, 2012 (= Zeitschrift für Bibliothekswesen und Bibliographie, Sonderbd. 108), S. 31–40. Der Text geht zurück auf einen Vortrag auf dem Vierten Hannoverschen Symposium, 9.-11. Mai 2011. – Die in der Erstveröffentlichung angegebenen Internetadressen (1. Juli 2011) wurden am 26. Oktober 2023 aufgerufen und aktualisiert. Der einleitende Absatz des Kapitels *Sammeln und Konsum* wurde an das Ende des vorangehenden Kapitels *Verwaltungshandeln* verschoben. Der Abstract wurde 2023 erstellt.

Anmerkungen

1 Zur Rede von der »Stunde Null« im Hinblick auf Aufbauorganisation und Führungspersonal der deutschen Verwaltung nach dem Krieg vgl. Stefan Fisch, Verwaltungsaufbau nach 1945 in Deutschland, in: Klaus König (hg.), Deutsche Verwaltung an der Wende zum 21. Jahrhundert, Baden-Baden: Nomos, 2002, S. 11–32.

2 Überblick mit zahlreichen Fallbeispielen aus Bibliotheken: Bibliothek – Forschung und Praxis, 34, 2010, H. 1, S. 47–99.

3 Zur Bedeutung von »displaced cultural meaning« als soziokultureller Kategorie und ihrer Anwendung in der Sammlungsforschung vgl. Russell W. Belk, Collecting in a consumer society, London: Routledge, 1995, S. 151–156, und Grant McCracken, Culture and consumption. New approaches to the symbolic character of consumer goods and activities, Bloomington: Indiana University Press, 1988, S. 104–117.

4 Leslie I. Poste, Books go home from the wars, in: Library Journal, 73, 1948 (December), S. 1699–1704, hier S. 1704. Hungen gehörte zu den Depots des Einsatzstabes Reichsleiter Rosenberg (ERR) in Hessen und Bayern. Über Bücherdiebstähle auch im Offenbach Collecting Point berichtet Seymour J. Pomrenze, Offenbach reminiscences and the restitutions to the Netherlands, in: Frits J. Hoogewoud (ed.), The return of looted collections (1946–1996). An unfinished chapter, Amsterdam: Stichting beheer IISG, 1997, S. 10–18, hier S. 12.

5 Georg Leyh, Die deutschen wissenschaftlichen Bibliotheken nach dem Krieg, Tübingen: Mohr, 1947, S. 3.

6 Es wurden schon früh Zweifel an den Verlustmeldungen laut, z.B. bei Lester K. Born, The archives and libraries of postwar Germany, in: The American Historical Review, 56, 1950, S. 34–57, hier S. 35: »Probably the only accurate statement will be that losses consistently appear to be less than first announced.« Einschränkend auch Hans-Gerd Happel, Das wissenschaftliche Bibliothekswesen im Nationalsozialismus. Unter besonderer Berücksichtigung der Universitätsbibliotheken, München: Saur, 1989, S. 100: »Trotz der Auslagerungen und Zerstörungen von Bibliotheksbeständen blieben viele wissenschaftliche Bibliotheken bis in die letzten Kriegstage hinein benutzbar. Dieser Sachverhalt trifft auch für den Deutschen Leihverkehr zu, der kontinuierlich aufrechterhalten werden konnte.«

7 Vgl. Jürgen Babendreier, Kollektives Schweigen? Die Aufarbeitung der NS-Geschichte im deutschen Bibliothekswesen, in: Sven Kuttner/Bernd Reifenberg (hg.), Das bibliothekarische Gedächtnis. Aspekte der Erinnerungskultur an braune Zeiten im deutschen Bibliothekswesen, Marburg: Universitätsbibliothek, 2004, S. 23–53. – Zu Forschungsdefiziten vgl. Michael Knoche/Wolfgang Schmitz (hg.), Bibliothekare im Nationalsozialismus. Handlungsspielräume, Kontinuitäten, Deutungsmuster, Wiesbaden: Harrassowitz, 2011 (= Wolfenbütteler Schriften zur Geschichte des Buchwesens, Bd. 46).

8 Gisela von Busse, Struktur und Organisation des wissenschaftlichen Bibliothekswesens in der Bundesrepublik Deutschland. Entwicklungen 1945 bis 1975, Wiesbaden: Harrassowitz, 1977, S. 6.

9 Den Jahrbüchern der Deutschen Bibliotheken (Verein Deutscher Bibliothekare (hg.), Leipzig: Harrassowitz) 1936–1940 zufolge war die Bibliotheksrätin Dr. Gisela von Busse Geschäftsführerin des Beschaffungsamtes und stellvertretende Geschäftsführerin der Reichstauschstelle und des

Deutsch-Ausländischen Buchtausches. Nach der Zusammenlegung der Dienststellen 1941 vertrat sie den Leiter der Behörde, den Bibliotheksdirektor Dr. Adolf Jürgens. Beschaffungsamt und Reichstauschstelle waren ursprünglich Teil der Notgemeinschaft der Deutschen Wissenschaft und wurden 1934 als Dienststellen des Reichserziehungsministeriums der Preußischen Staatsbibliothek angegliedert. Die Dienststellen hatten 1945 einen Personalstand von 55 Mitarbeitern, allein in den Depots der Reichstauschstelle lagerten bei Kriegsende eine Million Bände. Vgl. Cornelia Briel, Zum Verhältnis zwischen Reichstauschstelle und Preußischer Staatsbibliothek in den Jahren 1934 bis 1945, in: Hans Erich Bödeker/Gerd-Josef Bötte (hg.), NS-Raubgut, Reichstauschstelle und Preußische Staatsbibliothek, München: Saur, 2008, S. 45–83, hier S. 59–61, und Gisela von Busse, Zur Entstehung der Tausch- und Beschaffungsstelle für ausländische Literatur im Jahre 1949, in: Ewald Lissberger/Theodor Pfizer/Bernhard Zeller (hg.), In Libro Humanitas. Festschrift für Wilhelm Hoffmann, Stuttgart: Klett, 1962, S. 83–93, hier S. 93, Anm. 7.

10 Briel (Anm. 9), hier S. 75–76 und S. 81–83.

11 Wieland Schmidt/Dieter Oertel (hg.), Fünfzehn Jahre Bibliotheksarbeit der Deutschen Forschungsgemeinschaft 1949–1964, Frankfurt am Main: Klostermann, 1966, S. 9, Vorwort. – Das Bibliotheksreferat war aus der ehemaligen Tausch- und Beschaffungsstelle hervorgegangen, das bis 1949 Teil der Öffentlichen Wissenschaftlichen Bibliothek war, wie der provisorische Name der Preußischen Staatsbibliothek 1946 lautete.

12 Gisela Ewert/Walther Umstätter, Lehrbuch der Bibliotheksverwaltung. Auf der Grundlage des Werkes von Wilhelm Krabbe und Wilhelm Martin Luther völlig neu bearbeitet, Stuttgart: Hiersemann, 1997, S. 18. – Wilhelm Krabbe, Kurzgefaßtes Lehrbuch der Bibliotheksverwaltung, 2., durchgesehene Auflage, Leipzig: Einkaufshaus für Büchereien G.m.b.H., 1940 (zuerst 1937), (= Veröffentlichungen der Berliner Bibliotheksschule, H. 2). – Wilhelm Krabbe/Wilhelm Martin Luther, Lehrbuch der Bibliotheksverwaltung, Stuttgart: Hiersemann, 1953.

13 Krabbe 1940 (Anm. 12), S. 68: »Bei diesen sekretierten Schriften ist von Fall zu Fall zu entscheiden, ob überhaupt eine Benutzung gestattet werden kann, und wenn ja, in welchem Umfange. […] Jeder Fall bedarf in der Regel besonderer Entscheidung, die in erster Linie beim Leiter des Benutzungsdienstes, in besonders gelagerten Fällen aber auch durch den Leiter des Instituts allein getroffen werden kann. Namentlich für die politische Literatur der Nachkriegsjahre, für die nichtarische und die aus weltan-

schaulichen Gründen unerwünschte Literatur hat diese Frage gegenwärtig eine außerordentlich große Bedeutung für die Bibliotheken gewonnen.«

14 Krabbe 1940 (Anm. 12), S. V.

15 Der Erlass des Reichserziehungsministeriums mit dem Zeichen Z II a 1786/39 (b) ging auf eine Vereinbarung zwischen vier Ministerien (Reichswirtschaftsministerium, Reichsinnenministerium, Reichserziehungsministerium, Reichspropagandaministerium) zurück und betraf den »Schutz des deutschen Kulturgutes gegen Abwanderung (Mitnahme von Umzugsgut bei der Auswanderung von Juden).« Adressaten waren neben den Sachverständigen für Bibliotheksgut auch Sachverständige für Kunst- und Museumsgut, Archivgut und Schriftgut lebender Autoren. Ein »Verzeichnis der Devisenstellen« war »Nur für den Dienstgebrauch« beigefügt. Das Dokument wird zitiert nach der Personalakte Hermann Blumenthals, des kommissarischen Leiters der Thüringischen Landesbibliothek Weimar 1939–1941, der den Erlass am 24. Mai 1939 als »gelesen« abzeichnete, Goethe- und Schiller-Archiv, GSA 150/B358. Auf den Erlass weist bereits Anja Heuß in zwei Publikationen hin: Bücherraub in der Zeit des Nationalsozialismus – Akteure und Strukturen, in: Niedersachsen/Landtag (hg.), Jüdischer Buchbesitz als Beutegut, Hannover: Niedersächsischer Landtag, Niedersächsische Landesbibliothek, 2003, S. 25–34; Wie geht es weiter? – Die Verantwortung der Museen, in: Koordinierungsstelle für Kulturgutverluste Magdeburg (hg.), Museen im Zwielicht. Die eigene Geschichte, Magdeburg, 2., erweiterte Aufl. 2007, S. 429–455, wo S. 445–455 auch das »Verzeichnis der Devisenstellen« abgedruckt ist.

16 Reichserziehungsministerium (Anm. 15), Erlass Z II a 1786/39 (b), III.1.

17 Reichserziehungsministerium (Anm. 15), Erlass Z II a 1786/39 (b), III.2 und III.3.

18 Michael Ruck, Die deutsche Verwaltung im totalitären Führerstaat 1933–1945, in: Erk Volkmar Heyen (hg.), Die öffentliche Verwaltung im totalitären System, Baden-Baden: Nomos, 1998 (= Jahrbuch für europäische Verwaltungsgeschichte, Bd. 10), S. 1–48, hier S. 4–5.

19 Happel (Anm. 6), S. 85–100 und S. 116–117.

20 Vgl. hierzu die detailreichen Studien von Roland Bärwinkel, Ordnung durch Selektion. Die Weimarer Bibliothek, in: Gert Theile (hg.), Das Archiv der Goethezeit. Ordnung – Macht – Matrix, München: Fink, 2001, S. 117–129; Zensur in der Zentralbibliothek der deutschen Klassik von 1970

bis 1990, in: Lothar Ehrlich (hg.), »Forschen und Bilden«. Die Nationalen Forschungs- und Gedenkstätten der klassischen deutschen Literatur in Weimar (NFG) 1953–1991, Köln/Weimar/Wien: Böhlau, 2005, S. 125–165.

21 Das anschauliche Bild der Fassadenfigur entwarf Wanda von Baeyer-Katte, eine Beobachterin der Nürnberger Prozesse, in ihrer frühen Untersuchung zu Typen von Tätern und Mitläufern im NS-Staat: Das Zerstörende in der Politik. Eine Psychologie der politischen Grundeinstellung, Heidelberg: Quelle & Meyer, 1958. – Zum neueren Forschungsstand der Typologisierung der Funktionseliten im NS-Staat vgl. Bernhard Gotto, Dem Führer entgegen arbeiten? Überlegungen zur Reichweite eines Deutungsmusters, in: Jürgen John/Horst Möller/Thomas Schaarschmidt (hg.), Die NS-Gaue. Regionale Mittelinstanzen im zentralistischen »Führerstaat«, München: Oldenbourg, 2007, S. 80–99.

22 Ruck (Anm. 18), S. 47–48.

23 Grundsätze der Washingtoner Konferenz in Bezug auf Kunstwerke, die von den Nationalsozialisten beschlagnahmt wurden. Veröffentlicht im Zusammenhang mit der Washingtoner Konferenz über Vermögenswerte aus der Zeit des Holocaust, Washington, DC, 3. Dezember 1998, https://kulturgutverluste.de/sites/default/files/2023-04/Washingtoner-Prinzipien.pdf.

24 Erklärung der Bundesregierung, der Länder und der kommunalen Spitzenverbände zur Auffindung und zur Rückgabe NS-verfolgungsbedingt entzogenen Kulturgutes, insbesondere aus jüdischem Besitz, Dezember 1999. Die Gemeinsame Erklärung gehört zu den Anlagen der Handreichungen 2001, 2007, 2019 und ist online verfügbar unter https://kulturgutverluste.de/sites/default/files/2023-04/Gemeinsame-Erklaerung.pdf, 2023 aktualisiert.

25 Vgl. Georg Ruppelt, Geleitwort, in: Regine Dehnel (hg.), NS-Raubgut in Bibliotheken, Frankfurt am Main: Klostermann, 2008 (= Zeitschrift für Bibliothekswesen und Bibliographie, Sonderbd. 92), S. 11–13, hier S. 12, und Michael Sontheimer, Stumme Zeugen, in: Der Spiegel, 2009, H. 43, S. 58–60.

26 Soweit ich sehe, fehlt noch immer eine kritische Darstellung der Entwicklung und Funktionen der Bibliotheksverwaltung vor dem Hintergrund deutscher Verwaltungsgeschichte im 20. Jahrhundert.

27 Beat Schönberger, Restitution von Kulturgut. Anspruchsgrundlagen – Restitutionshindernisse – Entwicklung, Bern: Stämpfli, 2009, S. 51–61.

28 Susan M. Pearce, Museum objects and collections. A cultural study, Leicester/London: Leicester University Press, 1992, S. 31–35, und Belk (Anm. 3), S. 66–83.

29 Jürgen Weber, NS-Raubgut und *hidden collections* – Herausforderungen für ein neues Sammlungsmanagement, in: Dehnel (Anm. 25), S. 175–184.

30 Zusammenfassend Belk (Anm. 3), S. 1: »The development of contemporary consumer societies has had a profound effect on the way we view the world. Stated most simply, we have come to regard an increasing profusion of both natural and human-produced things as objects to be desired, acquired, savored, and possessed. Both individuals and social institutions have enthusiastically, if sometimes guiltily, embraced this world view. Perhaps the most prominent manifestation of such consumerism is in the proliferation of individual and institutional collections. For collecting is consumption writ large.«

31 Belk (Anm. 3), S. 65–76.

32 Susan M. Pearce, On collecting. An investigation into the European tradition of collecting, London: Routledge, 1995, S. 3–35, hier S. 28–33 und S. 369–370.

33 Belk (Anm. 3), S. 141–147.

34 Vgl. Stefan Koldehoff, Die Bilder sind unter uns. Das Geschäft mit der NS-Raubkunst, Frankfurt am Main: Eichborn, 2009, S. 218–233.

35 Belk (Anm. 3), S. 76.

36 Belk (Anm. 3), S. 76–83.

»Contextual evidence«, NS-Raubgut und die Neuausrichtung der Provenienzforschung

Erschließung verdeckter Nutzungskontexte im Umfeld des Bücherraubes

»There has been what might be called a rediscovery of provenance.«[1]

Abstract *Selten haben politische Appelle eine so tiefgreifende Wirkung in Kultur- und Bildungseinrichtungen entfaltet wie die Erklärungen zum Umgang mit NS-Raubgut seit 1998. Umfang und Bedeutung des Auftrags für das Sammlungsmanagement haben Provenienzklärung und Restitution inzwischen sogar zu einer Daueraufgabe vieler Institutionen werden lassen. Es ist ein neues Forschungsfeld entstanden, und Provenienzklärung sichert heute die Integrität der Information über Herkunft, Distribution und Nutzungskontexte der Sammlungen in Bibliotheken. Als ein Beispiel für die Erfahrungs- und Handlungsräume der Akteure im Umfeld des Bücherraubes haben nun Forschungen zur Nutzung der Bestände in der Zeit des Nationalsozialismus Fernleihen und andere Informationsdienstleistungen für medizinische Versuche im Konzentrationslager Buchenwald aufgedeckt.*

Seldom have political appeals had such a profound impact on cultural and educational institutions as the declarations issued since 1998 on the handling of assets looted by the Nazis. The scope and significance of the collection management assignment have turned provenance clarification and restitution into an ongoing task for many institutions. A new field of research has been born and provenance clarification now ensures the integrity of the information on the origin, distribution and use contexts of the collections in libraries. As an example of the actions of those who participated in the looting of books and the context within which this took place, research on the use of the holdings during the Nazi period has uncovered interlibrary loans and other information services for medical experiments at the Buchenwald concentration camp.

Zugang zu Provenienzdaten

Lange Zeit wurde darüber hinweggesehen, dass die administrative Effizienz deutscher Bibliotheken in gleicher Weise wie die Apparate der Finanz- oder Polizeibehörden zur Funktionsfähigkeit des NS-Staates und seiner Institutionen in Forschung und Bildung beigetragen hat. Noch immer fehlt eine kritische Darstellung der Entwicklung und Merkmale der Bibliotheksverwaltung vor dem Hintergrund der Kontinuitäten deutscher Verwaltungsgeschichte im 20. Jahrhundert.[2] Bis 2012 haben die Kompendien und Handbücher für Bibliotheksverwaltung und -management das Thema Provenienzklärung und Restitution nicht reflektiert.[3] Auch deshalb waren die Bibliotheken trotz einer Verwaltungskultur, die kundenorientiert und traditionell durch eine hohe Informationskompetenz geprägt ist, auf die Folgen der *Washingtoner Erklärung* von 1998[4] nur schlecht vorbereitet. Bis vor wenigen Jahren wurden die Herausforderungen der Provenienzforschung selten als Chance zur Aufklärung der Herkunft, Distributionswege und Nutzung der Bestände und damit als Beitrag zur Integrität der vermittelten Information begriffen.

Zu den Zielen der *Washingtoner Erklärung* zählt eine faire und gerechte Restitutionspraxis, deren zentrale Voraussetzungen ein ungehinderter Informationszugang zu den Provenienzdaten und eine praxisnahe Beweisführung im Hinblick auf die Vorbesitzverhältnisse seit dem 30. Januar 1933 sind. So erwartet die Öffentlichkeit, dass NS-Raubgut in den Sammlungen identifiziert und die Informationen darüber mit den zugehörigen Archivunterlagen in den Einrichtungen in professioneller Form dokumentiert und veröffentlicht werden.

Diese Zielmarken versucht die *Handreichung* – als Interpretationshilfe der *Washingtoner Erklärung* und maßgebliche Verhaltensrichtlinie im Umgang mit NS-Raubgut in Deutschland – auf zwei Wegen zu erreichen. Sie bietet praktische Hilfen, z.B. in Form von Checklisten zur Provenienzrecherche und von Namen- und Adresslisten der Personen und Unternehmen im Zusammenhang mit Raub und Handel von Kunst- und Kulturgut. Daneben vermittelt sie aber auch Motive, die das Handeln der Einrichtungen im Sinne einer »guten Verwaltungspraxis« zur Erfolgssuche anhalten sollen. Wie es im Vorwort heißt, sollen die Einrichtungen dazu veranlasst werden, künftig »praxisnäher, effektiver und friedensstiftend« zu agieren, und dabei mitwirken, »Möglichkeiten für ›gerechte und faire Lösungen‹ im Sinne der Grundsätze der Washingtoner Konferenz von 1998 aufzuzeigen.«[5]

Die *Handreichung* versteht sich als »rechtlich nicht verbindliche Orientierungshilfe«[6]; denn der Auftrag zur Provenienzklärung und Restitution, wie ihn die *Gemeinsame Erklärung* von Bund, Ländern und kommunalen Spitzenverbänden aus den Washingtoner Grundsätzen ableitet, hat keine völker- oder zivilrechtliche Bindungswirkung. Die *Handreichung* gilt vielmehr als *soft law*, d.h. als ein Instrument kooperativer und weicher Rechtsdurchsetzungsmechanismen, das als handlungsleitende Norm und Selbstverpflichtung wirken soll.[7]

Darin folgt die *Handreichung* dem »Leitbild des aktivierenden Staates«, mit dem die Bundesrepublik seit Mitte der 1990er-Jahre auf eine verbesserte Governance öffentlicher Einrichtungen hinwirken will. Die Akteure im Bildungs- und Kulturbereich sollen nach dem »Grundsatz des Förderns und Forderns« dazu veranlasst werden, bei der Provenienzklärung und Restitution die eigenen Ressourcen und Koordinierungsfähigkeiten mittels Verantwortungsteilung und Koproduktion von Leistungen etwa in Kooperation mit Vereinen, Verbänden und Stiftungen einzubringen.[8] Daraus entstehen den betroffenen Einrichtungen weit reichende Kommunikationsaufgaben im Umgang mit Experten- und Interessengruppen, Ämtern sowie den Erben und Rechtsnachfolgern der ehemaligen Eigentümer. Flankiert wird ein solches Vorgehen, das in der Praxis – wie es denn auch in der *Handreichung* heißt – auf »eigenaktives« und »eigenverantwortliches« Handeln[9] angewiesen ist, in der Regel durch Leitbilder und Mindeststandards. Hierzu gehören z.B. der *IFLA Code of ethics for librarians and other information workers* (2012), der *Europäische Kodex für gute Verwaltungspraxis* (2005) sowie bibliotheksfachlich die *Empfehlungen zur Provenienzverzeichnung* diverser Arbeitsgruppen der Bibliotheksverbünde und des Deutschen Bibliotheksverbandes (2003–2014).[10]

Provenienzklärung und Restitution müssen als Leistungen betrachtet werden, die gemeinsam durch politisch-administrative, zivilgesellschaftliche und bibliotheksfachliche Beiträge erbracht werden. Die Etablierung nachhaltig betriebener Provenienzforschung und Gewährleistung des Zugangs zu den Provenienzinformationen stellen an das Bibliotheksmanagement zwar hohe Anforderungen, sind aber keine Überforderung, sondern Bestandteil grundlegender Informationsdienstleistungen und ihrer Qualitätssicherung.

Unter den 15 Unterzeichnern der *Handreichung* von 2007 fehlte, im Unterschied etwa zum Deutschen Museumsbund, der Deutsche Bibliotheksverband mit seinen 2.100 Mitgliedsbibliotheken.[11] Das war aus heutiger Sicht ein Versäumnis der Bibliothekspolitik. Denn im Vorwort der *Handreichung* wurde bereits die Gründung der Berliner Arbeitsstelle für Provenienzforschung und damit der zentralen Fördermittelstelle von Bund und Ländern angekündigt. Geboten war zu diesem Zeitpunkt der Aufbau eigener Förderlinien zur vertieften und mit den anderen Sparten der Kultur- und Bildungseinrichtungen vernetzten Forschung nach Herkunft und Gebrauchsgeschichte der Sammlungen in den Bibliotheken. 2008–2014 wurden Fördermittel in Höhe von 12 Mio. Euro bereitgestellt. Die Statistik der Berliner Arbeitsstelle belegt, dass Bibliotheken an den 128 geförderten Projekten nur mit einem Anteil von knapp 19 Prozent (24 Projekte) partizipierten, während auf Museen ein Anteil von 67 Prozent (86 Projekte) entfiel, der Rest verteilte sich auf Archive und wissenschaftliche Institute.[12]

Verlautbarungen wie die *Washingtoner Erklärung* von 1998, die *Gemeinsame Erklärung* von 1999, der *Hannoversche Appell* von 2002, die *Theresienstädter Erklärung* von 2009 und der *Offene Brief des IV. Hannoverschen Symposiums* 2011 markieren Stationen und Teilerfolge auf dem Weg, die Provenienzforschung und die Aufarbeitung der Erwerbungsgeschichte, Distribution und Nutzung der Bestände in der NS-Zeit voranzubringen.[13] Man kann diese Äußerungen zugleich als Ausweis dafür sehen, wie weit zu bestimmten Zeitpunkten die angesprochenen Kultur- und Bildungseinrichtungen von den formulierten Zielen noch entfernt waren. Über mehr als 15 Jahre ist hier nun schon ein mühsamer Transformationsprozess zu besichtigen, der das, was für das soziale Zusammenleben als richtig und politisch als geboten erkannt wurde, nun auch für das moderne Sammlungsmanagement kultureller Güter als fachlich notwendig umzusetzen sucht.

Seit einigen Jahren sind Formen der Institutionalisierung der Provenienzforschung zu beobachten: 2011 konnte ein neues universitäres Lehrangebot Provenienzforschung am Kunsthistorischen Institut der Freien Universität Berlin implementiert werden;[14] 2013 und 2014 wurden Projektstellen für Provenienzforschung an Museen in Baden-Württemberg, Niedersachsen und Nordrhein-Westfalen entfristet;[15] der 2000 gegründete, international ausgerichtete Arbeitskreis Provenienzforschung mit Schwerpunkt auf den Museen etablierte sich 2014 als gemeinnütziger Verein;[16] 2014 wurde ein zweiter Arbeitskreis mit Schwerpunkt auf den Bibliotheken gegründet. Die Initiativen zur Provenienzforschung und Restitution sollen nun im 2015 gegründeten Deutschen Zentrum Kulturgutverluste in Magdeburg gebündelt werden, zu dem auch die ehemalige Koordinierungsstelle Magdeburg und Berliner Arbeitsstelle für Provenienzforschung gehören.

Im Zusammenhang mit der Restitution unrechtmäßig erworbenen Kulturguts stellt Provenienzforschung ein neues Forschungsfeld dar. Zu den Aufgaben gehören die Identifizierung der Objekte, die Ermittlung der Vorbesitzer und der Umstände des Raubes, die Aufklärung der Vereinnahmung und Nutzung der Objekte bis zu deren Restitution. Die Auseinandersetzung mit der Vielzahl an historischen, rechtlichen, ethischen, kulturwissenschaftlichen, kustodischen und informationswissenschaftlichen Fragestellungen erfordert eine breite interdisziplinäre Zusammenarbeit. Das setzt voraus, dass die Bibliotheken als Einrichtungen in öffentlicher Trägerschaft Initiativen entwickeln und – so die Erwartung[17] – auch Allianzen für innovative Projekte bilden, die eine dauerhafte Erledigung der Provenienzklärung möglich machen. Die traditionellen Fallanalysen zu einzelnen Büchern oder Sammlungen sind in eine systematische Bestandsprüfung einzupassen, die zugleich die Geschichte der Rekonstruktion des Bücherraubes und der Verwaltung dieser Bücher in den Bibliotheken in den Blick nimmt. Das hat in den letzten Jahren zu einer vertieften Auseinandersetzung mit Methoden der evidenzbasierten Provenienzforschung geführt.[18]

»Contextual evidence«: Ordnung, Integrität und Kontext der Provenienzinformation

Seit Mitte der 1980er-Jahre lässt sich auf internationaler Ebene eine Professionalisierung von Dokumentation und Retrieval der Provenienzdaten in bibliothekarischen Nachweissystemen wahrnehmen.[19] In Deutschland hat die Entwicklung 2014 mit den Empfehlungen einer Arbeitsgruppe des Deutschen Bibliotheksverbandes zur Provenienzverzeichnung einen wichtigen Meilenstein erreicht.[20] Es geht dabei um die Definition eines kontrollierten Vokabulars und um Vereinbarungen zur Deskription des Provenienzfeldes, dessen konstitutive Elemente in die *Gemeinsame Normdatei* (GND) integriert worden sind: Namen der Vorbesitzer (Personen und Körperschaften) und Begriffe zur Bezeichnung der Evidenzen, ergänzt um Bilddateien in lokalen Datenbanken. Damit sind gute Voraussetzungen für eine kooperative Form der Erschließung und die überregionale Recherche der Provenienzen geschaffen worden.

Im Unterschied zu früheren Erschließungskonzepten von seltenen Büchern ist das aktuelle Verfahren darauf ausgelegt, die Onlinebibliothekskataloge für die Mengenverzeichnung der Provenienzdaten zu nutzen, um systematische Bestandsprüfungen zu ermöglichen. Ein wichtiges Instrument zur Bezeichnung der Evidenzen ist ein mehrsprachig angelegter *Thesaurus der Provenienzbegriffe*, der inzwischen auch um Begriffe zur Restitution ergänzt worden ist. Der Thesaurus beruht auf dem Thesaurus *Provenance evidence* der American Library Association, der Mitte der 1980er-Jahre mit einer Reihe anderer Thesauri von *Paper terms, Binding terms, Printing and publishing evidence* und *Type evidence* einen wichtigen Baustein der Implementierung exemplarspezifischer Erschließung unter MARC bildete.[21]

Die Konzeption bibliothekarischer Provenienzerschließung verlief parallel und wohl auch nicht unbeeinflusst von einer in den USA und Kanada kontrovers geführten Methodendebatte über die Bedeutung des Provenienzkonzepts für die staatlichen Archive. In Frage stand dabei nicht nur die Akzeptanz einer auf das Konzept von Fonds und Provenienz gegründeten Erschließung, die anders als im europäischen Archivwesen in den USA und Kanada erst spät im 20. Jahrhundert etabliert werden konnte. Studien befassten sich weiterführend auch mit der Frage, in welchem Umfang bei der Recherche inhaltsbezogene Daten aus der Verknüpfung mit Provenienzinformationen abgeleitet werden können.[22] Die Arbeiten der kanadischen Archivwissenschaftler Terry Eastwood, Terry Cook und Tom Nesmith haben Verlauf und Ergebnisse der Debatte reflektiert und maßgeblich vorangetrieben, sie bilden auch den Ausgangspunkt der folgenden Skizze.

Nesmith fasst den Stand der Diskussion 1993 so zusammen: »By the end of the 1980s, a radical transformation has occurred in the archival profession. Added experience with those same modern records which had prompted questions about the relevance of provenance, had led, ironically enough, to a renewed emphasis on the centrality and increasingly problematic nature of provenance. [...] There is now a movement among some leading archivists in the direction of renewed appreciation of provenance information as a means of indirect access to subject information. The effort to devise means of making information in archival materials more readily available could not proceed without more understanding of their origins and characteristics.«[23]

Der Grund für die Karriere des Provenienzkonzepts – zunächst 1841 als *respect des fonds* in den Archives nationales (France), dann 1881 als *Provenienzprinzip* im Preußischen Geheimen Staatsarchiv – war die Überzeugung, dass der Genese, originären Ordnung und Überlieferung des Archivmaterials zentrale Bedeutung für das Verständnis der Inhalte der Dokumente und deren Relation zu anderen Dokumenten zugemessen wurde: »The concept of provenance, which was embodied in respect des fonds and original order, became the foundation of the European archival approach to recorded communication.«[24] Ohne die Kenntnis der Entstehungs- und Funktionszusammenhänge des in Fonds zusammengefassten Archivmaterials, so die vorherrschende Meinung, können weder Identität noch Integrität der Bestände, die oft nur brüchige Überlieferungsstränge haben, gesichert werden.

Geltung hatte das Konzept von Fonds und Provenienz zunächst für Dokumente staatlicher Archivverwaltungen, wo es andere Ordnungsprinzipien nach chronologischen, geografischen und thematischen Aspekten ablöste oder ergänzte. In der Praxis hat das Konzept vielfältige Varianten hervorgebracht und ist in seiner Anwendung auch nicht auf Archivalien beschränkt. Seine spezifische Bedeutung für die Archive liegt heute darin, die Entstehungszusammenhänge und Formation der Archivmaterialien moderner Bürokratien und ihrer Kommunikationsformen zu sichern und für die Forschung handhabbar zu machen.[25]

Diese funktionale Sichtweise hat die Anwendung des Provenienzkonzepts auch für die Erschließung von Objekten anderer bestandsbildender und -verwahrender Einrichtungen, wie z.B. Bibliotheken und Museen, attraktiv gemacht. Evidenzen und Kontextdaten sind die für die exemplar- und sammlungsspezifische Erschließung konstitutiven Elemente. Anhand dieser Elemente wurde die Provenienzmatrix zur Beschreibung der Überlieferungs- und Funktionszusammenhänge der Objekte entwickelt, wie sie heute auch den diversen Empfehlungen zur Provenienzverzeichnung in Bibliotheken zugrunde liegt (Abb. 1).

Abb. 1: Provenienzmatrix mit Spezifikationen des Provenienzfeldes

Provenienzfeld	Evidenzen	Kontextdaten
Provenienzmerkmal	Deskriptor (Thesaurus der Provenienzbegriffe)	Charakterisierung des Provenienzmerkmals
Herkunft	Name der Person oder Körperschaft	Daten zur Biografie, Institution und Funktion
Akzession, Deakzession	Zugangs- und Abgangsdaten, rechtlicher Status (Deskriptor, z. B. Beutegut, Restitution)	Dokumentation der Quellen, Hinweise zum Überlieferungskontext
Entleihungen	Name des Entleihers, Ausleihdaten	Dokumentation der Quellen, Hinweise zum Verwendungskontext

Tabelle: Jürgen Weber

So betont Cook, dass mit der Idee des Fonds wesentlich der kreative Akt des Zusammenfügens von Objekten zu Gruppierungen als Spiegel der Intentionen und Umfeldbedingungen eines Schaffensprozesses assoziiert ist, und zwar unabhängig davon, ob es sich um Überlieferungen aus öffentlichem oder privatem Besitz von Individuen, Familien oder Körperschaften handelt. Die Idee des Fonds repräsentiert nicht so sehr eine physische Entität, eher das Ergebnis der Deskription der Merkmale des überlieferten Materials. Der Fonds bildet den Identifikationspunkt für sich wandelnde Funktionen, Formen und Nutzungsszenarien des Bestandes.[26]

Eastwood zufolge sind es nun diese Wandlungen und Modifikationen des Bestandes und seines administrativen Umfeldes, deren Interpretation ein wachsendes Forschungsinteresse an den Überlieferungs- und Verwendungszusammenhängen der Objekte für den Aufschluss der Evidenzen begründet: »The course of custody, control, and use, but particulary the latter, often alters the originary nature of any given grouping of documents. […] custody and use become factors conditioning and deepening the provenance of the documents concerned. In this way, recording the history of custody, control, and use is a kind of bridge between external and internal structure, for it provides understanding of what happened to archival documents subsequent to their original genesis and prior to their treatment in the historical repository.«[27]

Da Provenienzen bis vor wenigen Jahren nicht zu den Erschließungszielen in Bibliotheken gehörten, sind Informationen über Herkunft, ursprüngliche Ordnung, Verwendungszusammenhänge und Tradierung der Objekte vielfach überlagert, auseinandergerissen oder zerstört worden. Das war regelmäßig bei der Integration von Büchern in den allgemeinen Bestand der Fall, indem sie z.B. auf verschiedene Bestandsgruppen verteilt, umgebunden, zensiert oder auch als Dubletten ausgesondert wurden.

Dennoch finden sich in Form von Stempeln, Exlibris, Annotationen, aber auch Tekturen und Tilgungen vielfältige physische Spuren auf dem Einband, auf dem Buchschnitt oder im Buch. In diesen Spuren manifestieren sich Manipulationen von Personen, die das Buch besessen oder verschenkt haben, darin gelesen und es kommentiert haben oder mit Markierungen aus den bibliothekarischen Geschäftsprozessen versehen haben (Abb. 2). Um solche Evidenzen als Provenienzmerkmale zu identifizieren und zu interpretieren, müssen wir auf Informationen zurückgreifen, die mit dem Buch, der Sammlung und deren Umfeld überliefert werden, z.B. in Form von Archivalien oder mündlicher Tradierung, aber auch in der Form des Arrangements einer Sammlung in einem Raum.[28] Was zunächst als einfaches Provenienzmerkmal erscheinen mag, entpuppt sich bei seiner Interpretation als ein komplexes Bündel an Informationen, das ohne Aufklärung der Kontexte nicht vollständig verstanden werden kann. Als »contextual evidence«[29] im Sinne einer *Evidenz aus dem Kontext* bildet es die Basis unserer Interpretationsleistung.

Abb. 2: Evidenz aus dem Kontext: Kratzspuren auf dem Einband

Klassik Stiftung Weimar, Herzogin Anna Amalia Bibliothek, Signatur: Soz 279s

Sichtung, Identifizierung, Dokumentation sowie Konservierung und Sicherung der Evidenzen vor Informationsverlusten sind Aufgaben eines *Evi-*

denzmanagements. Konzept und Praxis des Evidenzmanagements sind bislang nicht in systematischer Form als Teilgebiet des Sammlungsmanagements kultureller Einrichtungen definiert und entwickelt worden. Dieses Defizit ist infolge der Neuausrichtung der Provenienzforschung sichtbar geworden, welche die Provenienzrecherche anhand von Einzelobjekten mit systematischen Bestandsprüfungen verbindet. Dabei werden Verwaltungshandeln und Sammlungsmanagement der Einrichtungen selbst zum Thema der Provenienzforschung, indem die Geschäftsprozesse auf die Auswirkungen auf die Integrität des überlieferten Materials und der Provenienzinformationen hin untersucht und beschrieben werden. Auf diese Weise sind bislang wenig beachtete Verwaltungsdaten, die über Distribution und Gebrauch der Bestände Auskunft geben, in den Fokus der Provenienzforschung geraten.

Nutzungskontexte: Fernleihen für medizinische Versuche im KZ Buchenwald

Aus der Logik des archivwissenschaftlichen, kontextbezogenen Forschungsansatzes folgt ein Begriff von Provenienz, der über die Bezeichnung von Herkunft und Eigentum eines Objektes hinausgeht und – so auch der Ausgangspunkt von David Pearsons Handbuch *Provenance research in book history*[30] – den zeitweiligen Besitz und Gebrauch eines Objektes bezeichnet. Zu den Provenienzdaten gehören die Entleihungen von Büchern, aus denen Hinweise auf die Zirkulation und Verwendungszusammenhänge der Bücher gewonnen werden können. So ist die Analyse von Nutzungskontexten für die Forschung zu NS-Raubgut zumindest mittelbar von Interesse, weil sie Rückschlüsse auf die Rationalität des bibliothekarischen Verwaltungshandelns zulässt und Erfahrungsräume des Personals im Bibliotheksalltag ausleuchten, beschreiben und vergleichen hilft.

Im Zuge der Durchsicht von Auskunftsakten zur Provenienzklärung verdächtiger Erwerbungen sind in der Klassik Stiftung Weimar nun Dokumente ans Licht gekommen, welche die Unterstützung der medizinischen Versuche an Häftlingen im KZ Buchenwald durch die Thüringische Landesbibliothek Weimar, eine Vorgängerin der Herzogin Anna Amalia Bibliothek, und andere Bibliotheken belegen. Überliefert sind Leihbestellungen, die 1942 und 1943 von der Landesbibliothek für Waldemar Hoven, den SS-Standortarzt in Weimar und stellvertretenden Leiter der Abteilung Fleckfieber- und Virusforschung des Hygiene-Instituts der Waffen-SS in Buchenwald, ausgeführt wurden.[31]

Abb. 3: »... spreche ich Ihnen meinen herzlichsten Dank aus.«

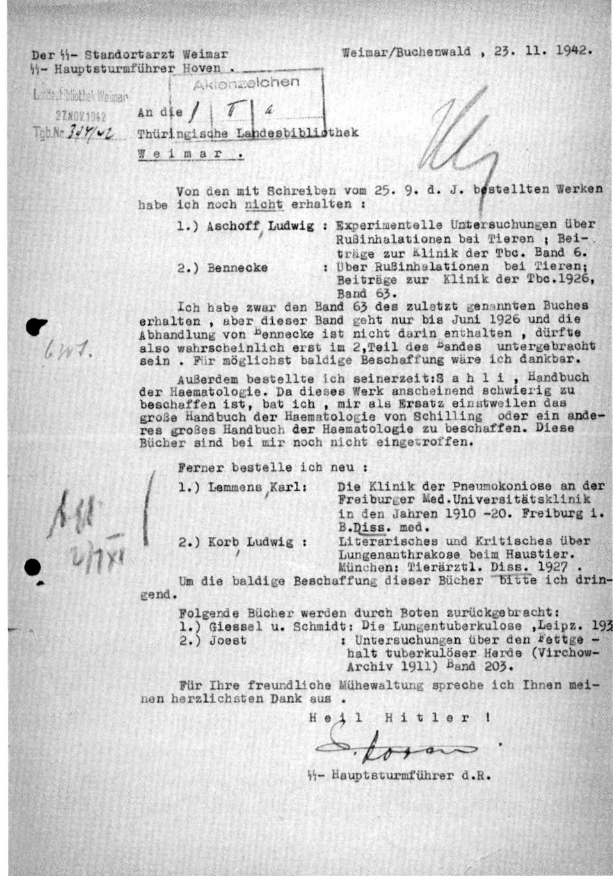

Der ᛋᛋ- Standortarzt Weimar
ᛋᛋ- Hauptsturmführer Hoven .

Weimar/Buchenwald , 23. 11. 1942.

Aktenzeichen 1 | T | 4

An die
Thüringische Landesbibliothek
Weimar .

Von den mit Schreiben vom 25. 9. d. J. bestellten Werken habe ich noch nicht erhalten :

1.) Aschoff, Ludwig : Experimentelle Untersuchungen über Rußinhalationen bei Tieren ; Beiträge zur Klinik der Tbc. Band 6.
2.) Bennecke : Über Rußinhalationen bei Tieren; Beiträge zur Klinik der Tbc.1926, Band 63.

Ich habe zwar den Band 63 des zuletzt genannten Buches erhalten , aber dieser Band geht nur bis Juni 1926 und die Abhandlung von Bennecke ist nicht darin enthalten , dürfte also wahrscheinlich erst im 2,Teil des Bandes untergebracht sein . Für möglichst baldige Beschaffung wäre ich dankbar.

Außerdem bestellte ich seinerzeit:S a h l i , Handbuch der Haematologie. Da dieses Werk anscheinend schwierig zu beschaffen ist, bat ich , mir als Ersatz einstweilen das große Handbuch der Haematologie von Schilling oder ein anderes großes Handbuch der Haematologie zu beschaffen. Diese Bücher sind bei mir noch nicht eingetroffen.

Ferner bestelle ich neu :

1.) Lemmens, Karl: Die Klinik der Pneumokoniose an der Freiburger Med.Universitätsklinik in den Jahren 1910 -20. Freiburg i. B.Diss. med.
2.) Korb, Ludwig : Literarisches und Kritisches über Lungenanthrakose beim Haustier. München: Tierärztl. Diss. 1927 .

Um die baldige Beschaffung dieser Bücher bitte ich dringend.

Folgende Bücher werden durch Boten zurückgebracht:
1.) Giessel u. Schmidt: Die Lungentuberkulose ,Leipz. 193
2.) Joest : Untersuchungen über den Fettgehalt tuberkulöser Herde (Virchow-Archiv 1911) Band 203.

Für Ihre freundliche Mühewaltung spreche ich Ihnen meinen herzlichsten Dank aus .

H e i l H i t l e r !

ᛋᛋ- Hauptsturmführer d.R.

Leihbestellung des SS-Arztes Waldemar Hoven (1942). Klassik Stiftung Weimar, Goethe- und Schiller-Archiv, Signatur: GSA 150/B709

Bestellt wurden tierexperimentelle Studien über »Rußinhalationen« und eine Vielzahl medizinischer, natur- und technikwissenschaftlicher Hand- und Lehrbücher, Dissertationen und Zeitschriftenartikel (Abb. 3). Beschafft wurde z.B. Band 63 der *Beiträge zur Klinik der Tuberkulose* (1926), der am 25. September 1942 bestellt, im Oktober 1942 aus der Universitätsbibliothek Jena geliefert und dessen Rückgabe am 17. April 1943 und nochmals am 24. Juni 1943 angemahnt wurde. Unter der Tagebuchnummer »153« ist der weitere Ablauf des Leihvorgangs mit dem Aktenzeichen »D II a« protokolliert: »Dr. Hoven | Buchenwald«, so notiert die Bibliothek am 26. Juni 1943, »will ›Beiträge z. klinischen Tbc‹ zurückgegeben haben«. Am 30. Juni wird eine Anfrage an die Universitätsbibliothek Jena gerichtet, »ob Beiträge z. Tbc zurück sind«, woraufhin deren Übergabe am 18. Juli bestätigt wird.[32]

Da der Fernleihverkehr aufgrund der Kriegseinwirkungen nur noch Ausnahmefälle zuließ, unterstellte die Bibliothek in einer Mitteilung vom 17. April 1943 an »Herrn SS. Hauptsturmführer Dr. Hoven, Weimar, Buchenwald« eilfertig, »daß es sich um unaufschiebbare wissenschaftliche oder Kriegswichtige Arbeiten handelt. Wir setzen die wissenschaftliche Notwendigkeit bei Ihren Bestellungen voraus und werden versuchen wenigstens etwas von den bestellten Sachen für Sie zu beschaffen.« Hoven bestätigt den Bedarf dann in einem Schreiben am 22. April 1943, indem er die Formulierung der Bibliothek aufgreift: »Selbstverständlich handelt es sich ausschliesslich um unaufschiebbare wissenschaftliche und kriegswichtige Arbeiten.« Anstoß nahm die Bibliothek jedoch daran, dass die Boten, welche die Bücher für Hoven regelmäßig abholten, die Bibliothek außerhalb der Leihzeiten aufsuchten, die zu beachten seien: »Nur dann kann eine geordnete Abwicklung der Leihgeschäfte stattfinden.«

Die Bibliothek wies außerdem darauf hin, dass medizinische Spezialliteratur nicht zu den Sammelschwerpunkten zähle. Doch legen Einträge in den Akzessionsjournalen, wie z.B. am 6. Oktober 1944 unter der Zugangsnummer »1944.1759« zu Aschenbrenner/Baeyer: *Epidemisches Fleckfieber* (1944), den Schluss nahe, dass die Bibliothek noch gezielt mit dem Ankauf medizinischer Literatur begonnen hat.[33]

Die Labore im KZ Buchenwald waren vom Januar 1942 bis Ende März 1945 Versuchsfeld u.a. für Fleckfieber, Brandwunden, Gifte, Hungerödeme, Sexualhormone sowie Cholera, Diphtherie, Pocken, Ruhr, Typhus. Fleckfieberversuche wurden z.B. im Auftrag und mit Präparaten der Behringwerke Marburg an der Lahn und Hoechst, die zur IG Farben gehörten, des Robert-Koch-Instituts Berlin und des Instituts für Fleckfieber- und Virusforschung des Oberkommandos des Heeres, Krakau, durchgeführt. Im Zuge der Menschenversuche wurden mindestens 1.000 Häftlinge im KZ Buchenwald ermordet oder trugen dauerhafte Gesundheitsschädigungen davon.[34] Hoven ist 1947 im Nürnberger Ärzteprozess wegen Kriegsverbrechen, Verbrechen gegen die Menschlichkeit und Mitgliedschaft in einer kriminellen Vereinigung, der SS, zum Tode verurteilt worden. Sein Doktortitel ist ihm von der Universität Freiburg nachträglich aberkannt worden, weil sich herausstellte, dass nicht er, sondern zwei Häftlinge seine Dissertation über *Versuche zur Behandlung der Lungentuberkulose durch Inhalation von Kohlekolloid* (1943) verfasst hatten.[35]

Władysław Kożdoń, der 1939 als 17-Jähriger im KZ Buchenwald inhaftiert wurde, hat die Experimente überlebt. Im Kapitel »Schwarze Spritzen« seiner Autobiografie beschreibt er die Experimente und Wirkungen der Injektionen, die er nur knapp überstanden hat. Auf Seite 74 von Hovens Dissertation hat er die Testreihen wiedererkannt.[36]

Zu den Informationsdienstleistungen für die Versuchslabore in Konzentrationslagern durch Bibliotheken sind in der Bibliotheksgeschichtsschreibung bislang keine Ausführungen bekannt. Die zehn Dokumente umfassende Korrespondenz in Weimar zeigt aber, dass Bibliotheksverwaltungen durch die Aufrechterhaltung der Geschäftsroutinen der Ausleihe und offensichtlich auch durch die Adaption des Erwerbungsprofils an den akuten Literaturbedarf ein wichtiges Funktionselement der Umsetzung der Ziele des Nationalsozialismus waren.

In Verbindung mit der Provenienzforschung stellen sich angesichts des Befundes drängende Fragen zur Infrastruktur der Literaturversorgung. Zu klären ist, welche Bibliotheken an der Literaturbeschaffung und -distribution zum Zweck der medizinischen Versuche in Konzentrationslagern und anderen Einrichtungen beteiligt waren und was die Korrespondenzen über Mitwissen und Mitwirkung der Akteure aussagen. Zu klären ist auch, ob und in welchem Umfang der Bedarf der Versuchslabore an medizinischer, natur- und technikwissenschaftlicher Literatur über die Bibliotheken durch Beschlagnahmen und Beutegut gedeckt wurde.

Ohne empirische Rekonstruktion der Verwaltungsakte und -routinen, Erwerbungspolitiken, Distribution, Rezeptionsfolgen und Leihvorgänge der Bücher, ohne Vorstellung der Erfahrungs- und Handlungsräume der Akteure im Umfeld des Bücherraubes können auch restitutionsrelevante Entscheidungen nicht im Sinne der *Washingtoner Erklärung* getroffen werden. Je genauer sich unser Bild von der Alltagswirklichkeit in den Bibliotheken zusammensetzt, umso mehr verstärken sich die Zweifel, ob den Akteuren tatsächlich der Zusammenhang von Entrechtung, Verfolgung, Raub und Vernichtung als Ziele nationalsozialistischer Politik entgangen sein kann. Die funktionalistische Auffassung bibliothekarischen Verwaltungshandelns bot keine Rechtfertigung für Unterlassungen und Dienstbeflissenheit, in deren Folge NS-Unrecht begangen wurde, das, sofern Provenienzforschung nicht nachhaltig betrieben wird, bis heute fortwirkt.

Erstveröffentlichung: Der Aufsatz ist unter dem Titel »*Contextual Evidence« – NS-Raubgut und die Neuausrichtung der Provenienzforschung. Zur Erschließung verdeckter Nutzungskontexte im Umfeld des Bücherraubes* zuerst erschienen in: Zeitschrift für Bibliothekswesen und Bibliographie, 62, 2015, H. 5, S. 262–270. – Die in der Erstveröffentlichung angegebenen Internetadressen (29. April 2015) wurden am 26. Oktober 2023 aufgerufen und aktualisiert. Anmerkung 29 (in der Bildbeschriftung zu Abbildung 2) wurde im Text als Anmerkung 28 verankert. Der Ausdruck »sogenannte medizinische Versuche« in der Erstveröffentlichung wurde durch »medizinische Versuche« ersetzt. Wie Stefanie Baumann mit guten Gründen ausführt, tragen Bezeichnungen wie »pseudomedizinische« oder »pseudowissenschaftliche Versuche« zur Verharmlosung der Tatbestände bei. So seien die Versuche nicht etwa deshalb abzulehnen, »weil sie ›unwissenschaftlich‹ waren, sondern weil sie an entrechteten und wehrlosen Menschen durchgeführt wurden.« (Stefanie Baumann, Opfer von Menschenversuchen als Sonderfall der Wiedergutmachung, in: Hans Günter Hockerts/Claudia Moisel/Tobias Winstel (hg.), Grenzen der Wiedergutmachung. Die Entschädigung für NS-Verfolgte in West- und Osteuropa 1945–2000, Göttingen: Wallstein, 2006, S. 147–194, hier S. 155.)

Anmerkungen

1 Tom Nesmith (ed.), Canadian archival studies and the rediscovery of provenance, Metuchen: Scarecrow Press, 1993, Introduction, S. 1–28, hier S. 2.

2 Zu Funktion und Kontinuitäten der Verwaltungen vor und nach 1945 vgl. Michael Ruck, Die deutsche Verwaltung im totalitären Führerstaat 1933–1945, in: Erk Volkmar Heyen (hg.), Die öffentliche Verwaltung im totalitären System, Baden-Baden: Nomos, 1998 (= Jahrbuch für europäische Verwaltungsgeschichte, Bd. 10), S. 1–48. – Stefan Fisch, Verwaltungsaufbau nach 1945 in Deutschland, in: Klaus König (hg.), Deutsche Verwaltung an der Wende zum 21. Jahrhundert, Baden-Baden: Nomos, 2002, S. 11–32. – Jürgen Weber, Sammeln als Konsum – Die Verwaltung von NS-Raubgut in deutschen Bibliotheken, in: Regine Dehnel (hg.), NS-Raubgut in Bibliotheken, Museen und Archiven. Viertes Hannoversches Symposium, Frankfurt am Main: Klostermann, 2012, S. 31–40.

3 Zur Verwaltungspraxis und Gestaltung von Restitutionsverfahren vgl. Jürgen Weber, Provenienzklärung und Restitution in Bibliotheken: Grundlagen, Geschäftsprozess, Ressourcen, in: Hans-Christoph Hobohm/Konrad Umlauf (hg.), Erfolgreiches Management von Bibliotheken und Informationseinrichtungen, Loseblatt-Ausgabe, Hamburg: Dashöfer, 2013, Kap. 3.9.8, S. 1–28.

4 Die Washingtoner Erklärung ist abgedruckt in: Der Beauftragte der Bundesregierung für Kultur und Medien (hg.), Handreichung zur Umsetzung der »Erklärung der Bundesregierung, der Länder und der kommunalen Spitzenverbände zur Auffindung und zur Rückgabe NS-verfolgungsbedingt entzogenen Kulturgutes, insbesondere aus jüdischem Besitz« vom Dezember 1999, 7., korr. Aufl., Bonn/Berlin, 2013 (zuerst 2001), hier S. 36–38. – James D. Bindenagel (ed.), Washington Conference on Holocaust-Era Assets, November 30 – December 3, 1998, proceedings, Washington, DC: Government Printing Office, 1999, https://www.lootedart.com/MG8D5622483.

5 Handreichung (Anm. 4), S. 4.

6 Handreichung (Anm. 4), S. 4 und S. 27.

7 Hannes Hartung, Kunstraub in Krieg und Verfolgung. Die Restitution der Beute- und Raubkunst im Kollisions- und Völkerrecht, Berlin: De Gruyter, 2005, S. 102–103.

8 Norbert Sievers, »Fördern ohne zu fordern«. Begründungen aktivierender Kulturpolitik, in: Thomas Röbke/Bernd Wagner (hg.), Jahrbuch für Kulturpolitik 2000, Bd. 1, Essen: Klartext, 2001, S. 131–155. – Norbert Sievers, Kulturelle Bildung zwischen Staat, Markt und Zivilgesellschaft, in: Kulturelle Bildung Online, 2013, https://www.kubi-online.de/artikel/kulturelle-bildung-zwischen-staat-markt-zivilgesellschaft.

9 Handreichung (Anm. 4), S. 7–8 und S. 24.

10 Einführend: Knut Bourquain, Die Förderung guten Verwaltungshandelns durch Kodizes. Zugleich ein Beitrag zum Europäischen Kodex für gute Verwaltungspraxis, in: Deutsches Verwaltungsblatt, 123, 2008, H. 19, S. 1224–1233. – IFLA Code (2012), https://repository.ifla.org/handle/123456789/1851. – Europäischer Kodex (2002), https://www.ombudsman.europa.eu/de/publication/de/3510. – Empfehlungen zur Provenienzverzeichnung (2012), https://provenienz.gbv.de/Hauptseite. – Leitfaden für die Ermittlung von NS-verfolgungsbedingt entzogenem Kulturgut in Bibliotheken (2005), https://hdms.bsz-bw.de/frontdoor/index/index/docId/438.

11 Handreichung (Anm. 4), S. 6.

12 Statistiken nach Institutionen, geografischer Verteilung, Projektarten und Förderzeiträumen sind verfügbar unter https://kulturgutverluste.de/projekte.

13 Die Erklärungen sind online verfügbar: Washingtoner Erklärung (1998), https://kulturgutverluste.de/sites/default/files/2023-04/Washingtoner-Prinzipien.pdf. – Gemeinsame Erklärung (1999), https://kulturgutverluste.de/sites/default/files/2023-04/Gemeinsame-Erklaerung.pdf. – Hannoverscher Appell des Symposiums »Jüdischer Buchbesitz als Beutegut«, einer gemeinsamen Veranstaltung des Niedersächsischen Landtages und der Niedersächsischen Landesbibliothek in Hannover (2002), in: Bibliotheksdienst, 37, 2002, H. 1, S. 75–76. – Theresienstädter Erklärung (2009), http://holocausteraassets.eu/files/200000215-35d8ef1a36/TEREZIN_DECLARATION_FINAL.pdf. – Offener Brief (2011), https://www.openpetition.de/petition/online/iv-hannoversches-symposion-ns-raubgut-in-bibliotheken-archiven-und-museen.

14 https://www.geschkult.fu-berlin.de/e/khi/forschung/projekte/entartete_kunst/provenienzforschung/index.html.

15 Mitteilung vom 21. Januar 2015 von Ute Haug, Kunsthalle Hamburg, Vorsitzende des Arbeitskreises Provenienzforschung e. V.

16 http://www.museumsbund.de/fileadmin/geschaefts/presse_u_kurzmitteilungen/2014/KHB_PM_Vereinsgruendung_Arbeitskreis_Provenienzforschung.pdf, 2023 online nicht mehr verfügbar; vgl. https://www.arbeitskreis-provenienzforschung.org/ueber-den-arbeitskreis/geschichte/.

17 Sievers (Anm. 8), S. 135–136.

18 Einen aktuellen Überblick über die Geschichte der Provenienzforschung und Restitution gibt Regine Dehnel, NS-Raubgut in Museen, Bibliotheken und Archiven. Restitution, universitäre Forschung und Provenienzrecherche, in: Zeitgeschichte-online, Mai 2014, https://zeitgeschichte-online.de/themen/ns-raubgut-museen-bibliotheken-und-archiven. – Zur Methodendiskussion insbesondere in der Kunstgeschichte vgl. Uwe Hartmann, »Sammlertum und Kunstgutwanderung«. Provenienzforschung als eine neue wissenschaftliche Disziplin?, in: Koodinierungsstelle Magdeburg (hg.), bearbeitet von Andrea Baresel-Brand, Die Verantwortung dauert an. Beiträge deutscher Institutionen zum Umgang mit NS-verfolgungsbedingt entzogenem Kulturgut, Magdeburg: Koordinierungsstelle, 2010, S. 351–403, hier S. 374 und 396, Anm. 91.

19 Vgl. die auf dem Portal des Consortium of European Research Libraries (CERL) zusammengeführten Online provenance resources, https://www.cerl.org/resources/provenance/main.

20 Michaela Scheibe, Standards in der Provenienzerschließung – Bericht aus der Arbeitsgemeinschaft Handschriften und Alte Drucke in der Sektion IV des DBV, UAG Provenienzforschung und Provenienzerschließung, in: Zeitschrift für Bibliothekswesen und Bibliographie, 61, 2014, H. 6, S. 367–375. – ProvenienzWiki – Plattform für Proveninenzforschung und Provenienzerschließung, https://provenienz.gbv.de/Hauptseite.

21 Rare Books and Manuscripts Section, Association of College and Research Libraries, a Division of the American Library Association: RBMS Controlled Vocabularies, March 2015, https://rbms.info/vocabularies/index.shtml.

22 David A. Bearman/Richard H. Lytle, The Power of the principle of provenance, in: Archivaria, 21, 1985/1986 (Winter), S. 14–27.

23 Nesmith (Anm. 1), S. 6–7.

24 Nesmith (Anm. 1), S. 2.

25 Nesmith (Anm. 1), S. 3: »provenance as the only means of protecting the integrity of the information in records and as an essential means of initiating the research process«.

26 Terry Cook, The concept of archival fonds. Theory, description, and provenance in the post-custodial era, in: Terry Eastwood (ed.), The archival fonds: From theory to practice, Ottawa: Bureau of Canadian Archivists, Planning Committee on Descriptive Standards, 1992, S. 31–85, hier S. 40–41 und S. 73–74. Cook weist S. 41 darauf hin, dass in der archivwissenschaftlichen Terminologie zwischen dem »fonds« als Ergebnis klar definierten Verwaltungshandelns und »collection« als artifiziellem Konstrukt und Ergebnis arbiträren Handelns unterschieden werde.

27 Eastwood (Anm. 26), General Introduction, S. 1–30, hier S. 7.

28 Aus Thüringen liegen Berichte vor, wonach Bibliothekare und Lehrer 1933 mit polizeilichen Ausweisen ausgestattet wurden und Buchhandlungen, Zeitungskioske und Leihbibliotheken nach zensierter Literatur durchsuchten. Der Großteil der beschlagnahmten Bücher wurde verbrannt oder makuliert. Einige Exemplare blieben in der Thüringischen Landesbibliothek Weimar als Referenzliteratur erhalten und wurden mit einem roten Punkt als zensiert markiert. Kratzspuren auf dem Einband des Buches aus dem Vorbesitz des Lesehallen-Vereins Pößneck deuten heute auf die Tilgung eines roten Punktes hin. Vgl. Kurd Schulz, Zum Kampf

gegen die Leihbibliotheken, in: Bücherei und Bildungspflege, 13, 1933, S. 185–188, hier S. 186: Schulz berichtet von einer Polizeiaktion gegen die Geraer Leihbibliotheken, die er in seiner »amtlichen Eigenschaft und als Leiter der Fachgruppe Schrifttum im hiesigen ›Kampfbund für deutsche Kultur‹ durchführen konnte. Es gelang dabei vielleicht zum ersten Male die von uns seit langem geforderte Zusammenarbeit von Polizei und Fachleuten in der Weise, daß die Polizei ihre Machtmittel, die Fachleute ihre Erfahrung zusammentaten, um die Aktion erfolgreich und gründlich durchzuführen.« – Werner Schroeder, Arbeiterbibliotheken in Thüringen, in: Regine Dehnel (hg.), NS-Raubgut in Bibliotheken, Museen und Archiven. Viertes Hannoversches Symposium, Frankfurt am Main: Klostermann, 2012, S. 41–47.

29 Zur Terminologie des Provenienzfeldes in verschiedenen Disziplinen vgl. den Beitrag zu »Provenance«, Bearbeitungsstand: 14. Oktober 2023, in: Wikipedia, The Free Encyclopedia, https://en.wikipedia.org/wiki/Provenance : »The primary purpose of tracing the provenance of an object or entity is normally to provide contextual and circumstantial evidence for its original production or discovery, by establishing, as far as practicable, its later history, especially the sequences of its formal ownership, custody, and places of storage.«

30 David Pearson, Provenance research in book history. A handbook, Repr. with a new introduction, London/New Castle: The British Library & Oak Knoll Press, 1998, S. 1–11.

31 Für den Hinweis auf die Leihbestellungen im Zusammenhang mit Provenienzrecherchen im Aktenbestand der Thüringischen Landesbibliothek Weimar, »Allgemeine Auskünfte, 1936, 1939–1944«, Goethe- und Schiller-Archiv, GSA 150/B709, danke ich Rüdiger Haufe, Klassik Stiftung Weimar. Titel und Laufzeit des von der Arbeitsstelle für Provenienzforschung geförderten Projekts: Provenienzen, Erwerbungskontexte, Erbenermittlung – Recherchen zu Verdachtsfällen NS-verfolgungsbedingter entzogener Kulturgüter in den Beständen der Klassik Stiftung Weimar, 1. Oktober 2013 bis 30. September 2015. Vgl. Jürgen Weber, »Eine geordnete Abwicklung der Leihgeschäfte« – Fernleihen für sogenannte medizinische Versuche im KZ Buchenwald und die Kontexte des Bücherraubes, in: SupraLibros, H. 15, 2014, S. 13–15.

32 Tagebücher Thüringische Landesbibliothek (1. April 1943 – 31.März 1945), Herzogin Anna Amalia Bibliothek, Loc A:128.31.

33 Zugangsbücher Thüringische Landesbibliothek (1942–1945), Herzogin Anna Amalia Bibliothek, Loc A:200.1942, https://haab-digital.klassik-stiftung.de/viewer/image/921970331/2/LOG_0003/.

34 Stiftung Gedenkstätten Buchenwald und Mittelbau-Dora, https://www.buchenwald.de/geschichte/historischer-ort/konzentrationslager/hygiene-institut. – Ulrich Schneider/Harry Stein, IG Farben – Buchenwald – Menschenversuche. Ein dokumentarischer Bericht, Weimar-Buchenwald: Nationale Mahn- und Gedenkstätte Buchenwald, 1986. – Stephan H. Lindner, Hoechst. Ein I.G. Farben Werk im Dritten Reich, München: Beck, 2005, hier S. 319–347. – Bundesfachtagung der Chemiefachschaften (hg.), »... von Anilin bis Zwangsarbeit« – Der Weg des Monopols durch die Geschichte. Zur Entstehung und Entwicklung der deutschen chemischen Industrie, 2., korr. Aufl., Juni 2007, http://www.bufata-chemie.de/reader/ig_farben/0403.html, 2023 online nicht mehr verfügbar.

35 Ernst Klee, Das Personenlexikon zum Dritten Reich: Wer war was vor und nach 1945, Frankfurt am Main: Fischer, 2011. – Seite »Waldemar Hoven«, Bearbeitungsstand: 10. August 2023, in: Wikipedia – Die freie Enzyklopädie, https://de.wikipedia.org/wiki/Waldemar_Hoven.

36 Władysław Kożdoń, »... ich kann dich nicht vergessen«. Erinnerungen an Buchenwald, Lizenzausgabe, Göttingen: Wallstein, 2007, S. 77–81.

In der Kontaktzone

Verschleuderung und Restitution der Almanachsammlung Arthur Goldschmidts in Weimar

> »This rethinking of collections and displays as unfinished historical processes of travel, of crossing and recrossing, changes one's conception of patrimony and public.«[1]

Abstract *Arthur Goldschmidt, enteigneter Inhaber des Futtermittelunternehmens Kleiegold in Leipzig, war aufgrund der Verfolgung durch den NS-Staat gezwungen, 1936 eine Sammlung von 2.000 historischen Almanachen zu einem Schleuderpreis zu verkaufen. Profiteur war das Goethe- und Schiller-Archiv in Weimar. 1954 gelangte die Sammlung in eine Vorgängereinrichtung der Herzogin Anna Amalia Bibliothek. 2005 leitete die Bibliothek die Restitution ein und vereinbarte mit den Erben den Ankauf der Almanache. Der bislang größte Restitutionsfall einer deutschen Bibliothek ist ein Beispiel dafür, wie Restitutionen auch das Umfeld kultureller Einrichtungen nachhaltig verändern. So provozierten Rückgabe und Ankauf der Almanache eine öffentlich geführte Kontroverse über die Motive und Integrität der Erwerbungspolitik einer Kultureinrichtung und hatten kommunalpolitische Auswirkungen bis hin zur Umbenennung eines prominenten Straßennamens 2016 in Weimar.*

Nazi persecution forced Arthur Goldschmidt, expropriated owner of the Kleiegold animal feed company in Leipzig, to sell a collection of 2,000 historic almanacs at a negligible price in 1936. The Goethe- and Schiller-Archive in Weimar profited from this. In 1954 the collection was transferred to a predecessor institution of the Duchess Anna Amalia Library. In 2005 the library initiated restitution proceedings and agreed a purchase price for the almanacs with the heirs. This was the largest such case by a German library to date and is an example of how restitution can make a lasting change to the environment of cultural institutions. The return and purchase of the almanacs provoked a public outcry about the motives and integrity of the aquisition policy of a cultural institution, and caused local political repercussions up to and including the renaming of a prominent street in Weimar in 2016.

Orte des Transits

Aufgaben der Literaturversorgung machen wissenschaftliche Bibliotheken zu einem Teil der Forschungsinfrastruktur, sie sind Orte der Recherche und Konsultation, doch zugleich sind sie mehr als dies. Mit ihrer Archivfunktion stellen sie Räume der Kopräsenz von Sammlungen und ihrer Überlieferungsgeschichte dar. Bei der Vereinnahmung von NS-Raubgut ging es für die Bibliotheken immer auch darum, aus den Objekten ideellen und materiellen Profit zu ziehen und die Leistungsbilanzen nach Quantität und Qualität zu steigern. Im Falle der Restitution der Objekte üben Bibliotheken ihre Archivfunktion jedoch nur auf Zeit aus, und sie werden zu Orten des Transits. Mit dieser Rolle haben sich viele Einrichtungen bis heute nicht arrangieren wollen.

Wie Archive und Museen verstehen sich auch Bibliotheken traditionell als Zentren des Sammelns von Kulturgut. Vom Zentrum aus gesehen liegen die Orte, an denen gesammelt wird, an der Peripherie, es sind Orte für Entdeckungen. Dort, wo sich die Akteure des Sammelns und Austausches von Objekten begegnen, spricht man von Kontaktzonen. Der Begriff bezeichnet Räume der Interaktion, die durch Handel, durch Auseinandersetzungen und Machtasymmetrien zwischen den Akteursgruppen gekennzeichnet sein können. Nach James Cliffords Interpretation von *Museums as contact zones* ist mit den Funktionen des Sammelns und Gesammeltwerdens geradezu eine rollen- und identitätsbildende Bedeutung verbunden. Die Unterschiede im Hinblick auf Kontrolle, Macht und Budget entscheiden am Ende darüber, »who would be the collectors and who the collected.«[2]

Das Konzept der Kontaktzone stammt ursprünglich aus der pädagogischen und linguistischen Forschung der 1990er-Jahre. Diskussionen über den Fremdsprachenerwerb gewannen vor dem Hintergrund der Migrationsbewegungen rasch politische und soziale Bedeutung. In kommunikativen Zusammenhängen treffen wir auf Kontaktsprachen, mitunter sogar Kontaktliteraturen, in denen die Interaktionen zwischen den Handelnden dokumentiert, reflektiert und parodiert werden.[3]

Mary Louise Pratt hat den Begriff 1991 erstmals in ihrem Beitrag *Arts of the contact zone* vorgestellt: »I used this term to refer to social spaces where cultures meet, clash and grapple with each other, often in contexts of highly asymmetrical relations to power, such as colonialism, slavery, and their aftermaths as they lived out in many parts of the world today«.[4] Davon ausgehend, hat sie Bedeutung und Anwendungsspektrum auf Reisetexte und Berichte von Forschungsexpeditionen im Kontext des europäischen Expansionismus seit dem 18. Jahrhundert erweitert und mit ihrer einflussreichen Studie *Imperial eyes: Travel writing and transculturation* in der postkolonialen Forschung platziert. In der 2. Auflage weitet sie die Perspektive auf den Neokolonialismus des 20. Jahrhunderts und Phänomene der Mobilität in Zeiten der neoliberalen Globalisierung aus.[5]

Wie Pratts Hinweis auf den sozialen Raum bereits andeutet, ist das Konzept der Kontaktzone nicht auf Konflikte und Begegnungen an fernen Grenzen europäischer Expansion beschränkt, man hat es erfolgreich auch auf die Interpretation des Zusammentreffens sozial und kulturell differenter Gruppen übertragen. Die Distanzen sind dann nicht geografisch zu verstehen, sondern soziokulturell bedingt, innerhalb desselben Staates, derselben Region, derselben Stadt, derselben Institution.[6]

In dieser Perspektive werden nach Clifford Bibliotheken, Archive und Museen zu Kontaktzonen, in denen Konflikte von den Grenzen ins Zentrum verlagert und dort auch nach Jahrzehnten wieder aufgerufen werden können. »When museums are seen as contact zones, their organizing structure as a *collection* becomes an ongoing historical, political, moral *relationship* – a power-charged set of exchanges, of push and pull.«[7]

Am Beispiel der Museen dekonstruiert Clifford das Bild sammlungsführender Einrichtungen mit universellem kulturellem Anspruch »as collections of universal culture, repositories of uncontested values, sites of progress, discovery, and the accumulation of human, scientific, or national patrimonies.« Das, was auf der Ebene der Verwaltung von Kulturgut gemeinhin als Transfer und Erweiterung von Sammlungen erscheint, führt er auf Praktiken eines »displacement« zurück: »practices of crossing and interaction that troubled the localism of many common assumptions about culture«.[8] Mit Pratt verbindet Clifford die Idee der Kontaktzone mit Phänomenen der Grenze als beziehungsreichen Begegnungen der Abwehr, Transgression und Konstituierung neuer Misch- und Zwischenräume, die unsere Vorstellung relativ statischer und ordnungsfähiger Repositorien und Sammlungsräume in Frage stellen.

Oft tragen Objekte noch die Spuren von Machtausübung und Konflikten, deren Resultate die Vereinnahmung und Integration oder Sekretierung der Objekte in den Sammlungen waren. In Fällen von Kulturgutentziehungen haben Spuren die Form von Tilgungen, Überklebungen, Streichungen und Zensurmerkmalen. Manchmal ist es auch das Fehlen solcher Spuren auf Objekten und in Zugangsbüchern, die Anlass zu Recherchen geben.

Betrachtet man das Sammeln von Kulturgut als etwas, das sich in Kontaktzonen vollzieht, führt auch der Abschluss eines Restitutionsverfahrens zu keinem Schlussstrich in der Auseinandersetzung um die Aufklärung des Unrechts, das mit der Überlieferung von NS-entzogenem Kulturgut verbunden ist. Dafür sind die Befunde der Verschleuderung von Arthur Goldschmidts Almanachsammlung und ihre kontroverse Auslegung ein gutes Beispiel.

Verschleuderung

Arthur Goldschmidt (1883–1951) wuchs in Leipzig mit seinen Geschwistern Claire, Else, Hilde und Fritz auf. Er erlebte sein Elternhaus als einen Treffpunkt von Künstlern und Intellektuellen. Es war ein Stadthaus mit Herrenzimmer, Musiksalon, Speisesaal und Wintergarten, wo es – wie seine Tochter Hannelore in ihrer Autobiografie schreibt[9] – »Diskussionsabende, Lesungen und Hauskonzerte« gab. Sein Vater Adolf Goldschmidt betrieb einen international tätigen Getreidegroßhandel namens Kleiegold, der die Grundlage für den Wohlstand und auch für ein großzügiges Mäzenatentum zugunsten der Leipziger Universität bildete. Als der Vater sich betagt aus dem Geschäftsleben zurückzog, musste Arthur als der ältere Sohn das Geschäft übernehmen. »Lieber hätte er studiert und einen künstlerischen Beruf ausgeübt«, erinnert sich seine Tochter. Und so nutzte Arthur die Ressourcen auch zum Aufbau einer ansehnlichen Bibliothek von 40.000 Büchern, darunter die Almanachsammlung. 1932 publizierte er eine Bibliografie über *Goethe im Almanach*.[10]

Das Futtermittelunternehmen fiel nach 1933 an den Reichsnährstand. Die Geschwister, Nichten und Neffen seiner Frau Hertha überlebten den Holocaust nicht. Arthur gelang mit Frau und Kindern 1939 die Emigration nach Bolivien (Abb. 1). Aus den Schilderungen seiner Tochter geht hervor, dass er dort als gebrochener Mann und verarmt starb: »Alles hatte er zurücklassen müssen«, resümiert sie, »seine Bücher und alles, womit er sich hätte beschäftigen wollen.«

Abb. 1: Arthur Goldschmidt im Exil in Cochabamba, Bolivien (1950)

Foto: Privatbesitz

1936, als die Situation der Familie in Leipzig schon existenzbedrohend war, erwarb das Goethe- und Schiller-Archiv Weimar die 2.000 Bände umfassende Almanachsammlung für einen Schleuderpreis. Zur Überlieferung gehörten auch ein umfangreicher Zettelkatalog und eine Materialsammlung für Manuskripte, welche die Almanache im Hinblick auf die Themenkomplexe Goethe, Schiller und Musik auswerteten. Die Sammlung gelangte 1954 in eine Vorgängerinstitution der Herzogin Anna Amalia Bibliothek. Erst 2005 leitete die Bibliothek die Restitution ein und vereinbarte mit den Erben den Ankauf der Almanache.

Das Verfahren, das 2012 vorläufig zum Abschluss kam, gilt heute als einer der größten Restitutionsfälle einer deutschen Bibliothek. »Bücherraub gesühnt« überschrieb damals die *Frankfurter Allgemeine* einen ausführlichen Artikel.[11] 2014, zwei Jahre nach der Restitution, setzte eine kontroverse Debatte über Motive und Integrität der Erwerbungspolitik des Goethe- und Schiller-Archivs in der NS-Zeit ein.[12] Nicht dies erstaunt, sondern dass wir 2014 auf ähnliche Rechtfertigungsstrategien des Kulturgutraubs stoßen wie 1936. In der Debatte begegnen wir Stereotypen, die sowohl der Vereinbarung gerechter und fairer Lösungen für einen Ausgleich als auch dem Ziel, das Fortwirken von NS-Unrecht zu beenden, entgegenarbeiten.

Im Zentrum der Kontroverse 2014 stand der Briefwechsel Arthur Goldschmidts aus den Jahren 1935 und 1936 mit dem Weimarer Archiv.[13] Die Lektüre bringt Schritt für Schritt den Verschleuderungsprozess der Sammlung ans Licht. Wir erfahren, wie Goldschmidt heruntergehandelt wird. Goldschmidt, der nach eigenen Angaben rund 50.000 RM investiert hatte, bot die Sammlung für 15.000 RM an und akzeptierte schließlich 2.000 RM. Hans Wahl (1885–1949), der Direktor des Goethe- und Schiller-Archivs und des Goethe-Nationalmuseums, war darüber informiert, dass Goldschmidt »den Raum, in dem die Sammlung untergebracht ist, sobald als möglich frei machen muß«. Wahl verwies auf einen »Rest des Reservefonds«, den man für den Ankauf, wie er Goldschmidt mitteilte, »gern opfern« wollte.

Zwischen dem Archiv und der Goethe-Gesellschaft Weimar bestand eine Verwaltungsgemeinschaft, deren Ausschuss die Mittel für den Ankauf bewilligen musste. Der Bericht, den Hans Wahl dem Gremium vorlegte, sowie dessen Beschlussprotokoll offenbaren die institutsinterne Sicht auf den Fall.

Im Bericht legt Hans Wahl dar, dass Goldschmidts Versuche, die Sammlung anderweitig zu einem höheren Preis zu veräußern, gescheitert seien.[14] Wahl hat sich hierzu überlegt, dass die seiner Ansicht nach für eine Finanzierung notwendigen »besonderen Zuwendungen des Reichs [...] nicht zu erwarten waren, vielleicht deshalb, weil Herr Goldschmidt natürlich Jude ist.« Er fährt fort: »Herr Goldschmidt ist nunmehr bereit, uns die bedeutende Sammlung für M 2000.- zu überlassen«, und fügt hinzu, dass Goldschmidt selbst nicht mehr von einer geschäftlichen Transaktion, sondern von einer »Versorgung seiner Sammlung« spreche. Wahl zieht daraus den Schluss: »Unter diesen Umständen ist die Erwerbung eine ausserordentlich günstige Angelegenheit und eine sehr erwünschte Ergänzung der geringen Almanach-Bestände des Archivs.« Bekräftigend hebt auch das Ausschussprotokoll hervor, dass die Kaufsumme »nur einen Anerkennungspreis« darstelle.[15] Man wusste also, was man tat.

Goldschmidt muss das Vorgehen des Archivs tief verletzt haben, wie aus dem letzten Satz seines letzten Briefes an die Archivleitung vom April 1936 hervorgeht: »Ich hoffe«, schreibt er, »dass Sie beim Aufstellen und Durchsehen noch viel Freude und Genugtuung über den Preis der Sammlung haben werden.«[16] Die Wendung »... über den Preis der Sammlung« des maschinengeschriebenen Briefes korrigiert er handschriftlich in »... über die preiswert erworbene Sammlung« (Abb. 2).

Abb. 2: »... Genugtuung über die preiswert erworbene Sammlung«

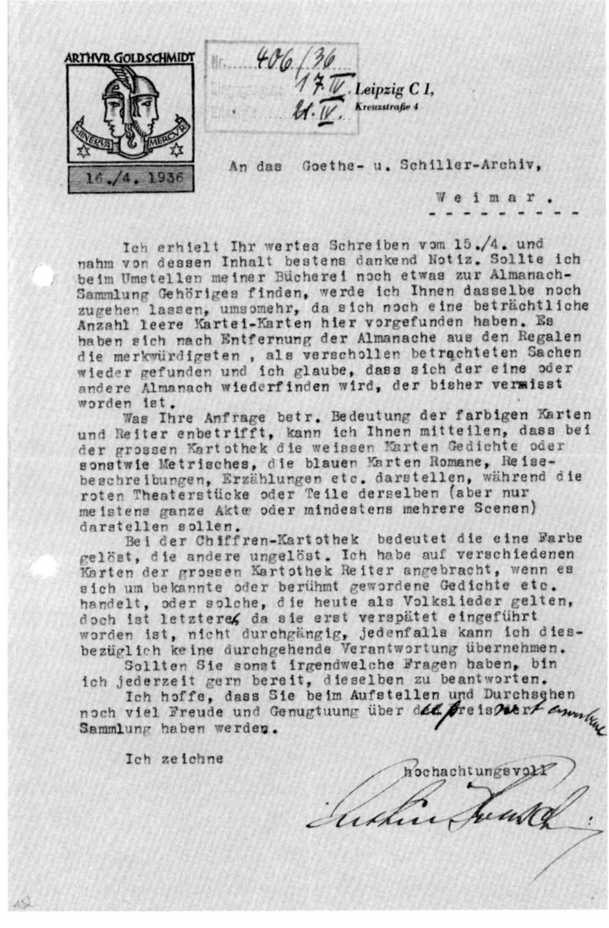

ARTHVR GOLDSCHMIDT
MINERVA MERCVR

Nr. 406/36
17. IV.
21. IV.

Leipzig C 1,
Kreuzstraße 4

16./4. 1936

An das Goethe- u. Schiller-Archiv,

W e i m a r .

Ich erhielt Ihr wertes Schreiben vom 15./4. und nahm von dessen Inhalt bestens dankend Notiz. Sollte ich beim Umstellen meiner Bücherei noch etwas zur Almanach-Sammlung Gehöriges finden, werde ich Ihnen dasselbe noch zugehen lassen, umsomehr, da sich noch eine beträchtliche Anzahl leere Kartei-Karten hier vorgefunden haben. Es haben sich nach Entfernung der Almanache aus den Regalen die merkwürdigsten , als verschollen betrachteten Sachen wieder gefunden und ich glaube, dass sich der eine oder andere Almanach wiederfinden wird, der bisher vermisst worden ist.

Was Ihre Anfrage betr. Bedeutung der farbigen Karten und Reiter enbetrifft, kann ich Ihnen mitteilen, dass bei der grossen Kartothek die weissen Karten Gedichte oder sonstwie Metrisches, die blauen Karten Romane, Reisebeschreibungen, Erzählungen etc. darstellen, während die roten Theaterstücke oder Teile derselben (aber nur meistens ganze Akte oder mindestens mehrere Scenen) darstellen sollen.

Bei der Chiffren-Kartothek bedeutet die eine Farbe gelöst, die andere ungelöst. Ich habe auf verschiedenen Karten der grossen Kartothek Reiter angebracht, wenn es sich um bekannte oder berühmt gewordene Gedichte etc. handelt, oder solche, die heute als Volkslieder gelten, doch ist letzteres, da sie erst verspätet eingeführt worden ist, nicht durchgängig, jedenfalls kann ich diesbezüglich keine durchgehende Verantwortung übernehmen.

Sollten Sie sonst irgendwelche Fragen haben, bin ich jederzeit gern bereit, dieselben zu beantworten.

Ich hoffe, dass Sie beim Aufstellen und Durchsehen noch viel Freude und Genugtuung über die preiswert erworbene Sammlung haben werden.

Ich zeichne

hochachtungsvoll

Arthur Goldschmidt

Arthur Goldschmidts letzter Brief an das Goethe- und Schiller-Archiv (1936). Klassik Stiftung Weimar, Goethe- und Schiller-Archiv, Signatur: GSA 150/A736

Zu den Mitgliedern des Verwaltungsausschusses, der über den Ankauf der Almanache einstimmig entschied, gehörte auch der Leiter des Leipziger Insel Verlages, Anton Kippenberg (1874–1950), in seiner Funktion als Vorstandsmitglied der Goethe-Gesellschaft. Kippenberg kannte Goldschmidt aus der Leipziger Sammlerszene und hatte bei ihm selbst das Buch *Goethe im Almanach* bestellt.[17]

Man kann das Vorgehen der Archivleitung nicht anders als Ausdruck eines institutionellen Zynismus[18] bezeichnen. Damit ist gemeint, dass eine Einrichtung, die von Unrecht profitiert, ihre Aufwendungen noch als Opfer und Wohltat betrachtet und zur eigenen Entlastung eine unrechtmäßige Erwerbung als Akt der Großzügigkeit erscheinen lassen will. Wie bereits 1936 kehrt dieses Argument 2014 bei der Kontroverse über einen in *Arsprototo*, der Publikumszeitschrift der Kulturstiftung der Länder, publizierten Artikel über den Restitutionsfall wieder, der das Archiv als Profiteur der Notlage Goldschmidts sieht und das Vorgehen berechnend und zynisch nennt.[19] In Publikationen des Freundeskreises des Goethe-Nationalmuseums heißt es als Reaktion darauf apologetisch, dass das Archiv damals selbst aus einer finanziellen »Zwangslage« heraus gehandelt habe. Hans Wahl habe bei dem Handel im April 1936 »vielleicht nur die stille Genugtuung über die Rettung eines kulturellen Schatzes für Weimars Forschungsstätten« empfunden, wie ein ehemaliger Weimarer Archivleiter vermutet[20] und damit die Aussage von Goldschmidts letzter Mitteilung an das Archiv in ihr Gegenteil verkehrt.

Welche Motive haben Hans Wahl und Anton Kippenberg bei dem Handel im Einzelnen getrieben? Hans Wahl beschreibt den Ankauf als eine »aussergewöhnliche Bereicherung« für das Archiv im Sinne eines kulturellen Mehrwerts. Tatsächlich ist es aber ein günstiges Geschäft zulasten des NS-Verfolgten Arthur Goldschmidt und als solches ein Element der wirtschaftlichen Ausbeutung der jüdischen Bevölkerung. Flankiert wird die Argumentation durch antisemitische Haltungen, die beide gelegentlich äußerten.[21] Wenn nun aus der Perspektive des Jahres 2014 der Archivleitung im Zusammenwirken mit dem Verwaltungsausschuss Handeln aus einer »Zwangslage« und »Rettung eines kulturellen Schatzes« zugebilligt werden sollen, blendet dies schlicht die manifeste, von Hans Wahl auch erwähnte rassenideologische Verfolgung aus, der Goldschmidts Familie ausgesetzt war und die – da sie den Marktwert drückte – die Investition für das Archiv ja so lohnend machte.

Nach der Veröffentlichung der Ergebnisse einer Tagung der Klassik Stiftung Weimar 2015 über die Weimarer Kultureliten im Nationalsozialismus mochte die Stadt Weimar nicht mehr an dem Straßennamen zu Ehren Hans

Wahls festhalten und benannte die Straße, die seit 1949 zugleich die Adresse des Goethe- und Schiller-Archivs war, 2016 um.

Restitution

Die »Selbstverpflichtung« bundesdeutscher Einrichtungen zur Aufklärung des NS-Kulturgutraubs fordert eine Professionalisierung des Handelns in allen Phasen des Verfahrens von der Provenienzforschung bis zur Restitution und Erinnerungsarbeit. Dazu ist zweierlei vonnöten: Erstens die Etablierung verlässlicher und transparenter Standards und einer umfassenden Qualitätssicherung nach Verfahrensgrundsätzen, die Gleichbehandlung, Wiederholbarkeit und Schutz vor Willkür garantieren. Nicht weniger wichtig ist zweitens die Entwicklung einer von den Einrichtungen getragenen Motivation zur Aufklärung des NS-Kulturgutraubs vor Ort. Wer eine professionelle Umsetzung der Verfahren anstrebt, muss in seinem institutionellen Umfeld auf ein gemeinsames Grundverständnis darin hinwirken, die Verantwortung für die Bewältigung des NS-Kulturgutraubes anzuerkennen und das Schicksal der verfolgten Menschen angemessen zu würdigen. Genau dies hat Georg Heuberger im Sinn, wenn er als Voraussetzung für das Gelingen fairer und gerechter Lösungen einen »Dialog auf Augenhöhe« unter den Beteiligten einfordert.[22]

Bereits das Vorwort der *Handreichung* von 2007 rückt diesen Gedanken in den Vordergrund. Ziel sei es, die Verfahren »praxisnäher, effektiver und friedensstiftend zu gestalten.« Gemeint ist damit eine Verwaltungspraxis im Sinne eines Erfolg suchenden Vorgehens. Das bedeutet, dass Effektivität Vorrang vor Effizienz hat und eine gewisse Fehlertoleranz etwa beim Nachweis von Dokumenten aus Verfolgungskontexten eingeräumt werden muss, so dass unvermeidliche Härten im Verfahren zulasten der öffentlichen Einrichtung gehen können.[23]

Als die Herzogin Anna Amalia Bibliothek im Zuge ihrer systematischen Recherchen 2005 auf den Fall Goldschmidt gestoßen war, wandte sie sich 2006 an die Londoner Commission for Looted Art in Europe, die die Restitution durch die rasche Ermittlung der Erben und vertrauensbildende Kommunikation in der Phase der Kontaktaufnahme mit den Erben unterstützte. Mitglieder der Familie besuchten in den folgenden Jahren die Klassik Stiftung Weimar. 2009 wurde vereinbart, dass die Sammlung in Weimar bleiben solle, es wurden einvernehmlich zwei Wertgutachten beauftragt und eine Einigung über den gemittelten Ankaufswert erzielt. Da die Conference on Jewish Material Claims Against Germany nach den Bestimmungen des Vermögensgesetzes Rechtnachfolgerin war, wurde 2012 in einer Gütlichen Einigung aller drei Beteiligten geregelt, dass die Nachfahren Goldschmidts über die Sammlung verfügen konnten. Anfang 2013 wurde die Öffentlichkeit in einem gemeinsamen Pressegespräch über die Restitution der Almanachsammlung informiert. Der Ankauf durch die Weimarer Bibliothek ist der Unterstützung der Kulturstiftung der Länder zu verdanken. Erst 2018 konnte der Fall endgültig abgeschlossen werden, da die Gütliche Einigung im Hinblick auf eine fragliche Zwischenprovenienz bei 49 Almanachen einen Vorbehalt enthielt.

Arthur Goldschmidts Sammlung vereinigt 2.000 Almanache aus dem 17. bis 19. Jahrhundert (Abb. 3).

Abb. 3: Exemplar mit Arthur Goldschmidts Exlibris und Annotationen

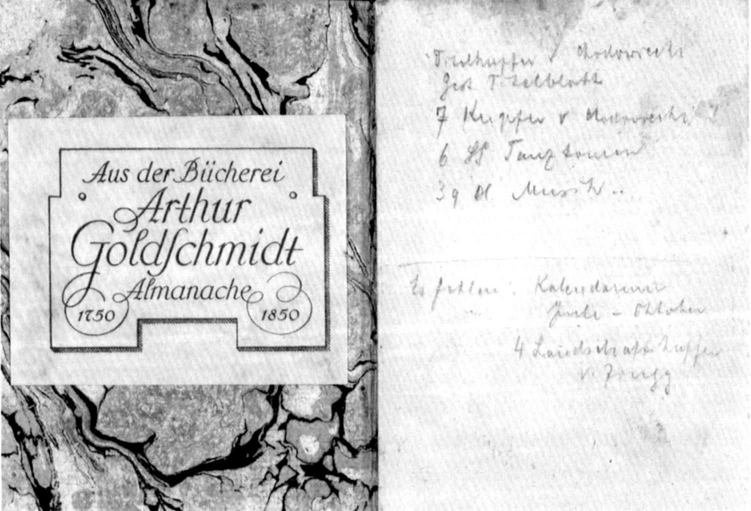

Almanach und Taschenbuch zum geselligen Vergnügen, Leipzig: Roch und Weigel, 1800. Klassik Stiftung Weimar, Herzogin Anna Amalia Bibliothek, Signatur: A 506.10

Die Palette der Themenalben reicht von den bekannteren Musenalmanachen über Balletttanz bis hin zu fachkundlichen Kalendern für Schauspiel, Militär, Forst und Jagd. Die Sammlung trug zur Aufwertung des Archivs und später der Herzogin Anna Amalia Bibliothek bei, da sie, wie Goldschmidt in seiner

Bibliografie *Goethe im Almanach* erkannt hatte, neben dem materiellen Zugewinn attraktives Quellenmaterial für editorische und kulturwissenschaftliche Forschungen bietet. Arthur Goldschmidt hat Almanache, Taschenbücher, Jahrbücher, Kalender, Neujahrsgeschenke und Festgaben als Quelle kultur-und literaturwissenschaftlicher Forschung betrachtet und auch die Beigaben, Illustrationen und Musikstücke ausgewertet (Abb. 4).

Abb. 4: »Allemande«

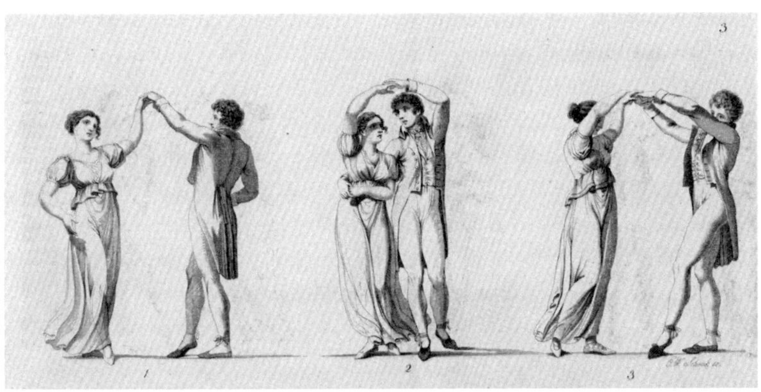

Viertes Toiletten-Geschenk. Ein Jahrbuch für Damen, Leipzig: Voß, 1808, Tafel 3. Klassik Stiftung Weimar, Herzogin Anna Amalia Bibliothek, Signatur: A 550.2

Darüber hinaus sind mit einem Zettelkatalog und Manuskripten weitere Spuren von Goldschmidts Forschungen zu dieser Literaturgattung überliefert. Im Onlinekatalog der Herzogin Anna Amalia Bibliothek und in einem Blog sind die Sammlung und die Fallgeschichte dokumentiert. Eine weitgehend barrierefreie »Mobile Vitrine NS-Raubgut«[24] in den Foyers der einzelnen Häuser der Klassik Stiftung Weimar konfrontiert das Publikum mit weiteren Fallgeschichten und Informationen zur Provenienzforschung, die von Hans Wahls Schlüsselzitat der »ausserordentlich günstigen Angelegenheit« institutioneller Erwerbungen ausgehen.

Die kontroversen Diskussionen, die in Weimar erst nach der Restitution der Almanachsammlung Arthur Goldschmidts und deren Ankauf durch die Herzogin Anna Amalia Bibliothek einsetzten, sind ein Beispiel dafür, wie verschiedene Erinnerungsdiskurse in einen Wettbewerb um die Deutung der kulturellen Integrität der Einrichtungen geraten können. Vertretern eines der

Freundeskreise der Klassik Stiftung Weimar schien es eine unüberwindbare Hürde zu sein, etwas, das 1936 als »Bereicherung« im kulturellen wie materiellen Sinne gewertet wurde, nun als begangenes Unrecht anzuerkennen, verantwortlich Handelnde zu benennen und daraus Konsequenzen zu ziehen.

Kulturgutentziehungen und Restitutionen verändern Einrichtungen und ihr Umfeld nachhaltig. In der Perspektive des Konzepts der Kontaktzone vollzieht sich Sammlungsgeschichte nicht in Epochen, sondern ist Ausdruck eines Beziehungsgeflechts von Machtasymmetrien und der Mobilisierung von Ressourcen, Repositorien erscheinen als Misch- und Zwischenräume auf Zeit.[25] Protokolle der Verlagerung und Verlustgeschichte der Sammlungen, die Kontaktaufnahme mit den Erben und Erbinnen der ehemaligen Eigentümer und Eigentümerinnen und deren wiedergewonnene Verbindung mit den Sammlungsstücken sowie die Entwicklung neuer Kommunikations- und Vermittlungsformate tragen unweigerlich zur Revision der überkommenen Haus- und Sammlungsgeschichte bei. Man kann daher mit Clifford die Auffassung vertreten, dass restituierte Objekte und Sammlungen, wenn sie angekauft und rechtmäßig erworben werden, zwar in das Eigentum der Einrichtung übergehen, ihr aber nie vollständig gehören werden.[26]

Erstveröffentlichung: Der Aufsatz ist unter dem Titel *In der Kontaktzone. Verschleuderung und Restitution der Almanachsammlung Arthur Goldschmidts in Weimar* zuerst erschienen in: Zeitschrift für Bibliothekswesen und Bibliographie, 66, 2019, H. 5, S. 235–242. Der Text (Kapitel *Verschleuderung* und in Teilen Kapitel *Restitution*) geht zurück auf einen Vortrag mit dem Titel »Später Ausgleich. Arthur Goldschmidts Almanachsammlung in der Herzogin Anna Amalia Bibliothek Weimar« auf der Internationalen Fachkonferenz »20 Jahre Washingtoner Prinzipien: Wege in die Zukunft« des Deutschen Zentrums Kulturgutverluste im Haus der Kulturen der Welt in Berlin, 26.-28. November 2018. – Die in der Erstveröffentlichung angegebene Internetadresse (15. Mai 2019) wurde am 26. Oktober 2023 aufgerufen und aktualisiert. Der Inhalt der Anmerkung 9, auf den aus der Kapitelüberschrift *Verschleuderung* verwiesen wurde, ist in diese Notiz zur Erstveröffentlichung integriert worden, so dass sich die Anzahl der Anmerkungen auf 26 reduziert.

Anmerkungen

1 James Clifford, Routes. Travel and translation in the late twentieth century, Cambridge/London: Harvard University Press, 1997, S. 213.

2 Clifford (Anm. 1), S. 188–219, hier S. 195.

3 Michaela Holdenried, Kontaktzone (›contact zone‹), in: Dirk Göttsche/Axel Dunker/Gabriele Dürbeck (hg.), Handbuch Postkolonialismus und Literatur, Stuttgart: Metzler, 2017, S. 175–177.

4 Mary Louise Pratt, Arts of the contact zone, in: Profession, 1991, S. 33–40, hier S. 34.

5 Mary Louise Pratt, Imperial Eyes. Travel writing and transculturation, 2. ed., London/New York: Routledge, 2008 (zuerst 1992), S. 7–8 zum Gebrauch der Begriffe Kontaktzone, Kontaktsprachen und -literaturen.

6 Clifford (Anm. 1), S. 204.

7 Clifford (Anm. 1), S. 192 (Hervorhebung Clifford).

8 Clifford (Anm. 1), S. 3.

9 Hannelore Goldschmidt, Über mich selbst, in: Wolfgang Kießling, Der Fall Baender. Ein Politkrimi aus den 50er Jahren der DDR, Berlin: Dietz, 1991, S. 23–29, hier S. 23 und S. 28.

10 Arthur Goldschmidt, Goethe im Almanach, Leipzig: Eichblatt, 1932. – Unter den überlieferten Akten befinden sich Vorarbeiten zum Manuskript.

11 Regina Mönch, Bücherraub gesühnt. Anna Amalia Bibliothek kauft historische Almanache, in: Frankfurter Allgemeine Zeitung, 9. Juli 2012, S. 27.

12 Die Auseinandersetzung wird forschungsgeschichtlich eingeordnet von: Franziska Bomski/Rüdiger Haufe, Einleitung. Weimarer Kultureliten in der Debatte, in: Franziska Bomski/Rüdiger Haufe/W. Daniel Wilson (hg.), Hans Wahl im Kontext. Weimarer Kultureliten im Nationalsozialismus, in: Publications of the English Goethe Society, 84, 2015, H. 3, S. 141–149.

13 Goethe- und Schiller-Archiv, GSA 150/A 736, Institutsarchiv KSW, Bl. 131–153. – Zitate aus: Bl. 139, Bergmanns Bericht an Wahl, 25. Oktober 1935; Bl. 138, Wahl an Goldschmidt, 2. Dezember 1935; Bl. 134, Wahl an Goldschmidt, 6. November 1935.

14 Zitate aus: Goethe- und Schiller-Archiv, GSA 150/A 736, Institutsarchiv KSW, Bl. 141, Wahls Bericht an den Verwaltungsausschuss, 18. März 1936.

15 Goethe- und Schiller-Archiv, GSA 150/A13, Institutsarchiv KSW, Bl. 137–144, hier Bl. 138–139, Protokoll vom 29. April 1936.

16 Goethe- und Schiller-Archiv, GSA 150/A 736, Institutsarchiv KSW, Bl. 152, Goldschmidt an das Archiv, 16. April 1936.

17 Das Exemplar ist vermutlich noch Teil der Privatbibliothek Kippenbergs: Katalog des Goethe-Museums Düsseldorf/Anton-und-Katharina-Kippenberg-Stiftung, Signatur: GZ LS, https://www.goethe-museum.de/de/sammlungen/bibliothek. – Goethe- und Schiller-Archiv, GSA 50/1220, Insel Verlag, Goldschmidt an Kippenberg, 23. April 1932; Kippenberg an Goldschmidt, 25. April 1932.

18 Zur Verwendung des Begriffs »institutioneller Zynismus« vgl. z.B. Klaus Brinker/Gerd Antos/Wolfgang Heinemann/Sven F. Sager (hg.), Text- und Gesprächslinguistik. Ein internationales Handbuch zeitgenössischer Forschung, 2. Halbbd., Berlin/New York: Springer, 2001, S. 1516.

19 Jürgen Weber, »... weil Herr Goldschmidt natürlich Jude ist.« Restitution von NS-Raubgut in der Weimarer Herzogin Anna Amalia Bibliothek, in: Arsprototo, 2013, H. 1, S. 30–33.

20 Volker Wahl, Die Erwerbung der privaten Almanach-Sammlung des jüdischen Sammlers Arthur Goldschmidt aus Leipzig durch das Goethe- und Schiller-Archiv 1935/36 — Eine Recherche, in: Die Pforte. Veröffentlichungen des Freundeskreises Goethe-Nationalmuseum e. V., H. 12, 2014, S. 228–240, hier S. 230 und S. 238. – Volker Wahl, »Es ist unsere Hoffnung und unser Wunsch, beides, Sammlung wie Kartothek, nicht nur bewahren, sondern auch in Ihrem Sinne weiter führen zu können.« Wie die private Almanach-Sammlung des jüdischen Sammlers Arthur Goldschmidt 1936 in die Obhut des Goethe- und Schiller-Archivs gekommen ist, in: Dieter Höhnl/Jochen Klauß im Auftrag des Freundeskreises Goethe-Nationalmuseum e. V. (hg.), Hans Wahl (1885–1949). Zum Gedenken an seinen 65. Todestag am 18. Februar 2014, Weimar, 2013, S. 11–25.

21 W. Daniel Wilson, Verbindungsmann zum NS-Regime. Hans Wahl, der Antisemitismus und die Goethe-Gesellschaft, in: Bomski/Haufe/Wilson (Anm. 12), S. 203–222, hier S. 203–204, und W. Daniel Wilson, Der Faustische Pakt. Goethe und die Goethe-Gesellschaft im Dritten Reich, München: dtv, 2018, S. 21–22. – Andrea Albrecht/Alexandra Skowronski, Hans Wahl und der Kampfbund für deutsche Kultur in Weimar (1928–1933), in: Bomski/Haufe/Wilson (Anm. 12), S.174–189.

22 Georg Heuberger, Was sind faire und gerechte Lösungen im Umgang mit Raubkunst?, in: Koordinierungsstelle für Kulturgutverluste Magdeburg (hg.), Verantwortung wahrnehmen. NS-Raubkunst – Eine Herausforderung an Museen, Bibliotheken und Archive, Magdeburg: Koordinierungsstelle, 2009, S. 413–423, hier S. 422.

23 Der Beauftragte der Bundesregierung für Kultur und Medien (hg.), Handreichung zur Umsetzung der »Erklärung der Bundesregierung, der Länder und der kommunalen Spitzenverbände zur Auffindung und zur Rückgabe NS-verfolgungsbedingt entzogenen Kulturgutes, insbesondere aus jüdischem Besitz« vom Dezember 1999, 6., korr. Aufl., Bonn/Berlin, 2007 (zuerst 2001), S. 4. – Ausführlicher hierzu: Jürgen Weber, Provenienzklärung und Restitution in Bibliotheken: Grundlagen, Geschäftsprozess, Ressourcen, in: Hans-Christoph Hobohm/Konrad Umlauf (hg.), Erfolgreiches Management von Bibliotheken und Informationseinrichtungen, Loseblatt-Ausgabe, Hamburg: Dashöfer, 2013, Kap. 3.9.8, S. 1–28.

24 Elke Kollar, Die »Mobile Vitrine NS-Raubgut«. Ein Vermittlungsansatz der Klassik Stiftung Weimar, in: Provenienz & Forschung, 2018, H. 1, S. 22–25.

25 Clifford (Anm. 1), S. 213: »A contact perspective views all cultural-collecting strategies as responses to particular histories of dominance, hierarchy, resistance, and mobilization.«

26 Clifford (Anm. 1), S. 192–194.

Restituieren und erinnern

Die Weimarer Familie von den Velden

Abstract *Nach den Testamenten von Else von den Velden und ihrer Tochter Esther Abel gibt es im Frühjahr 1942 nichts mehr im Haushalt, was an eine Bibliothek erinnert. Esther hinterlässt Mahagonimöbel, Tafelservice, eine Ledergarnitur und einen Eichentisch, einen Diwan, ein Radio, Wäsche und Kleider sowie Gemälde ihres Vaters Adolf von den Velden. Mit Wert und Bedeutung solchen Hausrats für die verfolgten Familien in der Zeit des Nationalsozialismus hat sich die Provenienzforschung erst spät auseinandergesetzt. Der besondere Wert liegt in der täglichen Verfügbarkeit und dem eigenen vertrauten Umgang mit diesen Gegenständen, verbunden mit vielen persönlichen Erinnerungen. Auch die 453 Bücher, welche die Thüringische Landesbibliothek Weimar 1936 und 1939 von Else von den Velden für einen Schleuderpreis und als »Geschenk« vereinnahmt hat, gehören hierzu.*

According to the wills of Else von den Velden and her daughter Esther Abel, there is nothing left in the household resembling a library in the spring of 1942. Esther leaves behind mahogany furniture, dinner services, a leather set and an oak table, a divan, a radio, linen and clothes, as well as paintings by her father Adolf von den Velden. Research into the value and significance of such household effects for the persecuted families during the National Socialist era has come late in the day. The special value lies in the daily availability and familiar handling of these objects, combined with many personal memories. The 453 books that the Thuringian State Library in Weimar acquired from Else von den Velden in 1936 and 1939 for a knockdown price and as a »gift« are also part of this.

Einleitung

Die Herzogin Anna Amalia Bibliothek gehört zu den Profiteuren der Verfolgung und Ausplünderung mehrerer in Weimar ansässiger Familien in der Zeit des Nationalsozialismus, darunter auch die Familie von den Velden. 453 Bücher aus dem Eigentum Adolf und Else von den Veldens sind 1936 und 1939 von der ehemaligen Thüringischen Landesbibliothek Weimar, einer Vorgängerinstitution der Herzogin Anna Amalia Bibliothek, teils für einen Schleuderpreis, teils als so genannte Schenkungen vereinnahmt worden.[1] Da die Bücher nach den Kriterien der *Gemeinsamen Erklärung* und der zugehörigen *Handreichung* als NS-verfolgungsbedingt entzogenes Kulturgut bewertet wurden,[2] hat die Klassik Stiftung Weimar sie 2013 an die Erben restituiert und danach rechtmäßig angekauft. Damit ist das Fortwirken dieses NS-Unrechts nach mehr als 70 Jahren beendet worden. Die für die gegenwärtigen Restitutionen solcher Kulturgüter grundlegende *Washingtoner Erklärung* von 1998 betont, dass »eine gerechte und faire Lösung [...] je nach den Gegebenheiten und Umständen des spezifischen Falls unterschiedlich ausfallen kann«.[3] Teil einer gerechten und fairen Lösung ist auch das Erinnern an die Verfolgten. Diesem Anliegen ist der vorliegende Beitrag verpflichtet, wenn er zunächst den Sammler Adolf von den Velden und seine Bibliothek vorstellt und sich dann dem Verfolgungsschicksal seiner Frau und seiner Tochter sowie dem verfolgungsbedingten Verlust der Bibliothek in der NS-Zeit zuwendet. Abschließend werden exemplarisch die Restitution flankierende Aktivitäten der Klassik Stiftung Weimar vorgestellt, die Möglichkeiten einer gerechten und fairen Lösung aufzuzeigen vermögen.

Adolf von den Velden und seine Bibliothek

Adolf von den Velden (1853–1932) studierte ab 1871 vier Semester Chemie im Polytechnikum Stuttgart, von einem freiwilligen Militärdienst 1873/1874 in Darmstadt unterbrochen, mit dessen Beendigung er das Reserveoffizierspatent als Rittmeister der Landwehr erwarb.[4] Nach dem Militärdienst setzte Adolf von den Velden sein Chemiestudium an der Universität Leipzig fort, wo er 1877 mit einer Arbeit *Beiträge zur Kenntniss der drei isomeren Oxybenzoesäuren* promoviert wurde. Sein Neffe Ernst Lukas von den Velden (1899-?), ein Sohn von Adolfs Bruder Friedrich (1867–1950), erwähnt in seiner Autobiografie Reisen seines Onkels nach Ungarn und Nordamerika.[5] Tatsächlich lässt sich ein Aufenthalt 1880/1881 in Buffalo, NY nachweisen, bei dem Adolf von den Velden an der Einrichtung einer Anilinfabrik beteiligt gewesen sein soll.[6] Im *Buffalo City Directory* von 1881 findet sich ein »Vonden, Velden Adolphus, PH. D. h. Aniline and Chemical Works, Abbott rd.«[7] Mit dem Aufbau einer Anilin-Produktionslinie Mitte des 19. Jahrhunderts engagierte sich Adolf von den Velden auf dem Gebiet der Entwicklung synthetisch-organischer Farbstoffe und Pigmente. Nach seiner Rückkehr aus den USA verließ er jedoch diesen Weg und wandte sich künstlerischen Interessen zu. 1882/1883 absolvierte Adolf von den Velden ein Studium am Städelschen Kunstinstitut in Frankfurt am Main (Zeichenunterricht bei Heinrich Hasselhorst), an der Berliner Kunstakademie (bei Eugen Bracht, Dozent für Landschaftsmalerei) und an der Großherzoglich Badischen Kunstschule Karlsruhe. In zeitgenössischen Kunstlexika wird er als Landschafts- und Tiermaler erwähnt, der Reisen durch die Mark Brandenburg, die ungarische Theißniederung und den Westen Nordamerikas unternommen habe, aus denen er Motive schöpfte, etwa das Gemälde *Weidende Bisonherde in der nordamerikanischen Prärie.*[8] Solche Hinweise sind nicht nur für das Verständnis der Wahl von Landschaftsmotiven seiner Malerei wichtig, sie machen auch Spuren in Werken seiner überlieferten Bibliothek plausibel, die mit den USA und dort lebenden Verwandten mütterlicherseits in Verbindung stehen.

Abb. 1: »Gemalt im Juli u. Sept. 1914.«

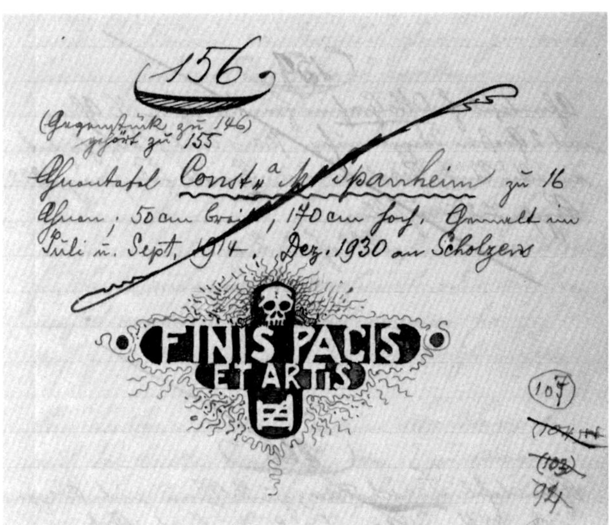

Adolf von den Velden, Meine gem[alten] Wandteppiche. Klassik Stiftung Weimar, Herzogin Anna Amalia Bibliothek, Signatur: Fol 538

Adolf von den Velden war zudem durch kunstgewerbliche Arbeiten in Form von genealogisch-heraldischen Wandteppichen überregional bekannt geworden. So findet sich in seiner überlieferten Bibliothek eine Kladde mit der Bezeichnung *Meine gem[alten] Wandteppiche*, die 1905 mit der Rückdatierung eines Eintrags auf 1893 beginnt und im Todesjahr 1932 mit Wandteppich Nr. 198 abbricht.[9] Adolf von den Velden entwarf diese Teppiche mit Ahnentafeln und Familienstammbäumen für Freunde, Familienmitglieder und Kunden auf Bestellung und gegen Rechnung. Man kann von einem durchaus erfolgreichen kunstgewerblichen Geschäftsmodell sprechen, das von den Veldens Interessen – Malerei und genealogische Forschungen – miteinander verband (Abb. 1).

In seiner Bibliothek finden sich daher auch diverse Publikationen, die genealogischen Aufschluss über jene Kunden geben, die ihn mit Unterlagen zur Darstellung des Familienstammbaums versorgt haben, wie z.B. die Familie Siemens.[10] Auf fünf Seiten eingeklebt enthält die Kladde *Meine gem[alten] Wandteppiche* zahlreiche Zeitungsausschnitte aus dem Jahr 1907 mit ausführlichen Besprechungen von Ausstellungen der Wandteppiche in Kunstgewerbemuseen und Galerien in Weimar, Frankfurt am Main, Darmstadt und Berlin. Der Tenor der Rezensionen ist durchweg positiv; der Künstler schien den Geschmack und Bedarf bürgerlicher Familien getroffen zu haben.[11]

Der Großteil seiner Bibliothek dokumentiert das genealogische Interesse Adolf von den Veldens und bildet eine Art Spezialsammlung zu regionalgeschichtlichen und heraldischen Themen.[12] Hinzu kommen einige Werke zur Orts- und Regionalgeschichte (Brüssel, Aachen, Köln, Frankenthal (Pfalz), Frankfurt am Main, Offenbach, Hanau, Kassel), darunter Sonderdrucke und kleine Broschüren, die auf dem antiquarischen Markt oder in anderen Bibliotheken nicht mehr nachweisbar sind und zahlreiche Spuren der Einsender enthalten. Ein Teilbestand umfasst medizinische und botanische Literatur sowie Reise- und Kunstführer. Die Autoren und Widmungen verweisen auf Mitglieder der Familie Adolf von den Veldens: seine Brüder Reinhard (1851–1902) und Friedrich (1867–1950), seinen Neffen Reinhard (1880–1941), seinen Sohn Friedrich »Fritz« (1897–1931) sowie seinen Onkel Julius Bernhard Engelmann (1773–1844) und seinen Neffen Georg Theodor Engelmann (1809–1884) aus der Familie seiner Mutter Emilie Margarethe von den Velden geb. Engelmann (1826–1907).

Zahlreiche Spuren der Vorbesitzer und des Gebrauchs finden sich auf den Einbänden, den Innenseiten der Buchdeckel und im Buchblock, entweder in Verbindung mit dem gedruckten Text oder auf Einlagen wie Briefen, Fotografien und Zeitungsausschnitten, neben Besitzkennzeichen wie Exlibris (Abb.

2), Stempeln und Autogrammen auch Annotationen, Marginalien, Unterstreichungen, vereinzelt sogar Bibliothekssignaturen.

Abb. 2: Adolf von den Veldens Exlibris mit gatterähnlichem Emblem (1902)

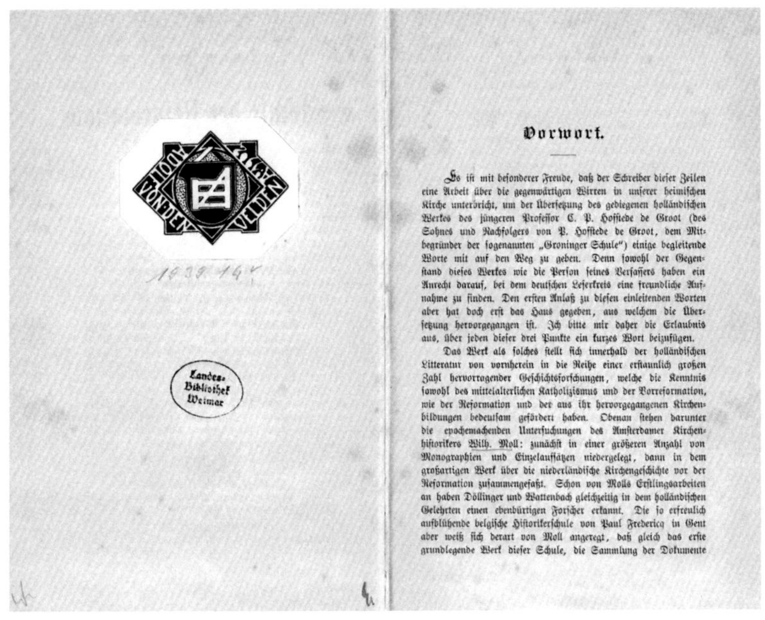

Vorwort.

Es ist mit besonderer Freude, daß der Schreiber dieser Zeilen eine Arbeit über die gegenwärtigen Wirren in unserer heimischen Kirche unterbricht, um der Übersetzung des gediegenen holländischen Werkes des jüngeren Professor C. P. Hofstede de Groot (des Sohnes und Nachfolgers von P. Hofstede de Groot, dem Mitbegründer der sogenannten „Groninger Schule") einige begleitende Worte mit auf den Weg zu geben. Denn sowohl der Gegenstand dieses Werkes wie die Person seines Verfassers haben ein Anrecht darauf, bei dem deutschen Leserkreis eine freundliche Aufnahme zu finden. Den ersten Anlaß zu diesen einleitenden Worten aber hat doch erst das Haus gegeben, aus welchem die Übersetzung hervorgegangen ist. Ich bitte mir daher die Erlaubnis aus, über jeden dieser drei Punkte ein kurzes Wort beizufügen.

Das Werk als solches stellt sich innerhalb der holländischen Litteratur von vornherein in die Reihe einer erstaunlich großen Zahl hervorragender Geschichtsforschungen, welche die Kenntnis sowohl des mittelalterlichen Katholizismus und der Vorreformation, wie der Reformation und der aus ihr hervorgegangenen Kirchenbildungen bedeutsam gefördert haben. Obenan stehen darunter die epochemachenden Untersuchungen des Amsterdamer Kirchenhistorikers Wilh. Moll: zunächst in einer größeren Anzahl von Monographien und Einzelaufsätzen niedergelegt, dann in dem großartigen Werk über die niederländische Kirchengeschichte vor der Reformation zusammengefaßt. Schon von Molls Erstlingsarbeiten an haben Döllinger und Wattenbach gleichzeitig in dem holländischen Gelehrten einen ebenbürtigen Forscher erkannt. Die so erfreulich aufblühende belgische Historikerschule von Paul Fredericq in Gent aber weiß sich derart von Moll angeregt, daß gleich das erste grundlegende Werk dieser Schule, die Sammlung der Dokumente

Cornelis P. Hofstede de Groot, Hundert Jahre aus der Geschichte der Reformation in den Niederlanden. 1518–1619, Gütersloh: Bertelsmann, 1893. Klassik Stiftung Weimar, Herzogin Anna Amalia Bibliothek, Signatur: Bb 4:788

In den Jahren 1898 bis 1900 hat Adolf von den Velden selbst ein Werk herausgegeben, das die Herkunft seiner Familie nachzeichnet: *Geschichte des alten brabantischen Geschlechtes van den Velde oder von den Velden.*[13] Adolf von den Velden gehörte dem Weimarer Genealogisch-Historischen Abend und dem so genannten Herold an, einem 1869 in Berlin gegründeten und heute noch existierenden Verein für Heraldik, Genealogie und verwandte Wissenschaften.[14] Seit 1904 war Adolf von den Velden Ausschussmitglied der Zentralstelle für deutsche Personen- und Familiengeschichte, der er bis zu seinem Tod als Ehrenmitglied angehörte. In den vereinseigenen *Mitteilungen* von 1905 hatte er das Manuskript eines Vortrages abdrucken lassen, den er am 21. November 1904 über das Thema »Wert und Pflege der Ahnentafel« gehalten hatte.[15] In der Folge entwickelte sich im Zusammenhang mit seinen Ausführungen über die Immigration von Niederländern und Franzosen nach Deutschland eine Kontroverse zum Thema »Rassenreinheit«, an der sich von den Velden beteiligte: So verteidigte er auf der Jahreshauptversammlung des Vereins im November 1905 seine »Überzeugung [...], daß weniger die Rassenreinheit bestimmend ist für das einheitliche Wesen eines Volkes, als die gleichen Lebensbedingungen und Schicksale, die gleiche Sprache und Erziehung und die gemeinsamen idealen Ziele.«[16]

Abb. 3: Else und Adolf von den Velden

Foto: Privatbesitz

Diese Haltung resultierte zweifellos auch aus seiner Ehe mit einer Frau jüdischer Herkunft. Am 4. September 1886 hatte Adolf von den Velden in Berlin Else Schadow (1863–1942) geheiratet, zu deren Person ansonsten nur wenig bekannt ist.[17] Das Paar (Abb. 3) wohnte zunächst in Adolf von den Veldens Geburtsstadt Frankfurt am Main, wo auch drei der vier Kinder zur Welt kamen: Esther (1887–1942), Ulrich (1888–1917) und Heinrich (1891–1915). Über diese beiden Söhne ist ebenfalls kaum etwas bekannt; die Lebensdaten legen jedoch die Vermutung nahe, dass sie als Soldaten im Ersten Weltkrieg ums Leben gekommen sein könnten. 1892 ließ sich die Familie in Weimar nieder, wo 1897 der jüngste Sohn Friedrich »Fritz« (Abb. 4) geboren wurde, der später als Buchhändler in Berlin arbeitete und 1931 – noch ein Jahr vor dem Vater – starb.[18]

Abb. 4: Friedrich »Fritz« von den Velden, Buchhändler in Berlin

Foto: Privatbesitz

Die Tochter Esther hatte nach dem Besuch des Weimarer Sophienstifts und dem Abschluss an einer Handelsschule für Frauen ab 1911 an der Großherzoglich-Sächsischen Kunstgewerbeschule Ornamentik, Farbenlehre und Weberei studiert.[19] 1915 heiratete sie den österreichischen Offizier Kornel Abel (1881-?). Seitdem lebte das Ehepaar in Wien.

Schon vor dem Ersten Weltkrieg wurden Adolf von den Velden, der selbst nicht jüdischer Herkunft war, und seine Familie zum Ziel antisemitischer Agitation. Im Jahr 1913 gab der völkische Publizist Philipp Stauff den so genannten *Semi-Kürschner* heraus. Dieses nur scheinbar an Joseph Kürschners populären *Deutschen Literaturkalender* anknüpfende antisemitische Personenlexikon orientierte sich in seiner Machart an dem 1912 veröffentlichten *Weimarer historisch-genealogen Taschenbuch des gesamten Adels jehudäischen Ursprungs*,[20] welches, ebenfalls in Anlehnung an ein seriöses Standardwerk, als *Semi-Gotha* bekannt geworden ist. Der *Semi-Kürschner* enthält einen diffamierenden Eintrag zu Adolf von den Velden und seiner Familie, in dem ausgeführt wird, er sei mit »Marianne Freund, (nennt sich ›geborene von Schadow‹)« verheiratet. Es folgt die Behauptung: »Der Sohn 1910 als Raubmörder vom Schwurgericht Danzig bestraft«.[21] Der Eintrag steht unter Vorbehalt und ermuntert die Leserschaft explizit zu weiteren Einsendungen.[22]

Den Machern solcher Nachschlagewerke ging es darum, die von ihnen »behauptete jüdische Vorherrschaft in der deutschen Gesellschaft durch ein breit angelegtes ›Köpfezählen‹ zu belegen.«[23] Dahinter stand ein Netzwerk aus sich selbst als »unterdrückt« und »totgeschwiegen« viktimisierenden Schriftstellern, Journalisten, Literaturwissenschaftlern und völkischen Funktionären.[24] Sie sammelten sich in Vereinigungen wie dem Deutschvölkischen Schriftstellerverband. Dessen Vorsitzender, der Weimarer Schriftsteller, Publizist und Literaturhistoriker Adolf Bartels (1862–1945), würdigte den *Semi-Kürschner* in einem gedruckten Mitglieder-Rundschreiben vom 20. September 1914 als wichtigste Arbeit des Verbandes.[25]

Eine Reaktion Adolf von den Veldens auf den Eintrag im *Semi-Kürschner* ließ sich in seinen überlieferten Aufzeichnungen nicht finden. Mit dem *Semi-Gotha* hat er sich jedoch nachweisbar kritisch auseinandergesetzt. 1913 veröffentlichte er dazu in den von der Zentralstelle für deutsche Personen- und Familiengeschichte als wissenschaftliche Monatsschrift herausgegebenen *Familiengeschichtlichen Blättern* eine Rezension. Darin berichtet von den Velden von den juristischen Auseinandersetzungen des Verlegers vor Gerichten in Weimar, Jena und München. Den Klägern ging es darum, dass ihnen fälschlicherweise eine jüdische Herkunft unterstellt wurde. Zur Gerichtsverhandlung in Weimar Ende Mai 1913 resümiert der Rezensent: »Die Verhandlung gewährte wenig erfreuliche Einblicke in das wissenschaftlich ebenso wertlos, wie geschäftlich erfolgreiche Unternehmen.«[26] Diese zeitgenössische Feststellung Adolf von den Veldens deckt sich mit der Einschätzung der Antisemitismusforschung zu solcherart Nachschlagewerken. Nach Gregor Hufenreuter gilt beispielsweise der *Semi-Kürschner* »heute als ein publizistischer Höhepunkt des völkischen Antisemitismus im Kaiserreich«, der in der völkischen Presse begeisterte Aufnahme und später rege Verwendung bei der Denunziation von Juden fand.[27]

Die Verfolgung Else von den Veldens und Esther Abels in der NS-Zeit

Als Adolf von den Velden 1932 starb, hinterließ er seiner Frau neben anderem auch seine Bibliothek und das Wohnhaus der Familie in der Weimarer Carl-Alexander-Allee 10 (heute Freiherr-vom-Stein-Allee 10). Dort wohnte Else von den Velden in der ersten Etage; die Wohnungen im Erdgeschoss und in er zweiten Etage hatte sie vermietet. Aufgrund ihrer jüdischen Herkunft war die zu diesem Zeitpunkt knapp 70-jährige Witwe ab 1933 den antisemitischen Verfolgungsmaßnahmen des nationalsozialistischen Regimes ausgesetzt. Im Jahr 1939 nahm sie ihre Tochter Esther und deren Ehemann Kornel Abel in ihre Wohnung auf. Beide hatten ihren vorherigen Wohnort Wien aufgrund der nationalsozialistischen Terrorakte gegen Juden nach dem »Anschluss« Österreichs verlassen. Zum Verbleib Kornel Abels, der ebenfalls jüdischer Herkunft war, finden sich nach 1940 keine Hinweise mehr.[28]

Wie öffentlich die Ausgrenzung der jüdischen Deutschen vonstattenging, belegt das Einwohnerbuch der Stadt Weimar von 1939/1940, in dem in einem »Jüdische Einwohner« überschriebenen Nachtrag 24 Personen mit ihrem jeweiligen Zwangsvornamen »Sara« oder »Israel« aufgeführt sind, darunter auch Else von den Velden.[29] Andere individuelle Verfolgungsmaßnahmen sind durch die Akten belegt. Am 20. September 1939 verhängte die Devisenstelle des Oberfinanzpräsidenten Thüringen in Rudolstadt gegen Else von den Velden eine »Sicherungsanordnung«, die den Verfügungsrahmen über ihr Konto auf 250 Reichsmark pro Monat begrenzte und ihr untersagte, für die vermieteten Wohnungen im Haus Bargeld entgegenzunehmen.[30] Daher gingen die Mietzahlungen künftig auf einem »Sicherungskonto« bei der Deutschen Bank, Filiale Weimar, ein.[31] Am 27. November 1941 wurde Else von den Veldens finanzieller Verfügungsrahmen auf 150 Reichsmark reduziert.[32]

Zwischen Ende 1941 und Anfang 1942 wies die Geheime Staatspolizei den wegen ihrer jüdischen Herkunft ebenfalls verfolgten Schwestern Martha und Selma Kahn (bis 1938 Inhaberinnen des Schuhgeschäfts Strauss & Heine in der Weimarer Wielandstraße) sowie deren Tante Rosa Marchand ein Zimmer mit Küchenbenutzung in der Wohnung Else von den Veldens zu.[33]

Else von den Velden starb am 12. März 1942 an einem Krebsleiden. Ihre Tochter Esther Abel nahm sich wenige Wochen später, am 3. April 1942, das Leben, einen Monat vor der drohenden Deportation.[34] Anders als die Mehrzahl der »jüdischen Mischlinge« war sie bereits zu diesem Zeitpunkt akut davon bedroht, weil sie aufgrund ihrer Ehe mit Kornel Abel nach der NS-Rassengesetzgebung als »Volljüdin« galt. In einem Auszug aus dem Sterbebuch der Stadtverwaltung Weimar von 1942 heißt es: »Frau Esther Sara Maria Abel geb. von den | Velden [...] | geb. 12. Aug. 1887 Berlin | gest. 3. April 9 Uhr nachm. Schlafmittel | vergiftung Suicid | Feuerbestattung Dienstag | 7 April nachm. $\frac{1}{2}$2 Uhr | ohne Kirche | mit Harmonium u. Cello beim Versenken[?]« Für »Steintafel | Arzt | 1 Hemd | Asche | Versand« der »Familienbestattung« wurde eine Rechnung in Höhe von 200,50 Reichsmark fällig.[35]

Abb. 5: Esther Abel mit einem Nachbarskind auf dem Arm, daneben ihre Mutter, Else von den Velden (1935)

Foto: Privatbesitz

Vermutlich haben sich die beiden Frauen (Abb. 5) über den nahenden Tod und Suizid verständigt. Dies legt zumindest der Befund nahe, dass Esther Abel ihr Testament am 2. Februar 1942 abgefasst hat. Erst zwei Tage danach, am 4. Februar 1942, hat Else von den Velden in einem Nachtrag zu ihrem Testament von 1935 die Erbfolge für die Zeit nach Esthers Tod festgelegt.[36]

Die Verfolgungsmaßnahmen, denen die Familie von den Velden ausgesetzt war, reihen sich ein in ein Arsenal zahlreicher antisemitischer Verfügungen und Erlasse, die seit 1933 stetig ausgeweitet und verschärft wurden. Ihr Ziel war die schrittweise, permanente Ausgrenzung mittels Stigmatisierungen, Erniedrigungen und Gewalt im Alltag, die auch die ersten Monate des Jahres 1942 prägten. So wurde Juden die »Benutzung öffentlicher Fernsprechstellen« untersagt (7. Januar 1942).[37] In Bäckereien und Konditoreien mussten Schilder angebracht werden, »die darauf hinweisen, daß Kuchen an Juden und Polen nicht abgegeben werden« (14. Februar).[38] Juden durften »keine Haustiere mehr halten« (15. Februar)[39] und waren ausgeschlossen »von der Belieferung von Zeitungen, Zeitschriften, Gesetz- und Verordnungsblättern durch die Post, durch Verlage oder Straßenhändler« (17. Februar).[40] Am 13. März verschärfte das Reichssicherheitshauptamt die Kennzeichnungspflicht für Juden, die bereits seit dem 1. September 1941 einen gelben Stern[41] auf ihrer Kleidung tragen mussten: »Zur Verhinderung von Tarnungen werden Juden angewiesen, ihre Wohnungen mit einem schwarzen Judenstern an der Eingangstür zu kennzeichnen.«[42]

Diese und andere Repressionen, die in der Forschung mit dem Begriff der »kollektiven Verfolgung« zusammengefasst werden, bedeuteten für die Verfolgten das, was die Historikerin Marion Kaplan den »sozialen Tod« nennt, der dem physischen Tod vorausging.[43] Im Oktober 1941 begannen die systematischen Deportationen der deutschen Juden. Nach Untersuchungen von Berliner Todesfällen korrelierten die Selbstmordraten der jüdischen Bevölkerung mit den Deportationswellen 1941 bis 1943.[44] In vielen Fällen gingen dem Suizid sorgfältige Planungen des Zeitpunkts sowie der Beschaffung wirksamer Medikamente voraus, und aus zahlreichen brieflichen Zeugnissen geht hervor, dass ein Selbstmord als ein Mittel begriffen wurde, die Verfügung über den Zeitpunkt und die Art des eigenes Todes nicht den Verfolgern zu überlassen, sondern eine letzte Möglichkeit der Selbstbestimmung zu wahren.[45]

Die Testamente von Else von den Velden und Esther Abel deuten darauf hin, dass es im Frühjahr 1942 nichts mehr im Haushalt gab, was an eine Bibliothek erinnert hätte. Esther hinterließ Mahagonimöbel, ein Tafelservice, eine Ledergarnitur mit Eichentisch, einen Diwan, ein Radio, Wäsche und Kleider sowie Studien und Bilder ihres Vaters.[46] Mit Wert und Bedeutung solcher Mobilien für die Verfolgten hat sich die Provenienzforschung erst spät auseinandergesetzt. Der besondere Wert liegt hier in der täglichen Verfügbarkeit und in der persönlichen Vertrautheit mit diesen Gegenständen, verbunden mit der ideellen Bedeutung zahlreicher Erinnerungsstücke. Auch die 453 Bücher, welche die damalige Thüringische Landesbibliothek in den Jahren 1936 und 1939 von Else von den Velden vereinnahmt hat, gehören zu dieser Gegenstandsgruppe.

Der Entzug der Bibliothek

In einer Notiz im *Zentralblatt für Bibliothekswesen* aus dem Jahr 1939 heißt es unter der Rubrik *Kurze neue Nachrichten*: »Weimar. Der Landesbibliothek wurde aus dem Nachlaß des 1932 in Weimar gestorbenen Malers und Genealogen Adolf von den Velden eine größere Anzahl wertvoller familiengeschichtlicher und heraldischer Werke geschenkt.«[47] In den Zugangsbüchern der Thüringischen Landesbibliothek Weimar sind im Zeitraum 21. Februar 1939 bis 15. Mai

1939 Schenkungen von Else von den Velden im Umfang von 405 Bänden inventarisiert worden; hinzu kommen die Schenkung eines Bandes am 29. Januar 1936 und der Ankauf von 47 Bänden am 30. Januar 1936.

Abb. 6: Ahnentafel Goethes (1906)

Adolf von den Velden, Wandteppich, 1455 x 750 mm. Klassik Stiftung Weimar, Museen, Inventarnummer: KGe/00829

Die materiellen und ideellen Werte, welche die Bücher für die Familie von den Velden hatten, wurde von der Landesbibliothek als willkommener Zugewinn wahrgenommen und kommuniziert. So schrieb der damalige Direktor der Bibliothek, Werner Deetjen (1877–1939), am 3. Mai 1939 einen Brief an »Frau Professor v.d. Velden«, in dem er von den »riesigen Bücherschätze[n], die wir

Ihrer Güte verdanken«, spricht und sich »herzlich für das grosse Geschenk« bedankt. Er betrachte die Bücher als »einen sehr wertvollen Zuwachs für uns, besonders auf den Gebieten der Familiengeschichte, Sippenkunde, Heraldik usw.«. Deetjen interpretiert die Überlassung der Bücher als weitere Geste der Verbundenheit der von den Veldens mit der Bibliothek, hatte Adolf von den Velden dieser doch bereits 1909 ein Geschenk gemacht: »[…] die schönen und lehrreichen Wandteppiche, die Ihr verehrter Herr Gemahl mit soviel Mühe geschaffen hat. Sie schmücken jetzt die Wände unseres Treppenhauses und eines Arbeitszimmers, und werden vom Publikum gern betrachtet und aufrichtig bewundert.« (Abb. 6) Der Brief endet mit der Formel: »In ausgezeichneter Hochachtung und [handschriftlich ergänzt: mit] Heil Hitler!«.[48]

Die Klassik Stiftung Weimar hat die Schenkung der Bücher 1939 und auch den Ankauf 1936 eines kleineren Postens von 47 Bänden für 68 Reichsmark im Jahr 1936 als NS-verfolgungsbedingte Vorgänge gewertet. Nach einem Wertgutachten vom 12. November 2012, das im Zuge der Restitution eingeholt wurde, ist hinsichtlich des Verkaufs im Jahr 1936 von einem verfolgungsbedingten Verschleuderungsschaden auszugehen.[49] Die Schenkung im Jahr 1939 korreliert zeitlich mit dem verfolgungsbedingten Einzug des Ehepaars Abel in die Wohnung Else von den Veldens, die dafür Platz schaffen musste.

Der Verwaltungsakt, hinter dem der verfolgungsbedingte Verlust der Bücher im Zuge des Verkaufs und der Schenkung unkenntlich gemacht wurde, war auch in der Thüringischen Landesbibliothek mit der sachlichen Fassade akribischer Buchführung und Archivierung verbunden, und zwar in der dabei bevorzugten Form der Liste.[50] So ist die Vereinnahmung der einzelnen Titel in den handschriftlich geführten Zugangsbüchern der Bibliothek detailliert dokumentiert; als »Lieferant« ist Else von den Velden aufgeführt. Buch für Buch werden mit bibliografischer Genauigkeit verzeichnet und – sichtbar an verschiedenen Signaturen – in neue Kontexte überführt, magaziniert und wieder nutzbar gemacht.[51]

Die Restitution NS-verfolgungsbedingt entzogener Bücher soll nicht nur an die Verfolgten erinnern, sondern auch an das mitzuverantwortende NS-Unrecht, begangen von all jenen, die sich an den Kollektivverbrechen oder – so die von Volkhard Knigge geprägte Bezeichnung – »Gesellschaftsverbrechen« beteiligt haben.[52] Nach dem Ende des Zweiten Weltkieges hat es über zwanzig Jahre gedauert, bis die Forschung begann, sich mit der Genese solcher Verbrechen intensiver auseinanderzusetzen. So werden nach Herbert Jäger unter Kollektivverbrechen individuelle Tatbeiträge im Kollektiv verstanden. Als Faktoren und Motive einer solchen Mittäterschaft, etwa bei der

Vereinnahmung von Büchern aus dem Besitz von Mitgliedern einer verfolgten Bevölkerungsgruppe, benennt Jäger Systemloyalität, Agieren aus der Distanz bzw. vom Schreibtisch aus, Vorstellungsmangel bzw. fehlendes Unrechtsbewusstsein sowie die Permanenz und Allgegenwärtigkeit der Verfolgung einer spezifischen Bevölkerungsgruppe, die sukzessive mit unzähligen Verboten und Repressionen überzogen und schließlich vollständig entrechtet wurde.[53]

Gerechte und faire Lösungen

Seit dem 18. Jahrhundert stellen Bücher einen konstitutiven Bestandteil bürgerlicher Haushalte dar. Als Zeichen kulturellen Engagements stehen sie für die persönliche Investition ein sowie das Vorhandensein von Bildung und Kunst.[54] Für den Sammler haben Bücher eine identitätsstiftende Funktion: Mal sind sie Souvenir und Erinnerungsstück an ein Erlebnis, mal Ziel einer leidenschaftlichen Form des Sammelns oder, systematisch angelegt, Grundlage und Ausdruck einer selektiven, das Typische oder Normabweichende suchenden Sammeltätigkeit.[55] Die Zusammenstellung und Kennzeichnung der Bücher Adolf von den Veldens geben deutliche Hinweise auf den familiengeschichtlichen und fachlichen Beziehungsreichtum, der das Verhältnis zwischen dem jeweiligen Exemplar und seinem Besitzer prägt und in unterschiedlichen Gebrauchszusammenhängen deutlich wird. Aleida Assmann betont, dass solche Bücher durch individuelle, persönliche Merkmale mit biografischer Bedeutung angereichert werden und dadurch als eine Art »Lebensbegleiter« fungieren.[56] Die letzte Geschichte und Erinnerung, die wir heute mit diesen Büchern verbinden, ist die eines verfolgungsbedingten Verlustes und einer späteren Restitution. Als solche ist diese Erinnerungsgeschichte Teil einer »Materialgeschichte des Holocaust«.[57]

Der *Gemeinsamen Erklärung* folgend hat die Herzogin Anna Amalia Bibliothek im Jahr 2005 beschlossen, systematisch nach NS-verfolgungsbedingt entzogenem Kulturgut in ihren Beständen zu suchen und Band für Band im Onlinekatalog nach den aktuellen Standards der Provenienzerschließung zu dokumentieren.[58] Unter dem Begriff »NS-Raubgut« wird dabei ein Komplex von Teilsammlungen verstanden, die in einer digitalen Forschungssammlung zusammengefasst sind. Restituiert wurden bislang vier von insgesamt 13 Teilsammlungen: die Reste der Bibliotheken Berthold Mannheimers (2011), Arthur Goldschmidts (2012), Adolf von den Veldens (2013) und Leopold Scheyers (2014).

Die Gütliche Einigung, die die Klassik Stiftung Weimar mit den Erben nach Else von Velden im November 2013 über die Restitution getroffen hat, umfasst die Rückgabe aller Bücher und deren nachfolgenden Ankauf zu heute marktüblichen Preisen. Das älteste Buch aus der Sammlung haben die Erben der Herzogin Anna Amalia Bibliothek geschenkt. An der Erbensuche und dem Restitutionsverfahren war die Commission for Looted Art in Europe beteiligt.

Im Zusammenhang mit der Restitution der Bücher hat die Klassik Stiftung Weimar zudem die Patenschaft für zwei »Stolpersteine« für Else von den Velden und Esther Abel übernommen, die der Kölner Bildhauer Gunter Demnig am 2. Oktober 2015 in Weimar verlegt hat.[59] Die Stolpersteine, von denen seit 1996 europaweit über 60.000 verlegt worden sind, haben eine doppelte Wirkkraft: Sie sprechen für sich und sind zugleich Teil eines dezentralen Mahnmals. Gunter Demnig hat die 96 mal 96 Millimeter großen, mit einer Messingplatte überzogenen Steine entworfen. Sie werden am letzten selbstgewählten Wohnort der NS-Opfer vor den Häusern in die Gehwege eingelassen. Anlässlich der Verlegung der Stolpersteine für Else von den Velden und Esther Abel hat die Klassik Stiftung Weimar deren Erben zu einer Erinnerungsveranstaltung eingeladen, auf der auch aus dem Kreis der Familie von der Wirkung der unerwarteten Nachricht über die Vorbereitungen zur Restitution berichtet wurde. In der von den Freundeskreisen der Klassik Stiftung Weimar ausgerichteten Vortragsreihe »Bestandsgeschichten« wurde die Fallgeschichte der Familie von den Velden am 17. November 2016 auf Einladung der Gesellschaft Anna Amalia Bibliothek e. V. einem größeren Publikum vorgetragen. Auch in dem 2016 vom Eckhaus Verlag Weimar herausgebrachten Band *Stolperstein-Geschichten Weimar* findet sich ein Beitrag über das Verfolgungsschicksal von Else von den Velden und Esther Abel. Zudem haben Schülerinnen und Schüler des Humboldtgymnasiums Weimar an das Leben der beiden Frauen erinnert, als mehrere Weimarer Schulen am 9. November 2016 im Rahmen eines Patenschaftsprojektes Stolpersteine vor Weimarer Wohnhäusern gereinigt haben.[60] Auf den Stolpersteinen vor dem ehemaligen Haus der Familie von den Velden in der heutigen Freiherr-vom-Stein-Allee 10 in Weimar ist zu lesen:

Hier wohnte
Else
von den Velden
geb. Schadow
Jg. 1863

gedemütigt/entrechtet
tot 12.3.1942

Hier wohnte
Esther Abel
geb. von den Velden
Jg. 1887
gedemütigt/entrechtet
Flucht in den Freitod
3.4.1942

Erstveröffentlichung: Der Aufsatz ist unter dem Titel *Restituieren und erinnern. Die Weimarer Familie von den Velden* zuerst erschienen in: Franziska Bomski/Hellmut Th. Seemann/Thorsten Valk (hg.), Spuren suchen. Provenienzforschung in Weimar, Göttingen: Wallstein, 2018, S. 177–192. Der Text geht zurück auf einen Vortrag mit dem Titel »Die Sammlung Adolf und Else von den Velden. Ein NS-Raubgutfall« in der Vortragsreihe »Bestandsgeschichten« der Freundeskreise der Klassik Stiftung Weimar in der Herzogin Anna Amalia Bibliothek, 17. Oktober 2016. – Die in der Erstveröffentlichung angegebenen Internetadressen (7. November 2017) wurden am 26. Oktober 2023 aufgerufen und aktualisiert. Der Beitrag wurde um vier Abbildungen und den Abstract ergänzt.

Anmerkungen

1 Die Gütliche Einigung zwischen der Erbengemeinschaft nach Else von den Velden, geb. Schadow, und der Klassik Stiftung Weimar aus dem Jahr 2013 beziffert den Umfang der Bibliothek auf »ca. 450 Bände«. – Zu Schenkungen von Verfolgten vgl. Sebastian Schlegel, Warum schenken Verfolgte? Bücher und Zeichnungen aus dem Vorbesitz Julius Wahles und Heinrich Mayers in den Sammlungen der Klassik Stiftung Weimar, in: Franziska Bomski/Hellmut Th. Seemann/Thorsten Valk (hg.), Spuren suchen. Provenienzforschung in Weimar, Göttingen: Wallstein, 2018, S. 107–127. 2023 ergänzt.

2 Vgl. Erklärung der Bundesregierung, der Länder und der kommunalen Spitzenverbände zur Auffindung und zur Rückgabe NS-verfolgungs-

bedingt entzogenen Kulturgutes, insbesondere aus jüdischem Besitz, Dezember 1999. Die Gemeinsame Erklärung gehört zu den Anlagen der Handreichungen 2001, 2007, 2019 und ist online verfügbar unter https://kulturgutverluste.de/sites/default/files/2023-04/Gemeinsame-Erklaerung.pdf, 2023 aktualisiert. – Handreichung zur Umsetzung der »Erklärung der Bundesregierung, der Länder und der kommunalen Spitzenverbände zur Auffindung und Rückgabe NS-verfolgungsbedingt entzogenen Kulturgutes, insbesondere aus jüdischem Besitz«, 7., überarb. Aufl., Bonn/Berlin, 2007. In der gedruckten Fassung sind die Anlagen 1c bis Vc nicht enthalten. Das Deutsche Zentrum Kulturgutverluste stellt auf seiner Homepage eine vollständige Onlineversion zur Verfügung, https://kulturgutverluste.de/sites/default/files/2023-04/Handreichung.pdf.

3 Grundsätze der Washingtoner Konferenz in Bezug auf Kunstwerke, die von den Nationalsozialisten beschlagnahmt wurden. Veröffentlicht im Zusammenhang mit der Washingtoner Konferenz über Vermögenswerte aus der Zeit des Holocaust, Washington, DC, 3. Dezember 1998, https://kulturgutverluste.de/sites/default/files/2023-04/Washingtoner-Prinzipien.pdf.

4 Vgl. [Artikel] Velden, Adolf von den, Dr. phil., in: Herrmann August Ludwig Degener (hg.), Wer ist's. Unsere Zeitgenossen. Biographien von rund 15.000 lebenden Zeitgenossen. Angaben über Herkunft, Familie, Lebenslauf, Veröffentlichungen und Werke, Lieblingsbeschäftigung, Parteiangehörigkeit, Mitgliedschaft bei Gesellschaften, Anschrift. Andere Mitteilungen von allgemeinem Interesse. Auflösung von ca. 3.000 Pseudonymen, 9. Ausgabe, Berlin: Degener, 1928, S. 1.609. – Annett Carius-Kiehne/Andreas Lütjen, Die Bibliothek Adolf von den Velden in der Herzogin Anna Amalia Bibliothek. Projektbericht 14. Juli bis 1. August 2008 [unveröffentlicht], S. 9 mit Hinweis auf: Lothar Mertens, Bildungsprivileg und Militärdienst im Kaiserreich. Die gesellschaftliche Bedeutung des Einjährig-Freiwilligen Militärdienstes für das deutsche Bildungsbürgertum, in: Erziehung und Bildung, 42, 1990, S. 217–228.

5 Vgl. Roman Fischer/Paul Hugger/Gaspard de Marval (hg.), Ernst Lukas von den Velden: »Trotz allem – ein Spießer war ich nicht«. Eine Jugend in Frankfurt 1899–1929, Zürich: Limmat, 2004, S. 174. – Tatsächlich findet sich unter den Büchern auch ein Reiseführer: Alexander Franz Heksch (hg.), Illustrierter Führer durch Ungarn und seine Nebenländer (Siebenbürgen, Croatien, Slavonien und Fiume), Wien/Pest/Leipzig: Hartleben, 1882.

6 Vgl. Das geistige Deutschland am Ende des XIX. Jahrhunderts. Enzyklopädie des deutschen Geisteslebens in biographischen Skizzen, Teil 1: Die bildenden Künstler, Leipzig/Berlin: Röder, 1898, S. 709–710. – Heinrich Weizsäcker/Albert Dessoff (hg.), Biographisches Lexikon der Frankfurter Künstler im neunzehnten Jahrhundert, Frankfurt am Main: Baer, 1909 (= Kunst und Künstler in Frankfurt am Main im neunzehnten Jahrhundert, Bd. 2), S. 164–165.

7 Buffalo City Directory for the year 1881, Buffalo, 1881, S. 701, https://cdm16694.contentdm.oclc.org/digital/collection/VHB011/id/17816/rec/45.

8 Vgl. Weizsäcker/Dessoff (Anm. 6), S. 164. – Hans Vollmer (hg.), Allgemeines Lexikon der bildenden Künstler von der Antike bis zur Gegenwart, begründet von Ulrich Thieme/Felix Becker, Studienausgabe, Bd. 33/34, Leipzig: Seemann, 1999 (Reprint 1939/1940), hier Bd. 34, S. 205.

9 Vgl. Adolf von den Velden, Meine gem[alten] Wand-Teppiche, 1905–1932, Handschrift, 73 S., Herzogin Anna Amalia Bibliothek, Fol 538, https://haab-digital.klassik-stiftung.de/viewer/image/1552420809/2/LOG_0000/.

10 Vgl. Leo Siemens/Uvo Hölscher (hg.), Stammbaum der Familie Siemens, Goslar: Lattmann, 1910.

11 So hieß es in den Frankfurter Nachrichten (20. November 1907): »Bei allen Teppichen handelt es sich um wirklich originelle, den kulturgeschichtlichen, genealogischen und heraldischen Stoff reizvoll zu künstlerischer Wirkung bringende Arbeiten.« In der Darmstädter Zeitung (31. Dezember 1907) war zu lesen: »Der Künstler behandelt in äußerst anschaulicher Weise sein wissenschaftliches Gebiet und bildet so […] einen prächtigen, dekorativ wirkenden Hausschmuck und ein vorzügliches Lehrmittel, welches durch seine Uebersichtlichkeit leicht verständlich ist.« – Vgl. Velden (Anm. 9), die beiden Zeitungsartikel finden sich in der digitalisierten Version unter den »Einlagen«.

12 Die Bibliothek Adolf von den Veldens wurde erstmals 2009 von Andreas Lütjen in einer Publikation ausführlicher beschrieben. Grundlage war ein dreiwöchiges Recherchepraktikum an der Herzogin Anna Amalia Bibliothek, das er im Rahmen seiner Ausbildung an der Bayerischen Bibliotheksschule in München absolviert hatte. Vgl. Carius-Kiehne/Lütjen (Anm. 4) und Andreas Lütjen, NS-Raubgutforschung und Provenienzerschließung. Eine Privatbibliothek aus dem Besitz einer Familie teilweise jüdischer Herkunft an der Herzogin Anna Amalia Bibliothek, in: Bibliotheksdienst, 43, 2009, H. 11, S. 1138–1161.

13 Die Familie von den Velden war ein in und bei Brüssel ansässiges altes Brabanter Geschlecht. Infolge der Besatzung durch den Herzog von Parma im Jahr 1587 übersiedelte die Familie zunächst nach Frankenthal (Pfalz) und 1627 nach Hanau. Ein Teil der Familie ließ sich dann in Frankfurt am Main nieder. Nach Ernst Lukas von den Velden prägten Generationen von Bankiers und Juwelieren die Geschäftstätigkeit der Familie, die es zu einem fundierten Wohlstand gebracht hatte. Vgl. Fischer/Hugger/Marval (Anm. 5), S. 20–21.

14 Vgl. Armin Tille, Der Genealoge und Heraldiker Dr. Adolf von den Velden [Nachruf und Ahnentafel], in: Thüringer Bauernspiegel, 9, 1932, H. 8, S. 250.

15 Vgl. Adolf von den Velden, Wert und Pflege der Ahnentafel. Vortrag, gehalten in der ersten Hauptversammlung am 21. November 1904, in: Mitteilungen der Zentralstelle für deutsche Personen- und Familiengeschichte. Quellen und Darstellungen aus dem Gebiete der Genealogie und verwandter Wissenschaften, 1905, H. 1, S. 17–22.

16 Bericht über die zweite Haupt-Jahresversammlung des Vereins zur Begründung und Erhaltung einer Zentralstelle für deutsche Personen- und Familiengeschichte am 18. November 1905, in: Mitteilungen der Zentralstelle für deutsche Personen- und Familiengeschichte, 1906, H. 2, S. 1–31, hier S. 7–8 (»Äußerung des Ausschußmitgliedes *Dr. Adolf von den Velden*«), das Zitat auf S. 8. Von den Velden betont, sein Vortrag sei »im Vereinsblatt des ›Roland‹ (Archiv für Stamm- und Wappenkunde, Ausgabe A, Roland-Beilage Nr. 39, S. 108) von seiten eines *Dr. K[urt] Klemm* in Groß-Lichterfelde [...] einer Besprechung unterzogen worden, die ich auf das entschiedenste zurückweisen muß« (S. 7).

17 Die Schadow Gesellschaft Berlin e. V. rechnet sie der entfernteren Familie des preußischen Grafikers und Bildhauers Johann Gottfried Schadow (1764–1850) zu, http://schadow-gesellschaft.org/html/genealogie.html. – Vgl. Helmut Marchhart/Dario Frandolič, Die Familien Schadow, in: Dies. (hg.), Kornel Abel – geehrt verfolgt, vergessen ... eine Spurensuche, Innsbruck/Doberdò: [Selbstverlag], 2015, S. 42–47. – In Jacob Jacobsons Verzeichnis wird Else Schadow einer anderen Familie gleichen Namens zugeordnet, vgl. Jacob Jacobson (hg.), Die Judenbürgerbücher der Stadt Berlin 1809–1851. Mit Ergänzungen für die Jahre 1791–1809, Berlin: de Gruyter, 1962, S. 67 (Nr. 89), S. 151 (Nr. 658).

18 Vgl. Marchhart/Frandolič (Anm. 17), S. 37–42, hier S. 42.

19 Vgl. Marchhart/Frandolič (Anm. 17), S. 41; Carius-Kiehne/Lütjen (Anm. 4), S. 6.

20 Weimarer historisch-genealoges Taschenbuch des gesamten Adels jehudäischen Ursprungs. Aufsammlung all' der im Mannesstamme aus jüdischem Geblüt, d. h. aus dem echt orientalischen Rassentypus der (eigentlich unrichtig Israeliten genannten) Juden und Hebraeer hervorgegangenen Adelsfamilien von einst und jetzt, ohne sonderliche Ansehung ihrer eventuell *derzeit* christlichen Konfession oder etwaiger Blutzumischungen durch Einheirat arischer Frauen – vom *Rassenstandpunkte* aus besehen, Erster Jahrgang 1912, Weimar: Kyffhäuser-Verlag, 1912. Es folgten ein zweiter Jahrgang (München 1913) und als dritter Jahrgang der Band Semigothaisches Genealogisches Taschenbuch ari(st)okratisch-jüdischer Heiraten, mit Enkel-Listen (Deszendenz-Verfolgen). Aufsammlung aller adeligen Ehen mit vollblutjüdischen und gemischtblütigen Frauen – und 18 Ahnentafeln (München 1914).

21 Philipp Stauff (hg.), Semi-Kürschner oder Literarisches Lexikon der Schriftsteller, Dichter, Bankiers, Geldleute, Ärzte, Schauspieler, Künstler, Musiker, Offiziere, Rechtsanwälte, Revolutionäre, Frauenrechtlerinnen, Sozialdemokraten usw., jüdischer Rasse und Versippung, die von 1813–1913 in Deutschland tätig oder bekannt waren. Unter Mitwirkung von völkischen Verbänden, von Gelehrten, Künstlern, Geistlichen, rechts stehenden Politikern, Juristen, Agrariern, Handwerkern, Industriellen, Kaufleuten, von Männern und Frauen des In- und Auslandes, Bd. 1, Berlin-Lichterfelde: [Selbstverlag], 1913, Sp. 44.

22 Stauff (Anm. 21), S. XXV: »WM = weitere Mitteilung erbeten«.

23 Vgl. Gregor Hufenreuter, »... ein großes Verzeichnis mit eingestreuten Verbrechern«. Zur Entstehung und Geschichte der antisemitischen Lexika Semi-Kürschner (1913) und Sigilla Veri (1929–1931), in: Jahrbuch für Antisemitismusforschung, 15, 2006, S. 43–63, hier S. 43.

24 Vgl. hierzu das einschlägige Vorwort »Zur Bedrückung des Buchhandels durch das Judentum« im ersten Jahrgang des Weimarer historisch-genealogen Taschenbuchs (Anm. 20, ohne Seitenzahl): »Die sog. schöne Literatur und das Zeitungsfach sind von Juden überschwemmt. [...] Die ›deutschen‹ Talente aber werden unterdrückt und ›totgeschwiegen‹ oder sie stellen sich ums liebe Brot in den Dienst Judas und lassen sich geduldig vor dessen Triumphwagen spannen. [...] Nur wenige Blätter sind noch judenrein. Im Verlagsbuchhandel ists noch besser, doch kaufen die jüd. Verleger die noch bestehenden arischen dutzendweis auf [...]. Traurig

genug ist es, daß weiten Kreisen jedes Gefühl und Verständnis für die Schmach geschwunden scheint, die uns da tagtäglich angetan wird.«

25 Vgl. Hufenreuter (Anm. 23), S. 45. Hufenreuter verweist auf folgende Quelle: Adolf Bartels: An die Mitglieder des Deutschvölkischen Schriftsteller-Verbandes, gedrucktes Rundschreiben vom 20. September 1914, Goethe- und Schiller-Archiv, GSA 147/64.

26 Adolf von den Velden, [Rezension] Semigotha, in: Familiengeschichtliche Blätter. Monatsschrift zur Förderung der Familiengeschichtsschreibung, 11, 1913, H. 8, S. 133–134, hier S. 134.

27 Vgl. Hufenreuter (Anm. 23), S. 43, 52, 55.

28 Vgl. Rüdiger Haufe, Else von den Velden und Esther Abel. Der Verfolgung schutzlos ausgeliefert, in: Ulrich Völkel (hg.), Stolperstein-Geschichten Weimar. »Erinnerung gibt Leben zurück. Sie ist der Nährboden für künftiges Handeln«, Weimar: Eckhaus Verlag, 2016, S. 114–116, hier S. 116. – Marchhart/Frandolič (Anm. 17), S. 60.

29 Einwohnerbuch der Stadt Weimar und ihres Wirtschaftskreises, Ausgabe 1939/1940, Weimar: Dietsch & Brückner, 1939, S. 131.

30 Landesarchiv Thüringen – Hauptstaatsarchiv Weimar, LATh – HStAW OFP 720–1378/79 und OFP 720–0003/04. – Vgl. Carius-Kiehne/Lütjen (Anm. 4), S. 4.

31 Marchhart/Frandolič (Anm. 17), S. 61.

32 Vgl. Erika Müller/Harry Stein, Jüdische Familien in Weimar vom 19. Jahrhundert bis 1945. Ihre Verfolgung und Vernichtung, Weimar: Stadtmuseum, 1998, S. 139.

33 Vgl. Haufe (Anm. 28), S. 116. – Müller/Stein (Anm. 32), S. 164.

34 Vgl. Carsten Liesenberg/Harry Stein (hg.), Deportation und Vernichtung der Thüringer Juden 1942, 3. Aufl., Erfurt: Landeszentrale für Politische Bildung Thüringen, 2014 (zuerst 2012), S. 27–33.

35 Mitteilung der Stadtverwaltung Weimar, Organisationseinheit Friedhof, vom 24. Februar 2009 an A. Plontke-Lüning, Jena. – Vgl. Marchhart/Frandolič (Anm. 17), S. 60 und S. 66. 2023 ergänzt.

36 Vgl. Haufe (Anm. 28), S. 116. – Marchhart/Frandolič (Anm. 17), S. 60.

37 Vgl. Joseph Walk (hg.), Das Sonderrecht für die Juden im NS-Staat. Eine Sammlung der gesetzlichen Maßnahmen und Richtlinien – Inhalt und Bedeutung, Heidelberg/München/Landsberg/Frechen/Hamburg: Müller, 2013 (Reprint 2. Aufl., 1996), S. 362 [IV 298]: Verbot der Benutzung öffentlicher Fernsprechstellen durch Juden (Anordnung, Reichsführer SS und Chef der Deutschen Polizei).

38 Walk (Anm. 37), S. 363 [IV 306]: Keine Kuchenabgabe an Juden und Polen (Verfügung, Leiter der Parteikanzlei).

39 Walk (Anm. 37), S. 364 [IV 308]: Halten von Haustieren (Anordnung).

40 Walk (Anm. 37), S. 364 [IV 310]: Zeitungsbezug durch Juden (Anordnung, Reichssicherheitshauptamt).

41 Walk (Anm. 37), S. 347 [IV 229]: Polizeiverordnung über die Kennzeichnung der Juden (Verordnung, Reichsministerium des Innern).

42 Walk (Anm. 37), S. 366 [IV 316]: Kennzeichnung der Wohnungen von Juden (Erlass, Reichssicherheitshauptamt).

43 Vgl. Marion Kaplan, Der Mut zum Überleben. Jüdische Frauen und ihre Familien in Nazideutschland, Berlin: Aufbau-Verlag, 2001, S. 255–284. Der Begriff des »sozialen Todes« wird von Marion Kaplan in diesen Kontext eingebracht, die ihn aus einer Studie von Orlando Patterson bezieht. Vgl. Orlando Patterson, Slavery and social death. A comparative study, Cambridge/London: Harvard University Press, 1982. – Vgl. auch Christian Goeschel, Selbstmord im Dritten Reich, Berlin: Suhrkamp, 2011, S. 150 und zusammenfassend S. 181–183.

44 Vgl. Goeschel (Anm. 43), S. 168.

45 Vgl. Goeschel (Anm. 43), S. 182.

46 Vgl. Testament Else von den Velden geb. Schadow vom 15. Oktober 1935, Abschrift mit Nachtrag, 4. Februar 1942, Landesarchiv Thüringen – Hauptstaatsarchiv Weimar, LATh – HStAW OFP 720–0022; Testament Esther Abel geb. von den Velden, Abschrift, 2. Februar 1942, LATh – HStAW OFP 720–0023.

47 Kurze neue Nachrichten, zusammengestellt von Joris Vorstius, in: Zentralblatt für Bibliothekswesen, 56, 1939, H. 5, S. 273.

48 Werner Deetjen an »Frau Professor v.d. Velden«, 3. Mai 1939, Goethe- und Schiller-Archiv, GSA 150/B559.

49 Wertgutachten von Michael Solder, 12. November 2012.

50 Vgl. Aleida Assmann, Das Gedächtnis der Dinge, in: Alexandra Reininghaus (hg.), Recollecting. Raub und Restitution. Anlässlich der Ausstellung »Recollecting. Raub und Restitution« im MAK Wien, 3. Dezember 2008 – 15. Februar 2009, Wien: Passagen Verlag, S. 143–150, hier S. 144–145, Abschnitt »Die Bürokratie des Todes«.

51 Vgl. Zugangsbücher der Thüringischen Landesbibliothek, Einträge Januar 1936, Herzogin Anna Amalia Bibliothek, Loc A:200.1933, sowie Einträge Februar bis Mai 1939, Loc A:200.1938.

52 Vgl. Volkhard Knigge, Gesellschaftsverbrechen erinnern. Zur Entstehung und Entwicklung des Konzepts seit 1945, in: Volkhard Knigge/Ulrich Mählert (hg.), Der Kommunismus im Museum. Formen der Auseinandersetzung in Deutschland und Ostmitteleuropa, Köln/Weimar/Wien: Böhlau, 2005, S.19-30.

53 Vgl. Herbert Jäger, Verbrechen unter totalitärer Herrschaft. Studien zur nationalsozialistischen Gewaltkriminalität, Frankfurt am Main: Suhrkamp, 1982, insbesondere den Aufsatz Gedanken zur Kriminologie kollektiver Verbrechen (1980), S. 380–389.

54 Vgl. Christina Köstner, Verlorene Bücher, in: Reininghaus (Anm. 50), S. 157–161, hier S. 158.

55 Vgl. Susan M. Pearce, Museums, objects and collections. A cultural study, Leicester/London: Leicester University Press, 1992, S. 68–88.

56 Assmann (Anm. 50), S. 148–149, hier S. 149.

57 Assmann (Anm. 50), S. 148–149, hier S. 148.

58 Vgl. Michaela Scheibe, Standards in der Provenienzerschließung – Bericht aus der Arbeitsgemeinschaft Handschriften und Alte Drucke in der Sektion IV des DBV, UAG Provenienzforschung und Provenienzerschließung, in: Zeitschrift für Bibliothekswesen und Bibliographie, 61, 2014, H. 6, S. 367–375. – Jürgen Weber: »*Contextual Evidence*« – NS-Raubgut und die Neuausrichtung der Provenienzforschung. Zur Erschließung verdeckter Nutzungskontexte im Umfeld des Bücherraubes, in: Zeitschrift für Bibliothekswesen und Bibliographie, 62, 2015, H. 5, S. 262–270.

59 Vgl. Seite »Liste der Stolpersteine in Weimar«, Bearbeitungsstand: 21. September 2023, in: Wikipedia – Die freie Enzyklopädie, https://de.wikipedia.org/wiki/Liste_der_Stolpersteine_in_Weimar ; https://www.stolpersteine.eu/. Vgl. Haufe (Anm. 28), S. 114–116.

60 Vgl. Michael Baar, Schicksale, die berühren und nach wie vor viele Fragen aufwerfen – Patenschaften für Stolpersteine, in: Thüringer Allgemeine, 10. November 2016.

Aus dem Louisenzimmer im Residenzschloss ins Tiefmagazin unter den Platz der Demokratie

Raumreferenzen am Modell der Weimarer Faust-Sammlung

Abstract *Bei der Erschließung und Erforschung der Weimarer Faust-Sammlung standen bislang bibliografische, motivgeschichtliche und konservatorische Aspekte im Vordergrund, etwa bei der Erstellung einer Bibliografie 1966–1976, bei der Katalogisierung, Mikroverfilmung und Digitalisierung 2006–2014 und auch bei der Auswahl der Objekte für die Präsentation in Ausstellungen in Weimar seit 1956. Räumliche Aspekte der fünf Standortwechsel allein innerhalb der Weimarer Institutionen wurden nicht eigens betrachtet. Der Auszug aus dem Goethe- und Schiller-Archiv und die Etablierung an zentralem, repräsentativem Ort im Residenzschloss nahe der Generaldirektion der Nationalen Forschungs- und Gedenkstätten der klassischen deutschen Literatur Mitte der 1950er-Jahre eröffnete erfolgversprechende Möglichkeiten für die Inszenierung und den Gebrauch der Sammlung für die institutspolitischen Ziele der neu gegründeten Zentralbibliothek der deutschen Klassik.*

The indexing and research of the Weimar Faust collection has so far focused on bibliographical, motif-historical and conservation aspects, for example in the compilation of a bibliography 1966–1976, in the cataloguing, microfilming and digitisation 2006–2014 and also in the selection of objects for presentation in exhibitions in Weimar since 1956. Spatial aspects of the five changes of location in Weimar have not been addressed in these contexts. The move out of the Goethe- and Schiller-Archive and its establishment in a central, representative location in the Residential Palace near the General Directorate of the National Research and Memorial Sites of Classical German Literature in the mid-1950s opened up promising options for the staging and utilisation of the collection for the institutional policy goals of the newly founded Central Library of German Classics.

Raum und Sammlung als Beziehungsgefüge

In der Bibliotheksarchitektur hat sich vergleichbar den Wohn- und Sakralbauten eine eigene Bautypologie herausgebildet, deren funktionale Verflechtung mit dem Sammlungsmanagement in etlichen Kompendien dargelegt wird. Im *Praxishandbuch Bibliotheksbau* (2016) wird z.B. der Neubau der Seattle Public Library 2004 als ein herausragendes Beispiel für die Interdependenz von Raumkonstitution und Präsenz der Sammlungen beschrieben.[1] Unter der Überschrift »High-Tech Bibliophilia« berichtet *The New Yorker* über einen frei zugänglichen Magazinkomplex, der sich in der Mitte des elfstöckigen Gebäudes über vier Etagen in Form einer Spirale aufbaut. Dazu heißt es erläuternd:

> »The architects saw that in most older libraries, where books are stored on rows of shelves on separate floors, collections are arbitrarily broken apart, depending on the amount of space available on each floor. But since the Dewey Decimal System is a continuous series of numbers, they reasoned, why couldn't books be stored on a continuous series of shelves? And what if the shelves wound up and up, in a spiral? They saw that it was possible to design stacks in the manner of a parking garage, with slanted floors joined in a series of zigzagging ramps.«[2]

So bildet die Sammlung über vier Etagen hin eine Art fortlaufendes Band, auf dem die einzelnen Fachgebiete in Relation zueinander zwar mehr oder weniger Raum einnehmen, Brüche in der Buchaufstellung aber vermieden werden. Die Vorteile dieser Konstruktion liegen auf der Hand: Neu erworbene Medien können flexibel durch Verschieben der Buchaufstellung auf dem Band integriert werden, an dem sich die Leserinnen und Leser beim Recherchieren und Stöbern entlang der Sammlung orientieren.

Räume sind Resultate sozialer Prozesse, so lautet eine Kernthese der Soziologie seit den 1990er-Jahren. Wie Martina Löw in ihren Arbeiten zur Raum- und Stadtsoziologie ausführt, ist dies nicht nur in dem Sinne gemeint, dass es Professionen gibt, die diese Räume planen und gestalten. Vielmehr werden Räume für Menschen nur dadurch zu Räumen, dass sie auch als soziale Gebilde hergestellt werden.

Löw führt zur Beschreibung solcher raumbildenden Praktiken einen relationalen Raumbegriff ein, der auf Herstellungs- und Aneignungsprozesse von Räumen Bezug nimmt und, handlungsanalytisch betrachtet, so etwas wie

Synthese- und Platzierungsleistungen voraussetzt. Löw veranschaulicht diese Prozesse folgendermaßen: »Im Moment der Platzierung bilden wir Relationen zwischen Dingen (und Klassen von Dingen) mit dem Ergebnis, dass wir diese Dinge oder Elemente zu einer Gestalt verbinden«, z.B. Linien auf der Karte einer Region oder ein Arrangement aus Tisch, Stuhl und Bücherregal.[3] Aus soziologischer Sicht, so stellt sie klar, sei dies weder ein einfacher kognitiver Akt noch ein reines Wahrnehmungsphänomen, sondern vollziehe sich sozial vorstrukturiert durch Institutionen, Konventionen und Diskurse. Das gelte auch für Raumformen, die nicht als Territorium oder Container vorgestellt werden, wie z.B. Netzwerke.

Der springende Punkt hierbei ist die von Löw formulierte Einsicht, dass ebenso wie ökonomische, rechtliche und politische Strukturen auch räumliche Strukturen zu dem Strukturgeflecht gehören, das eine Gesellschaft prägt. Raum sei eine zentrale Ressource im gesellschaftlichen Leben, deren Verfügbarkeit in der Praxis Ergebnis von Aushandlungsprozessen sei, die von vielfältigen Interessenskämpfen, Ausgrenzungs- und Anerkennungsstrategien bestimmt seien.[4]

Wie die Buchspirale der Seattle Public Library zeigt, bilden Raum und Sammlung ein enges Beziehungsgefüge. Mit Blick auf den Konstruktionscharakter sozialer Räume erscheint die Sammlung hier als eine Verdichtung räumlicher Strukturen. Ein solches Gefüge auf raumbildende Praktiken hin näher zu untersuchen, verspricht nun auch Aufschlüsse darüber, wie wir Sammlungen in ihren Herstellungs- und Aneignungsweisen und damit in ihren variablen Verwendungszusammenhängen konzeptualisieren.

Bei der Erschließung und Erforschung der Weimarer Faust-Sammlung standen bislang bibliografische, motivgeschichtliche und konservatorische Aspekte im Vordergrund, etwa bei der Erstellung einer Bibliografie 1966–1976, bei der Katalogisierung, Mikroverfilmung und Digitalisierung 2006–2014 und auch bei der Auswahl der Objekte für die Präsentation in Ausstellungen in Weimar seit 1956. Räumliche Aspekte wurden in diesen Zusammenhängen nicht thematisiert, obwohl sechs Standortwechsel – nämlich aus der Wohnung des Leipziger Chirurgen Gerhard Stumme über das Weimarer Residenzschloss ins Tiefmagazin unter den Platz der Demokratie – einen veränderten Umgang mit der Sammlung anzeigten.

Es ist merkwürdig: Obwohl wir es in der Bibliothekspraxis durchgehend mit Raumphänomenen zu tun haben, findet die Konstitution von Sammlungsräumen in der Erschließung, wie im Folgenden näher auszuführen ist, praktisch keine Berücksichtigung.

Sammlungserschließung: Standorte ohne Räume

Die Erschließung von Sammlungen geht in der Regel von der Strukturebene aus. Analysiert werden Materialien, Umfang und Inhalte einer Sammlung, die Entstehungs-, Gebrauchs- und Überlieferungskontexte sowie die Beziehungen, in denen die Sammlung zu anderen Sammlungen steht. Außerdem werden die administrativen Bedingungen dokumentiert, unter denen eine Sammlung inventarisiert, gelagert und zugänglich gemacht wird. Dieses Kategorienset geht auf Michael Heaneys Konzeption sammlungsspezifischer Erschließung zurück, die 2000 unter dem Titel *An analytical model of collections and their catalogues*[5] im Auftrag des United Kingdom Office for Library and Information Networking (UKOLN) erschienen ist. Ziel war es, einen Standard für die Konstruktion von Sammlungsdatensätzen zu schaffen, mit deren Hilfe die spezifischen Eigenschaften von Sammlungen dokumentiert werden können, und zwar unabhängig davon, ob es sich um Sammlungen in Bibliotheken, Archiven und Museen handelt, und unabhängig auch davon, ob diese in physischer oder digitaler Form vorliegen. Das gilt sogar für Kataloge, die als Datensammlungen in gleicher Weise erschlossen werden können, gleichgültig ob sie in Band- oder Zettelform oder elektronisch geführt werden. Heaneys Konzeption gilt heute als das Leitmodell der modernen Sammlungsbeschreibung. 2005 hat Heaney seine Konzeption um die Analyse von Strukturen der Transaktionen zwischen Nutzer und Institution erweitert.[6]

Heaney berücksichtigt auch Raumvorstellungen. So gehört zur Minimaldefinition einer Sammlung, dass die Sammlung in jemandes Besitz ist, verwaltet wird und einen Ort hat.[7] Unter dem Ort versteht er ein physisches oder elektronisches Speichermedium oder Repositorium, das über eine Adresse identifiziert werden kann.[8]

In der einleitenden Passage seiner Studie hat Heaney diesen ortsbezogenen, containerartigen Raumbegriff bei Sammlungen mit dem Bild der Informationslandschaft flankiert. In dieser Landschaft, so führt er aus, ragen einzelne Sammlungen wie auf einer Konturenkarte durch markante Eigenschaften hervor und markieren Bergspitzen, die im Rechercheprozess zugleich Orientierungsmarken darstellen.[9] Diese Analogie bezieht sich zwar nicht auf die Konstitution von Sammlungsräumen, sondern auf methodische Aspekte zur Auffindung solcher Bergspitzen. Doch hier wie dort werden Räume mit Orten gleichgesetzt.

Die Fixierung auf den Ortsbezug ist in der bibliothekarischen Erschließung nicht neu, auf Katalogebene begegnet er uns z.B. in Form traditioneller

Standortkataloge. Standortkataloge ordnen die verzeichneten Objekte einer Sammlung schlicht nach der Signaturenfolge, wobei hierbei die einzelnen Objekte, nicht die Sammlung als Ganze im Blick sind. Der Katalog wurde als internes Verwaltungsinstrument zur Signaturenvergabe und Revision der Bestände am Standort, dem Regal, herangezogen, daher wird er in der Fachliteratur gern auch als »Spiegelbild der Aufstellung« umschrieben. Rolf Kluth weist im *Handbuch der Bibliothekspraxis* (1979) darauf hin, dass der Standortkatalog »früher der Grundkatalog der Bibliothek« war. So enthielt er auch Angaben, die nicht in die Benutzerkataloge übernommen wurden, etwa erwerbungs- und provenienzrelevante Daten, z.B. Lieferanten und Kaufpreise.[10] Mit der Einführung der EDV-gestützten integrierten Katalogsysteme hat der Standortkatalog jedoch seine Bedeutung für die Praxis verloren und wurde seit den 1970er-Jahren abgeschafft.

Bibliothekarische Erschließungskonzepte, soviel wird aus den vorangehenden Ausführungen deutlich, betrachten den Sammlungsraum lediglich unter dem Ortsbezug. Die Gleichsetzung von Raum und Ort oder genauer die Reduktion von Raum auf den Ort lässt jedoch eine Vielzahl raumkonstitutiver Aspekte außer Acht, z.B. die Anordnung und Konstellationen der raumstrukturierenden Objekte und deren symbolische Codierungen oder die Hierarchien von Sammlungsräumen und deren Kontrolllogiken. Auch auf Sammlungen, die als Netzwerk vorgestellt werden, ist der auf den Ort reduzierte Raumbegriff nicht anwendbar.

Dieses Beispiel des Fehlens einer fundamentalen Kategorie in der wissenschaftlichen Dokumentation von Sammlungen weist uns eindrücklich auf die Modalität von Erschließungskonzepten hin: Sammlungserschließung sagt weniger darüber aus, was eine Sammlung ist, als vielmehr darüber, wie wir eine Sammlung in der wissenschaftlichen Praxis konzeptualisieren und verwenden. Darauf macht Heaney selbst aufmerksam, wenn er im Titel seiner Abhandlung von einem »Modell« von Sammlungen spricht. Folgt man Heaneys Ausführungen, vollziehen wir mit der Sammlungserschließung tatsächlich eine Art Modellbildung. Denn in der Sammlungserschließung wird ein Objekt weniger als einzelnes Objekt betrachtet als vielmehr als Teil eines Ensembles, das Gegenstand des wissenschaftlichen Erkenntnisprozesses ist. Seine epistemische Funktion im Erkenntnisprozess liegt darin, dass es als einzelnes Objekt mit anderen Objekten eine Gruppe bildet.[11] Gruppen- oder sammlungsspezifische Beschreibungen beziehen sich daher auf einzelne Objekte nur insofern, als sie Elemente einer Gruppe und damit im Sinne Heaneys ein Modell repräsentieren, nämlich dasjenige Modell, das wir uns in Form der Sammlungsbeschreibung von der Sammlung machen. Die epistemische Funktion der Sammlung als materielles oder auch digitales Modell liegt dann darin, dass sie z.B. als Lehrmodell für didaktische Aufgaben oder als Repräsentationsmodell zur Generierung und Veranschaulichung von Forschungsleistungen genutzt wird.

Sofern eine Sammlung als Modell verstanden und angewendet wird, wird sie in ihrer Zusammensetzung zwar nicht unterschiedlich perzipiert, wohl aber je nach Modelltyp unterschiedlich konzeptualisiert. Das soll im nächsten Schritt anhand der Übernahme von Gerhard Stummes Faust-Sammlung 1954 durch die Nationalen Forschungs- und Gedenkstätten der klassischen deutschen Literatur in Weimar (NFG), deren Integration in die Zentralbibliothek der deutschen Klassik und weitere Inanspruchnahme für institutspolitische Zwecke dargelegt werden. Leitender Gesichtspunkt werden dabei die Raumreferenzen sein, die uns helfen, die Verwendungszusammenhänge der Sammlung zu analysieren und die Sammlung als Modell typologisch einzuordnen und zu dokumentieren.

Analyse der Raumreferenzen am Modell der Weimarer Faust-Sammlung

Im Aprilheft 1968 der *DDR-Revue* erschien ein Beitrag des Direktors der Zentralbibliothek der deutschen Klassik, Hans Henning (1927–2015), über die Faust-Sammlung in Weimar. Es heißt dort einleitend:

> »Die Zeugen der Weltliteratur, die sich mit der historischen Gestalt des ewig nach Erkenntnis suchenden Dr. Faustus beschäftigen, reichen bis in das 16. Jahrhundert zurück. Ein Osterspaziergang der Gegenwart führt in die Goethestadt Weimar zum Schloß Wilhelmsburg, dessen das Stadtbild beherrschender Turm uns dorthin leitet, wo wir all diese Zeugen der Weltliteratur finden: in das Gebäude der Direktion der Nationalen Forschungs- und Gedenkstätten der klassischen deutschen Literatur, zur Zentralbibliothek der deutschen Klassik.«[12]

Mit dieser Wegbeschreibung nähern sich die Besucherinnen und Besucher der Faust-Sammlung von der Peripherie her gesehen in einer Weise, welche die Sammlung als eine zentrale Ressource der NFG auszeichnet, sie ist im Zentrum der NFG und der Zentralbibliothek der deutschen Klassik positioniert.

Der Sammlung wächst damit schon von der Lage her, vergleichbar Heaneys Bild der Informationslandschaft, eine gewichtige Bedeutung zu, die – glaubt man dem Anrisstext zu Hennings Beitrag im Inhaltsverzeichnis im Umschlag der *Revue* – »alljährlich Anziehungspunkt für Tausende Touristen ist.«

Weimar galt in der DDR als nationaler Erinnerungsort von internationaler Bedeutung. Der Artikel in der *Revue* bringt den Ort Weimar und die Faust-Sammlung in unmittelbaren Zusammenhang, beiden wird bis heute in etlichen Publikationstiteln ein hoher Symbolwert und der Charakter eines Mythos zugeschrieben. Tatsächlich schien die Faust-Sammlung wie geschaffen dafür zu sein, den mit der Gründung der NFG am 6. August 1953 verbundenen Forschungs- und Bildungsauftrag zu propagieren: Zum einen sollte es um »Erbepflege« des Weimarer Kulturbestandes durch Aufbau einer Forschungsinfrastruktur für Erschließungsvorhaben, z.B. Bibliografien und Editionen, gehen, zum anderen um einen nationalpädagogischen Auftrag zur Klassikerpopularisierung, z.B. durch Publikationen, Führungen und Ausstellungen.[13]

Helmut Holtzhauer (1912–1973), der erste Direktor der NFG, sprach im Ergebnis der Führungen, Vorträge und Kurse sogar von einer »Universität eigener Art«, die die Historikerin Ingeborg Cleve in ihrer Analyse der Gründungsphase der NFG auch als einen »Bildungs- und Erlebnisraum eigener Qualität« charakterisiert.[14] Die gewachsene ökonomische und kulturpolitische Bedeutung dieser Vermittlungsbemühungen fand ihren Ausdruck in der Besucherstatistik der ersten zwanzig Jahre mit 10 Mio. Besuchern.[15] Die *Revue* erschien monatlich in sieben Sprachen und war als eine Art Schaufenster für den Westen konzipiert. Dass in dieser propagandistischen Leistungsschau für die NFG nun die Faust-Sammlung zum Zuge kam, musste für Henning und die sich ja noch im Aufbau begriffene Zentralbibliothek auch institutspolitisch von Bedeutung sein. Denn bei ihrer Positionsbestimmung in Abgrenzung zu den beiden Leitinstitutionen, Goethe-Nationalmuseum und Goethe- und Schiller-Archiv, musste sich die Zentralbibliothek einerseits als Spezialbibliothek eigenen Typs vom Archiv, das sie gerade als dessen ehemalige Institutsbibliothek entlassen hatte, lösen und andererseits in Sichtweite und Konkurrenz zur alten Thüringischen Landesbibliothek behaupten. Der Ankauf der Faust-Sammlung 1954 von dem international bekannten Leipziger Bibliophilen Gerhard Stumme (1871–1955) war folglich auch bei den Aushandlungsprozessen zur Übernahme zentraler Raumressourcen durch die Bibliothek im Residenzschloss von Vorteil.

Die Kontakte Stummes, den Verkauf seiner Sammlung betreffend, reichten allerdings bis in das Jahr 1951 zurück in die Zeit vor Gründung der NFG.

Durch Vermittlung von Gerhard Scholz (1903–1989), dem Leiter des Goethe- und Schiller-Archivs und Goethe-Nationalmuseums in der Nachfolge von Hans Wahl (1885–1949), hatte die Faust-Sammlung bereits den Rang einer nationalen Forschungsaufgabe erlangt. Stumme hatte im Juni 1952 von der Forschungsleitstelle des Prorektorats für Forschung an der Karl-Marx-Universität Leipzig unter dem Kennwort »Faust-Katalog« einen Forschungsauftrag erhalten, der aus Mitteln des Berliner Staatssekretariats für Hochschulwesen bis Mitte 1955 finanziert wurde.[16] Scholz hatte bereits konkrete Pläne für eine Publikation Stummes über dessen 66-jährige Sammlerzeit in autobiografischer Form entwickelt, auch der Ankauf der Sammlung war vorgesehen. In einem internen Vermerk der Verwaltung der NFG hieß es 1953 hierzu: »Das Staatssekretariat macht den von Prof. Scholz beabsichtigten Erwerb der Faust-Sammlung von der Bereitstellung entsprechender Räume in Weimar abhängig.«[17] Damit war der Finger auf die kritischen Raumressourcen gelegt, deren Beschaffung die Bibliothek über Jahrzehnte beschäftigen sollte. Während man für die Finanzierung des Ankaufs der Sammlung im Zusammenspiel der Weimarer und Berliner Kulturbürokratie durchaus flexibel zu agieren in der Lage war und den Ankaufsbetrag in eine Leibrente für das Ehepaar Stumme umwandelte,[18] musste die Sammlung bis zur Magazinierung unter dem Platz der Demokratie allein in Weimar fünf Umzüge ertragen.

Stumme ließ übermitteln, dass die Sammlung unter dem Namen »Sammlung Dr. Stumme« vollständig erhalten bleiben und im Archiv geschlossen aufgestellt werden solle.[19] Der Kaufvertrag wurde am 19. August 1954 unterzeichnet.[20] Stumme starb ein Jahr später, die Überführung der Sammlung nach Weimar erlebte er nicht mehr.

Stumme hatte die Bibliothek auf 133 laufenden Regalmetern aufgestellt, wie er Henning noch im Juni 1955 mitteilte, auch die Regale bot er zur Übernahme an.[21] In seiner Autobiografie hebt er hervor, dass die Etablierung eines Sammlungsraums 1904 in seiner Leipziger Wohnung für seine Sammlertätigkeit konstitutiv war: »Mit meiner Niederlassung Anfang 1904 in Leipzig fanden meine Lehr- und Wanderjahre ihr Ende. Da Seßhaftigkeit eine Grundbedingung zum Sammeln ist, konnte ich bald an die Aufstellung meiner seit fast fünf Jahren in Kisten ruhenden Bücher und an die Anfertigung eines Zettelkataloges gehen.«[22] Der Transport der Sammlung und der Regale nach Weimar war am 17. und 19. Oktober 1955 vorgesehen.[23] Anfang 1955 ist entschieden, dass die Zentralbibliothek mit der Kuratierung der Sammlung beauftragt wird,[24] und die Sammlung wird in einem runden Raum im Erdgeschoss des Residenzschlosses auf den Regalen aus Stummes Wohnung aufgestellt.

Bereits wenige Wochen nach dem Transport präsentiert Henning im November 1955 ein knapp dreiseitiges Konzept unter dem Titel »Zukünftige Entwicklung der Bibliothek« mit einem Anhang »Übersicht über die Unterbringungsmöglichkeiten in den einzelnen Räumen unter Berücksichtigung ihrer Belastungsmöglichkeiten«.[25] Danach war die Zentralbibliothek seit der Verlagerung aus dem Archiv 1954 ins Parterre mit 23.000 Bänden »rechts von der Toreinfahrt« und in der ersten Etage mit 4.000 Bänden für den Ausleihraum untergebracht. Henning rechnet in den nächsten Jahren mit einem Zuwachs von 40.000 Einheiten und schlägt vor, Räume nun auf allen fünf Etagen bis zum Dachboden des Südflügels zu belegen. Dadurch »erhielte die Bibliothek weitere Entwicklungsmöglichkeiten und einen abgeschlossenen Gebäudeteil« mit einer Kapazität für 100.000 Bände – also einer Vervierfachung des Bestandes innerhalb weniger Jahre – mit nur noch einem Zugang durch den Ausleihraum.

Seine konzeptionellen Vorstellungen zur Etablierung der Bibliothek legt Henning der Fachöffentlichkeit Anfang 1957 in einem Beitrag für den *Bibliothekar* ausführlicher dar. Er charakterisiert die Zentralbibliothek als Institutsbibliothek mit Präsenzcharakter, welche die Arbeit der übrigen Institute der NFG flankiert, und nimmt für sie zugleich die Rolle einer »Spezialbibliothek für die klassische deutsche Literatur mit einer Sonderstellung unter den wissenschaftlichen Bibliotheken Deutschlands« in Anspruch.[26] Diese Alleinstellung auf nationaler Ebene leitet er aus der vorgeblich 70-jährigen Tradition der Institution her: »Ihre Geschichte läßt sich, wie die des Goethe- und Schiller-Archivs, um sieben Jahrzehnte zurückverfolgen, da in ihr die Bibliothek der Goethe-Gesellschaft, des Goethe-Nationalmuseums und des Goethe- und Schiller-Archivs aufgegangen sind.« Mit der Verlegung der Bibliothek aus dem Goethe- und Schiller-Archiv ins Weimarer Schloss beginne für ihn nun »der eigentliche Neuaufbau«.[27]

Ende 1957 wird die Ankunft der Faust-Sammlung schließlich auch mit der ersten, aufwendig gestalteten Jahresgabe der NFG gewürdigt: Gerhard Stummes Erinnerungen *Meine Faust-Sammlung*, die von Henning redigiert und mit einer Auswahl an Abbildungen illustriert worden waren. Das letzte Foto auf Seite 105 gewährt einen »Blick in die Faust-Sammlung der Zentralbibliothek der deutschen Klassik«. Dort sehen wir die Sammlung auf den Regalen aus Stummes Wohnung in einem runden Raum im Erdgeschoss des Weimarer Stadtschlosses (Abb. 1).

Abb. 1: Aufstellung der »Bibliotheca Faustiana« der Zentralbibliothek der deutschen Klassik im Erdgeschoss des Residenzschlosses (1957)

Klassik Stiftung Weimar, Fotothek

Die Faust-Sammlung und damit die Zentralbibliothek, so signalisiert das Foto, sind an ihrem neuen, repräsentativen Standort angekommen. Henning selbst spricht im Vorwort von einer »Bibliotheca Faustiana« aus der Vereinigung der Sammlungen Gerhard Stummes (mit 10.500 Bänden) und Alexander Tilles (mit 500 Bänden), und er lässt nicht unerwähnt, dass in den Mansardenräumen in Goethes Wohnhaus »die schönsten und wichtigsten Exemplare in einer ständigen Ausstellung« präsentiert werden.[28] Bezogen auf Martina Löws Überlegungen zur sozialen Konstruktion von Räumen kann man sagen, dass mit dieser räumlichen Konstellation keine Dislozierung und Fragmentierung verbunden sein müssen. Vielmehr werden der Sammlungsraum und die kulturelle Wirksamkeit der vereinigten Faust-Sammlungen bis ins Goethe-Nationalmuseum aufgespannt.[29]

Den Reigen der Umzüge im Schloss eröffnete die Verlagerung der Sammlung aus dem Erdgeschoss in das so genannte Louisenzimmer oder auch Runde Zimmer in der ersten Etage, wie es in zeitgenössischen Bildbänden genannt wurde (Abb. 2).[30]

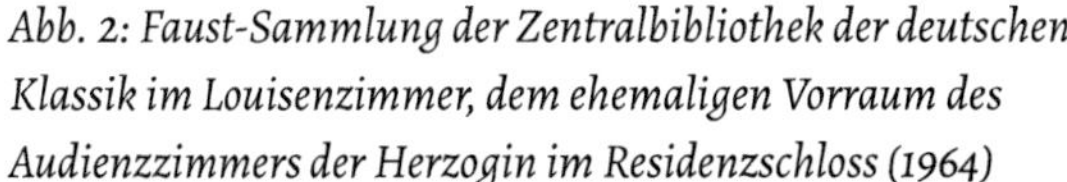

Abb. 2: Faust-Sammlung der Zentralbibliothek der deutschen Klassik im Louisenzimmer, dem ehemaligen Vorraum des Audienzzimmers der Herzogin im Residenzschloss (1964)

Klassik Stiftung Weimar, Fotothek

Der Raum, ursprünglich Warte- und Vorraum zum Audienzzimmer von Herzogin Louise, der Gemahlin von Carl August, gilt mit den für das Schloss exzeptionellen Stuckverzierungen als künstlerisch anspruchsvoll.[31] Doch wie schon im Erdgeschoss wirkt die Sammlung auch hier deplatziert. Im Laufe der nächsten Jahre wird die Sammlung mehrfach umgelagert (siehe auch Abb. 3) und 2005 schließlich ins Tiefmagazin unter den Platz der Demokratie transportiert, wo sie auf Kompaktregalanlagen, abgeschirmt von der Öffentlichkeit, deponiert wird.

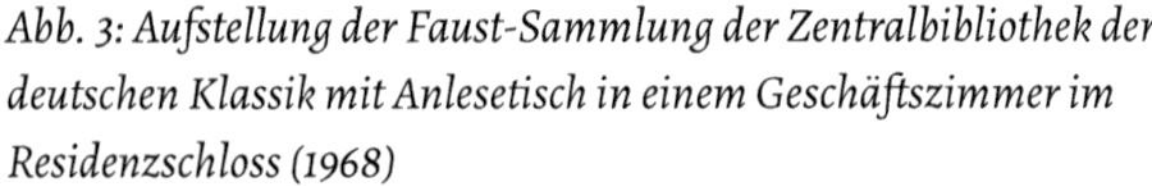

Abb. 3: Aufstellung der Faust-Sammlung der Zentralbibliothek der deutschen Klassik mit Anlesetisch in einem Geschäftszimmer im Residenzschloss (1968)

Klassik Stiftung Weimar, Fotothek

Wie sehr sich Mitte der 1960er-Jahre die Zentralbibliothek über die Faust-Sammlung identifizierte, zeigt die Selbstdarstellung der Institution in der großen Programmausstellung der NFG »Arbeiterbewegung und Klassik« 1964–1966. Die Sammlungen der Bibliothek werden schlicht unter die Überschrift »Die Faustsammlung und andere Bestände« gebracht. In diesem Zusammenhang bemerkenswert ist der Hinweis auf »die enge Zusammenarbeit mit der Thüringer Landesbibliothek, deren Organisation die Bereitstellung fehlender Bücher fast wie aus dem eigenen Magazin gestattet.«[32] Dahinter verbarg sich freilich ein provokativer Hinweis auf den Expansionsanspruch der Zentralbibliothek mit Blick auf die Thüringische Landesbibliothek, deren Integration in die NFG dann 1969 vollzogen wird. Die NFG feiert den Zugewinn wiederum in einer Jahresgabe, der ein großformatiges, ausklappbares Foto des Rokokosaales beigefügt ist. In dem vierseitigen Text Holtzhauers heißt es zu dem imposanten Sammlungsraum aus dem 18. Jahrhundert: »Nicht nur ihre Bestände, sondern auch ›Gerüst und Gehäus‹ der Büchersammlung haben die [Landes]Bibliothek [...] bekannt gemacht.« Doch hat in Holtzhauers Augen die Landesbibliothek die materiellen und symbolischen Komponenten dieses Standortvorteils nicht nutzen können. Kritisch merkt er an: »Eine Bibliothek darf kein Büchergrab sein.« Als Konsequenz kündigt er eine Modernisierung der Bibliothek bis hin zum Aufbau eines EDV-gestützten Informations- und Dokumentationszentrums an, »durch das Gelehrte in aller Welt rasch und zuverlässig über den neuesten Stand in allen Fragen der Literaturepoche zwischen 1750 und 1850 unterrichtet werden können.«[33]

Im Rückblick erscheint es fast so, als habe das soziale und kulturelle Kapital, das die Faust-Sammlung in den Gründungsjahren der Zentralbibliothek entwickelte, beim Zusammenwachsen der beiden Bibliotheken geradezu identitätsstiftend gewirkt. Das jedenfalls legt ein Eintrag im Tagebuch der Arbeitsgruppe Bibliographie, Information und Dokumentation nahe, die für die Betreuung der Sammlung zuständig war: In der Collage aus dem Jahr 1976 bildet die Artikelüberschrift eines Zeitungsausschnittes mit dem Text »Weimar verfügt über der Welt größte ›Faust‹-Sammlung« bildlich eine Brücke zwischen beiden Schlössern, so dass Sammlung und beide Gebäude ein stabiles, ausbalanciertes Beziehungsgefüge bilden (Abb. 4).[34]

Abb. 4: Collage aus dem Tagebuch des Kollektivs der sozialistischen Arbeit der Arbeitsgruppe Bibliographie, Dokumentation und Information der Zentralbibliothek der deutschen Klassik (1976)

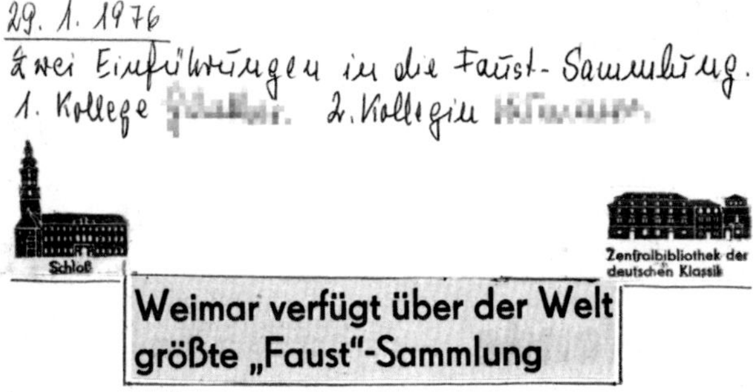

Klassik Stiftung Weimar, Fotothek

Die Nutzungsgeschichte der Faust-Sammlung ist bislang nicht erforscht. Die verfügbaren Tagebücher erwähnen Einführungsveranstaltungen durch Mitglieder der Arbeitsgruppe Bibliographie, Dokumentation und Information, so standen im ersten Quartal 1976 allein 14 Einführungen in die Faust-Sammlung auf dem Programm.[35] In den *Informationen* findet sich ein Bericht über »Lehrerkurse an der Stiftung Weimarer Klassik – Ein Thema: ›Faust‹«.[36]

Orientiert man sich an der ersten Benutzungsordnung der Bibliothek von 1955, so war der Gebrauch der Bestände und Kataloge den »Abteilungen des Institutes und ihren Mitarbeitern zur Forschungs- und Museumsarbeit« vorbehalten: »Der Benutzerkreis beschränkt sich im wesentlichen auf die Mitarbeiter des Instituts. […] Institutsfremde erhalten die Genehmigung zur Benutzung der Bibliothek nur durch deren Leiter.«[37] Diese restriktiven Regelungen wurden nach der Fusion mit der Thüringischen Landesbibliothek aufgebrochen. So richtet sich die Benutzungsordnung von 1970 an »Einzelbenutzer«, darunter fallen alle Personen, die das 16. Lebensjahr vollendet haben, und »korporative Benutzer«, darunter sind alle »kulturellen, wissenschaftlichen, politischen und wirtschaftlichen Einrichtungen und Organisationen der DDR« zu verstehen.[38] Fotografien der Jahre 1968 und 1992 zeigen kleinere Anlesetische im Sammlungsraum selbst, die Benutzung der Sammlung war bis zum Umzug 2005 im Lesesaal des Residenzschlosses vorgesehen. Nach der Magazinierung im Tiefmagazin unter dem Platz der Demokratie ist die Sammlung für Besuchergruppen nicht mehr vor Ort zu besichtigen, die Materialien werden nur noch in den Lesesälen der Bibliothek vorgelegt.

Die Faust-Sammlung hat auch nach der Wende eine dominante Rolle gespielt, die bis in die Projekte des Forschungsverbundes Marbach Weimar Wolfenbüttel hineinwirkt.[39] Zu den ersten Ausstellungen nach der Wende gehören europäische Faust-Ausgaben, die 1993 im Hotel »Russischer Hof« in Weimar und im Residenzschloss gezeigt werden, 1996 folgt ebenfalls im Schloss die von der Göttinger Universität konzipierte Ausstellung »Faust – Annäherung an einen Mythos«.[40] Zwischen 2006 und 2014 wurde der Bestand in einem Projekt der Bundessicherungsverfilmung des Bundesamtes für Zivilschutz und Katastrophenhilfe mikroverfilmt und digitalisiert. Dabei wurden aus rund 16.000 Titeln über zwei Mio. Aufnahmen produziert und auf Mikrofilm für die Langzeitarchivierung in einem atombombensicheren Bunker des Zentralen Bergungsortes der Bundesrepublik Deutschland deponiert. Die Digitalisate der Faust-Sammlung werden künftig auch in den *Europeana Collections* gemeinsam mit mehr als 50 Mio. Kunstwerken, Artefakten, Büchern, Videos und Audios aus europäischen Institutionen ortsunabhängig und frei verfügbar sein.[41]

Zusammenfassung

Es greift zu kurz, wollte man die fünf Standortwechsel der Faust-Sammlung in Weimar lediglich auf kurzatmige Ressourcenplanung und Raumnot zurückführen. Sie sind vielmehr ein Indiz für den Wandel der Interessenlagen in der Formations- und Ausbauphase der Zentralbibliothek der deutschen Klassik. Der Auszug aus dem Goethe- und Schiller-Archiv und die Etablierung an zentralem, repräsentativem Ort im Residenzschloss nahe der Generaldirektion der NFG eröffnete erfolgversprechende Möglichkeiten für die Inszenierung und Inanspruchnahme der Sammlung als originär bibliothekarisches Aufgabenfeld. Der Faust-Sammlung wird in der Zentralbibliothek von Beginn an die Funktion eines Traditionskerns zugeschrieben, dessen Potentiale für die Profilierung der Institution in der Gründungsphase und danach erfolgreich genutzt wurden und bis in den Forschungsverbund Marbach Weimar Wolfenbüttel hineinwirken.

Soweit wir die Frühgeschichte der Zentralbibliothek überblicken, wäre es verfehlt, Bibliotheken als historisch gewachsene Gebilde aus sich heraus erklären zu wollen. Sie können vielmehr aus einem sozialen System von Vergleichen und Bezügen heraus verstanden werden. Daraus bezieht auch unsere Ausgangsannahme ihre Plausibilität, die Konstitution der Sammlungsräume in Bibliotheken als Resultat sozialer Prozesse zu lesen. Wie in den Untersuchungen zur Aufstellung und den Depots der Faust-Sammlung, aber auch zur Buchspirale der Seattle Public Library angedeutet, können Sammlungen als Orte räumlicher Verdichtung aufgefasst werden. Dabei wird Verdichtung als sammlungstypische Qualität beschrieben. Dieses Merkmal kann auch auf nicht-territoriale Raumformen angewandt werden, etwa auf die Vernetzung digitaler Sammlungen in virtuellen Forschungsumgebungen und ihren Komplexionsformen. Ich fasse die Analyse der Raumreferenzen am Modell der Faust-Sammlung in zwei Punkten zusammen:

Erstens: Im Unterschied zur Deponierung der Sammlung im Tiefmagazin 2005 hat die Aufstellung der Sammlung seit 1955 in allen Räumen des Residenzschlosses Führungen vor Ort ermöglicht. Vorrangig fungierte die Sammlung als modellbasiertes Lehrmittel und Teil des begehbaren »Erlebnisraums Weimarer Klassik« (Ingeborg Cleve) in Seminaren und Ausstellungen zur Repräsentation von Forschungsergebnissen. Die Nutzung der Bücher bis zur Fusion der Institutsbibliothek mit der Thüringischen Landesbibliothek war jedoch lediglich auf das Personal der NFG beschränkt.

Zweitens: Nicht nur im Vorwort zur Autobiografie Gerhard Stummes (1957) weist Hans Henning auf die Idee einer »Bibliotheca Faustiana« und die »Faust-Sammlungen der ZB«[42] hin. 1993 schreibt Henning rückblickend im Schlussbeitrag seiner *Faust-Variationen* zur Motivlage seiner Faust-Bibliografie: »Die Dinge waren in Weimar Ende der 50er Jahre recht günstig. Die große Faust-

Sammlung des Leipziger Arztes Dr. Gerhard Stumme war nach Weimar gekommen und mit einer älteren Faust-Sammlung von Alexander Tille vereinigt worden. Die Bearbeitung wurde angeschlossen bei gleichzeitig fortgesetzter Sammeltätigkeit. Eine weitere versteckte Sammlung zu Faust fand sich vor allem in der Goethe-Sammlung«.[43] – Tatsächlich muss man mit Blick auf den im Jahre 2016 auf 20.000 Titel angewachsenen Bestand von Faust-Titeln, verteilt über und versteckt in etlichen Bestandsgruppen, eher von einem netzwerkartig strukturierten Komplex an Faust-Literatur sprechen, der nicht mehr an einem Ort, sondern netzwerkartig auch in digitaler Form – mit Schnittstellen zu verwandten Sammlungen versehen – verfügbar gehalten wird.

Aus dieser Perspektive kann man die Faust-Sammlung durchaus als eine Form der modellbasierten wissenschaftlichen Publikation betrachten. Mit der Verlagerung ins Tiefmagazin geht eine Invisibilisierung und Überlagerung des Magazinraums durch eine neue Form sozialer Räumlichkeit als Netzwerk einher, so dass im Ergebnis der Digitalisierungskampagne 2006–2014 die Präsentation der Faust-Sammlung in der geplanten virtuellen Forschungsumgebung des Forschungsverbundes Marbach Weimar Wolfenbüttel eine verdichtete Rezeption erwarten lässt.

Erstveröffentlichung: Der Aufsatz ist unter dem Titel *Aus dem Louisenzimmer im Residenzschloss ins Tiefmagazin unter den Platz der Demokratie. Raumreferenzen am Modell der Weimarer Faust-Sammlung* zuerst erschienen in: Carsten Rohde (hg.), Faust-Sammlungen. Genealogien – Medien – Musealität, Frankfurt am Main: Klostermann, 2018 (= Zeitschrift für Bibliothekswesen und Bibliographie, Sonderbd. 122), S. 245–262. Der Text geht zurück auf einen Vortrag mit dem Titel »Raum als sammlungsspezifische Analyse- und Beschreibungskategorie am Modell der Weimarer Faust-Sammlung« auf der Tagung »Faust-Sammlungen. Genealogien – Medien – Musealität« des Forschungsverbundes Marbach Weimar Wolfenbüttel im Goethe-Nationalmuseum, Weimar, 24. September 2016. – Die in der Erstveröffentlichung angegebenen Internetadressen (1. März 2017) wurden am 26. Oktober 2023 aufgerufen und aktualisiert. Der Abstract wurde 2023 erstellt.

Anmerkungen

1 Marina Stankovic/Tobias Jortzick, Bibliothek als architektonische Aufgabe, in: Petra Hauke/Klaus Ulrich Werner (hg.), Praxishandbuch Bibliotheksbau. Planung – Gestaltung – Betrieb, Berlin/Boston: De Gruyter, 2016, S. 3–16, hier S. 12. – Eine Projektbeschreibung mit zahlreichen Abbildungen ist auf dem Weblog ArchDaily.com verfügbar: Seattle Public Library/OMA + LMN, 2009, https://www.archdaily.com/11651/seattle-central-library-oma-lmn.

2 Paul Goldberger, High-Tech Bibliophilia. Rem Koolhaas' new library in Seattle is an ennobling public space, in: The New Yorker, May 24th, 2004, S. 90–92, hier S. 90, https://www.newyorker.com/magazine/2004/05/24/high-tech-bibliophilia.

3 Martina Löw, Space Oddity. Raumtheorie nach dem Spatial Turn, in: sozialraum.de (7), Ausgabe 1/2015, https://www.sozialraum.de/space-oddity-raumtheorie-nach-dem-spatial-turn.php. – Grundlegend: Martina Löw, Raumsoziologie, 8. Aufl., Frankfurt am Main: Suhrkamp, 2015 (zuerst 2001).

4 Martina Löw, Stadt- und Raumsoziologie, in: Georg Kneer/Markus Schroer (hg.), Handbuch Spezielle Soziologien, Wiesbaden: VS Verlag für Sozialwissenschaften, 2010, S. 605–622, hier S. 605.

5 Michael Heaney, An analytical model of collections and their catalogues. A study [...] on behalf of the UK Office for Library and Information Networking with support from OCLC, 3. issue revised, Oxford 2000. Seit Juli 2019 im Oxford University Research Archive online verfügbar unter https://ora.ox.ac.uk/objects/uuid:43a021d7-3024-4fd1-bca0-86028ec6ec7d.

6 Michael Heaney, Users and information resources. An extension of the Analytical model of collections and their catalogues into usage and transactions. A study undertaken on behalf of UKOLN, 2. issue revised, Oxford 2005. Seit Juli 2019 im Oxford University Research Archive online verfügbar unter https://ora.ox.ac.uk/objects/uuid:7ca8009c-94e3-46c4-ab05-010df4e62fa3.

7 Heaney (Anm. 5), S. 19: »6.4 [...] This study takes the view that ownership, administration and location are relevant to the definition of a collection.«

8 Heaney (Anm. 5), S. 12: »5.1.4 Location: The place (identified physically or electronically) where a Collection is held.«

9 Heaney (Anm. 5), S. 3.

10 Rolf Kluth, Lehrbuch der Bibliothekspraxis, Wiesbaden: Harrassowitz, 1979, S. 249.

11 Zur Funktion und Typologie von materiellen Modellen und Gruppen solcher Modelle in epistemischen Kontexten vgl. David Ludwig/Cornelia Weber/Oliver Zauzig, Materielle Modelle in wissenschaftlicher Praxis, in: Dies. (hg.), Das materielle Modell. Objektgeschichten aus der wissenschaftlichen Praxis, Paderborn: Wilhelm Fink, 2014, S. 8–15, sowie Victoria Asschenfeldt/Antje Zare, Die Sammlung als Modell. Dermatologische Wachsmoulagen als Bestandteile medizinischer Forschungs- und Lehrinfrastrukturen, in: Hamburger Journal für Kulturanthropologie, 2, 2015, H. 1, S. 103–115.

12 Hans Henning, Die Faust-Sammlung in Weimar, in: DDR-Revue. Magazin der Deutschen Demokratischen Republik, 13, 1968, H. 4, S. 9–13, hier S. 10.

13 Ingeborg Cleve, Die Gründung der NFG und die Begründungen des Umgangs mit Weimarer Klassik in der frühen DDR, in: Lothar Ehrlich (hg.), »Forschen und Bilden«. Die Nationalen Forschungs- und Gedenkstätten der klassischen deutschen Literatur in Weimar 1953–1991, Köln/Weimar/Wien: Böhlau, 2005, S. 1–18, hier S. 3–4. – Zur Geschichte der Teilinstitutionen vgl. Michael Knoche (hg.), Herzogin Anna Amalia Bibliothek – Kulturgeschichte einer Sammlung, München/Wien: Hanser, 2013 (zuerst 1999); Bernhard Fischer/Gabriele Klunkert (hg.), Goethe- und Schiller-Archiv, Weimar: Klassik Stiftung Weimar, 2012.

14 Cleve (Anm. 13), S. 12–13 und S. 15.

15 Cleve (Anm. 13), S. 16.

16 Schreiben des Direktors der Universität Leipzig, Prorektorat [korrigiert aus »Protektorat«, offensichtlich ein Tippfehler im archivierten Brief, 2023 ergänzt] für Forschung, vom 9. Juni 1952 an Dr. Gerhard Stumme über den »Vorbescheid über Forschungsauftrag 300104 – F 2 – 534«. Der Planbetrag sah für 1952 die Zahlung von 3.000 DM vor, Goethe- und Schiller-Archiv, GSA 150/1553.

17 Vermerk der Verwaltung vom 3. Oktober 1953, Goethe- und Schiller-Archiv, GSA 150/1553.

18 In einem Vermerk der Verwaltung der NFG vom 24. August 1954 werden die vertragliche Übereignung der Faust-Sammlung an die NFG am 19. August 1954 sowie der Erhalt des Rentenversicherungsscheins, ausgefertigt von der Deutschen Versicherungsanstalt in Gotha am 20. August 1954, dokumentiert, Goethe- und Schiller-Archiv, GSA 150/1553.

19 Bericht Schönfelders an Holtzhauer vom 17. März 1954, Goethe- und Schiller-Archiv, GSA 150/1553.

20 In dem Vertrag zur Übereignung der Sammlung an die NFG ist geregelt, dass (nach einer Einmalzahlung in Höhe von 100.529 DM an die Deutsche Versicherungsanstalt Gotha) Gerhard Stumme ab 1. August 1954 eine Rente in Höhe von 800 DM monatlich erhält, die nach seinem Tode in Höhe von 400 DM an Eva Stumme auf Lebenszeit weitergezahlt wird. Das Verfahren der Umwandlung des Kaufpreises in eine Leibrentenversicherung geht auf Stummes eigenen Vorschlag zurück, den Schönfelder in seinem ausführlichen Bericht vom 17. März 1954 an Holtzhauer erwähnt. Der Wert der Sammlung wird auf ca. 500.000 DM veranschlagt. In seinem Bericht drängt Schönfelder Holtzhauer bei der Übernahme der Sammlung vorsorglich zur Eile, »da nach einem evtl. Tode von Herrn Dr. Stumme nicht mehr mit so einem günstigen Angebot seitens seiner Ehefrau zu rechnen ist. Die Ehefrau scheint bei weitem geschäftstüchtiger zu sein.«, Goethe- und Schiller-Archiv, GSA 150/1553.

21 Schreiben Gerhard Stummes an Henning vom 7. Juni 1955. Am 10. September 1955 schreibt Henning an Stumme: »Von Ihrem Angebot, die Regale zu erhalten, möchten wir Gebrauch machen. Ich habe mit unserer Verwaltung gesprochen, und sie ist bereit, den geforderten Preis zu zahlen.« Aus einem Schreiben Hennings an Eva Stumme nach dem Tod ihres Mannes am 19. September 1955 geht hervor, dass die NFG die Regale für 800 DM erwirbt und weitere 500 DM für eine zweite Regalanlage aus Stummes Besitz aufbringt, Goethe- und Schiller-Archiv, GSA 150/1553.

22 Gerhard Stumme, Meine Faust-Sammlung, bearb. von Hans Henning, Weimar: NFG, 1957, S. 39.

23 Schreiben Hans Hennings an Gerhard Stumme vom 10. September 1955 und an Eva Stumme vom 4. Oktober 1955, Goethe- und Schiller-Archiv, GSA 150/1553.

24 Holtzhauer notiert am 4. Januar 1955: »Am 27. Oktober 1954 wird mit Dr. Stumme, Leipzig, vereinbart, die Faustsammlung nach Weimar zu übernehmen. Die Sammlung wird unter dem Namen ›Faustsammlung Dr. Stumme‹ in die Bibliothek eingegliedert und nutzbar gemacht. Ein Teil der Sammlung (ausgewählte Stücke) wird vom Goethe-Nationalmuseum laufend ausgestellt. Zunächst sind für diese Ausstellung die Mansardenräume in Goethes Wohnhaus vorgesehen.«, Goethe- und Schiller-Archiv, GSA 150/1553.

25 Schreiben Hennings an Holtzhauer vom 29. November 1955, S. 1–3, Goethe- und Schiller-Archiv, GSA 150/485.

26 Hans Henning, Die Zentralbibliothek der deutschen Klassik in Weimar, in: Der Bibliothekar, 11, 1957, H. 1, S. 2–7, hier S. 3.

27 Henning (Anm. 26), S. 3–4.

28 Stumme (Anm. 22), S. 9–10.

29 Vgl. Löw, Raumsoziologie (Anm. 3), S. 263–268.

30 Theo Piana, Weimar. Stätte lebendiger Tradition, 11. Aufl., Berlin/Weimar: Aufbau-Verlag, 1971 (zuerst 1955), S. 120 und S. 189.

31 Rolf Bothe, Dichter, Fürst und Architekten. Das Weimarer Residenzschloß vom Mittelalter bis zum Anfang des 19. Jahrhunderts, Ostfildern-Ruit: Hatje Cantz, 2000, S. 58–60.

32 Helmut Holtzhauer, Arbeiterbewegung und Klassik. Ausstellung im Goethe- und Schiller-Archiv der Nationalen Forschungs- und Gedenkstätten der klassischen deutschen Literatur in Weimar 1964–1966, Weimar: Aufbau-Verlag, 1964, S. 347–349, hier S. 348. Verbunden mit einem Blick in die Magazinräume der Bibliothek präsentierte sich die Zentralbibliothek unter dem Motto: »120.000 Bücher stehen bereit. Eine Spezialbibliothek der deutschen Klassik«.

33 Helmut Holtzhauer, Jahresgabe der Nationalen Forschungs- und Gedenkstätten der klassischen deutschen Literatur in Weimar 1969, Weimar: NFG, 1969, S. [1], [3].

34 Tagebuch des Kollektivs der sozialistischen Arbeit der Arbeitsgruppe Bibliographie, Dokumentation und Information der Zentralbibliothek der deutschen Klassik, 21. Juni 1975 – 1. März 1976, Bl. 48v, Herzogin Anna Amalia Bibliothek.

35 Tagebuch (Anm. 34), Bl. 32r.

36 Informationen Stiftung Weimarer Klassik, 1, 1992, S. 4. – Vgl. Simone Dietrich, Die Entstehung, Entwicklung und Erschließung der Faustsammlung der Herzogin Anna Amalia Bibliothek in Weimar. Diplomarbeit an der Hochschule für Technik, Wirtschaft und Kultur Leipzig, 1993, S. 40–41. Die Arbeit enthält sechs Farbfotografien »Blick in die Faust-Sammlung« aus dem Jahr 1992.

37 Nationale Forschungs- und Gedenkstätten der klassischen deutschen Literatur in Weimar: Benutzungsordnung der Bibliothek, Weimar, 1955, [§] 1., 2., 8.

38 Nationale Forschungs- und Gedenkstätten der klassischen deutschen Literatur in Weimar. Zentralbibliothek der deutschen Klassik, Benutzungsordnung, Weimar, 1970, § 3.

39 Forschungsverbund Marbach Weimar Wolfenbüttel. Eine Kooperation des Deutschen Literaturarchivs Marbach, der Klassik Stiftung Weimar und der Herzog August Bibliothek Wolfenbüttel, https://www.mww-forschung.de/.

40 Chronik der Herzogin Anna Amalia Bibliothek 1991–2016, in: Annette Seemann/Thomas Bürger (hg.), SupraLibros. Mitteilungen der Gesellschaft Anna Amalia Bibliothek e. V., H. 19, 2016, S. 7. – Ulrike Steierwald, Leitlinien einer bestandsorientierten Erwerbung. Ein kulturwissenschaftliches Konzept der Herzogin Anna Amalia Bibliothek, Weimar, in: Bibliothek – Forschung und Praxis, 22, 1998, H. 2, S. 200–207, hier S. 204. – Frank Möbus/Friedericke Schmidt-Möbus/Gerd Unverfehrt (hg.), Faust – Annäherung an einen Mythos, Göttingen: Wallstein, 1995.

41 Bernhard Post/Michael Rose/Stephen Schröder, Fünf Jahre Sicherungsverfilmung in Weimar. Versuch einer Bilanz, in: Archive in Thüringen. Mitteilungsblatt, 2011, S. 21–24. – Europeana Foundation, https://www.europeana.eu/de.

42 Vgl. Tätigkeitsbericht Hennings an Holtzhauer vom 9. Oktober 1956: »Die Faust-Sammlungen der ZB« in der Einleitung zu seinen »Vorarbeiten für eine Studie über die Faust-Literatur in der Zentralbibliothek der deutschen Klassik«, Goethe- und Schiller-Archiv, GSA 150/485.

43 Hans Henning, Die »Faust-Bibliographie«, in: Ders.: Faust-Variationen. Beiträge zur Editionsgeschichte vom 16. bis zum 20. Jahrhundert, München/London/New York: Saur, 1993, S. 411–416, hier S. 412.

Teil 2: Die Idee der Sammlung

Was ist eine Sammlung?

»We suggest that it is important to begin to think of museums and other forms of collection as ›processes‹ (rather than ›things‹) that create and transform vast social and material assemblages.«[1]

Abstract *Die Frage, was eine Sammlung sei, wird in diesem Aufsatz im Hinblick auf die Funktion für wissenschaftliches Arbeiten in komplexen institutionellen Milieus beantwortet. Sammlung ist eine mediale Form kooperativer Informationsverarbeitung, die als Prozess gedacht wird. In der Funktion eines physischen oder elektronischen Repositoriums bilden Sammlungen Sets von Objekten, die modular, iterativ und intermediär genutzt und transportiert werden können, ohne dass sich Objekte und Struktur der Sammlungen wesentlich verändern. Dieser an akteur-netzwerktheoretischen Auffassungen Susan Leigh Stars orientierte Ansatz nimmt Abstand von Versuchen, Sammlungen außerhalb sozialer Zusammenhänge entweder als bloße Akkumulation von Objekten oder als Resultat einer selektiven Sammelaktivität zu bestimmen. Vielmehr werden Sammlungen als ein Instrument demokratischer Wissensbildungsprozesse und Kompromissaushandlungen in Informationsinfrastrukturen betrachtet. Daher kann der Gebrauch von Sammlungen in kooperativen Arbeitsformen auch subversive Wirkung entfalten, etwa wenn Sammlungen aus Kulturgutentziehungen Anomalien im Geschäftsprozess und in der Folge infrastrukturelle Funktionskrisen hervorrufen.*

This essay addresses the question of what a collection is in terms of the function it serves for academic work in complex institutional milieus. Collecting is a media-based form of cooperative information processing that is itself conceived as a process. Functioning as a physical or electronical repository, collections constitute sets of objects that can be used and transported iteratively in modular and intermediary form, without any significant changes in the objects and the structure of the collections. This approach, which is based on Susan Leigh Star's actor-network theories, distances itself from attempts to define collections outside social contexts either as mere accumulations of objects or the result of selective collecting. Rather, collections are regarded as instruments of democratic knowledge-building processes and negotiated compromise in information infrastructures. Therefore, the use of collections in cooperative work forms can also have a subversive effect, for example when collections which are founded on the expropriation of cultural assets cause anomalies in the business process which result in turn in functional infrastructure crises.

Einleitung: Sammlungen in Infrastrukturen

Infrastrukturen sind erst spät zum Thema wissenssoziologischer Untersuchungen geworden. Ausgehend von Bruno Latours und Steve Woolgars *Laboratory life: The social construction of scientific facts* wurde Ende der 1970er-Jahre ein weites, noch längst nicht ausgeschrittenes Untersuchungsfeld eröffnet.[2] Sammlungen erscheinen hier als Interaktionsfeld und Arena verschiedener Handelnder und Gruppen in interdisziplinären, methodologischen und lebensweltlichen Zusammenhängen des Wissenschaftsbetriebes.

Sofern Infrastrukturen wie z.B. Strom- und Funknetze stabil arbeiten, wirken sie oft nur unterhalb der Aufmerksamkeitsschwelle. Infrastrukturen fallen dann auf, wenn Störungen auftreten. Sammlungen in Bibliotheken, Archiven und Museen sind Teil von Informationsinfrastrukturen und können in Bildungs- und Forschungskontexten auch Störungen hervorrufen. Das ist z.B. dann der Fall, wenn sie im Nutzungsbetrieb nicht oder nur eingeschränkt zugänglich sind. Wir sprechen dann von infrastrukturellen Funktionskrisen. Ein gutes Beispiel hierfür waren digitalisierte Bibliothekssammlungen, die man in der Formationsphase digitaler Portale wie des *Zentralen Verzeichnisses Digitalisierter Drucke* geradezu als »black box«[3] charakterisiert hat. Das war deswegen kurios, weil die einzelnen Objekte dieser Sammlungen in den aufwendig geführten und hochkomplexen Onlinekatalogen zwar von der bibliografischen bis auf die Exemplarebene der Datensätze hinab erschlossen waren, das Programmdesign jedoch keine sammlungsspezifischen Metadaten vorsah. Im Ergebnis war man mit einer eigentümlichen Intransparenz der Sammlungen für die Systemnutzer und Systemnutzerinnen und auch die besitzenden Einrichtungen selbst konfrontiert. Sofern eine Sammlung nun als »black box« betrachtet wurde, bedeutete dies, dass die Sammlung kaum mehr darstellte als eine bloße Anhäufung von Daten über Medien und Daten. Intransparenz war für Einrichtungen, die wesentlich Informationsdienstleistungen erbringen, ein markantes Indiz einer Funktionskrise, die erst durch die Etablierung von Sammlungsdatensätzen behoben werden konnte.

Konstitutiv für die Funktionalität von Sammlungen in einer Informationsinfrastruktur ist nicht die Materialität, Qualität oder Quantität der Objekte oder Daten, die in einer analogen, digitalen oder hybriden Sammlungsform dargestellt werden. Konstitutiv – das ist die These dieses Aufsatzes – sind vielmehr die komplexen Arbeits- und Kommunikationszusammenhänge, in denen Sammlungen etwa im Forschungs- und Kulturbetrieb eingesetzt werden. Daran lässt sich eine Reihe von Fragestellungen knüpfen, welche die Rolle der Sammlung in einer funktionstüchtigen Infrastruktur in drei Schritten aufschließt:

(1) Zunächst soll erkundet werden, wie Sammlungen in der Bibliothekswissenschaft definiert werden. In den Handbüchern des klassischen *collection development*, also des Bestandsaufbaus, begegnen uns zwei Programmbegriffe, »anti-collection« und »collectionness«, die im nächsten Kapitel den Ausgangspunkt der Annäherung an den Sammlungsbegriff und seine Merkmale bilden sollen. Anhand der Handbuchartikel kann man darüber hinaus nachvollziehen, wie mit dem Aufkommen der Digitalität Aspekte der Vermittlung und Nutzung von Sammlungen in den Vordergrund rücken.

(2) *Digital libraries* stehen Ende der 1990er-Jahre denn auch für eine neue, sich wandelnde Informationsinfrastruktur, die auf heterogene Nutzungsprofile hin orientiert ist. Eine umfangreiche Studie zu Bibliothekstestumgebungen des Illinois Digital Library Project bringt dies 2000 auf die Formel: »›User Meets Infrastructure‹ or Digital Library Use As ›Assemblage‹«. Dabei werden *digital libraries* gesehen als Elemente des Zusammenwirkens von Artefakten, Wissen und Praktiken von Gemeinschaften der Beschäftigten in Bibliotheken, Rechenzentren und Verlagen, der Kunden und Kundinnen und der Finanziers. Der Begriff der *digital libraries* wird prozesshaft als ein Zusammenfügen und Montieren verstanden: »Here, we view the digital library as a process of assemblage by a person confronting a working infrastructure.«[4] In »testbed collections«, unterstützt von zahlreichen Funktionen der Dokumentverarbeitung, konnten die Nutzer und Nutzerinnen bei ihren wissenschaftlichen Arbeiten aus einer Auswahl von Fachjournalen im Volltext schöpfen.

Methodisch war die vierjährige empirische Studie so angelegt, dass eine – heute medienökologisch genannte – Interpretation des Beziehungsgefüges von Personen, individuellen Arbeitspraktiken und -stilen, eingesetzten Technologien und Wertestandards bei der Informationsverarbeitung intendiert war. Das Autorinnenteam sprach von »ethnographic-type fieldwork and observations while using the electronic medium to ›follow the actors‹ from individual to community, from single system to a network of information resources.«[5] Was dabei auffiel, war ein Phänomen der Spannung des Nutzungsverhaltens in den heterogenen, lokal situierten Arbeitsumfeldern der Beteiligten einerseits und in den gemeinsam genutzten, standardisierten Netzwerkstrukturen der *digital libraries* andererseits.

Susan Leigh Star, ein Mitglied dieses Forschungsteams an der Graduate School of Library and Information Science der University of Illinois at Urbana-Champaign, war bereits 1989 auf eine Eigenart interdisziplinären Arbeitens heterogener Akteursgruppen gestoßen, wonach die Organisation lokaler, individuell geprägter Arbeitsplätze und gemeinsame, mit Spielräumen versehenen, aber durch Standardisierungen strukturierte Interaktionsfelder zusammenzudenken waren. Für eine institutionsgeschichtliche Studie unter dem Titel *Institutional ecology, »translations« and boundary objects: Amateurs, professionals in Berkeley's Museum of Vertebrate Zoology, 1907–39* hatte sie gemeinsam mit James R. Griesemer auf der Grundlage von Archivalien und Publikationen die Kooperation von heterogenen Akteursgruppen, ihren Arbeitsweisen und Haltungen ethnografisch ausgewertet. Dabei stellten sie fest, dass erfolgreiche wissenschaftliche Arbeit, die in Form kooperativer, partizipativer Prozesse organisiert ist, weder konsensuell vermittelt noch zentral gesteuert sein muss.[6]

Zur Beschreibung der infrastrukturellen Voraussetzungen, die solche Aushandlungen und Übersetzungsleistungen zwischen heterogenen Gruppen in komplexen institutionellen Milieus tragen, führten sie den Begriff der »boundary objects«, der »Grenzobjekte«, ein. Grenze beschreibt hierbei nicht die Trennlinie zwischen Zentrum und Peripherie, sondern ein strukturiertes Interaktionsfeld, auf das sich die Handelnden in kohärenter Weise aufeinander beziehen können. Als ein Beispiel für Grenzobjekte in einem System von Grenzobjekten nennen sie Repositorien in Bibliotheken und Museen, die Objekte – mehr oder weniger geordnet – in Sammlungsform aufbewahren. Wird eine Sammlung zum Instrument wissenschaftlicher Arbeit, so kann man sie beschreiben als ein Set modularer Objekte, die iterativ nutzbar sind und insofern eine intermediäre Funktion haben, als sie vorübergehend entfernt, transportiert und in verschiedenen Kontexten vermittelt werden können, ohne dass die Objekte oder die Struktur der Sammlung sich wesentlich verändern.

Die Implikationen dieses Ansatzes weisen dem Verständnis von Sammlungen in Informationsinfrastrukturen in zentralen Hinsichten den Weg. Infrastruktur lässt sich nicht einfach auf Substrate, z.B. Verkehrswege, reduzieren, sondern muss situationsbedingt und auf Interaktionen basierend vorgestellt werden. Der starke Medienbegriff wird zugunsten einer prozessualen Interpretation der Sammlung als einer medialen Form kooperativer Informationsverarbeitung aufgegeben. Damit verschiebt sich auch die definitorische Frage nach der Medienart *What is a collection?* hin zu der Frage *When is a collection?* als Ausdruck der Intermediarität.[7]

(3) In der 2000 veröffentlichten Studie *An analytical model of collections and their catalogues*[8] hat Michael Heaney eine Art Konstruktionsanleitung für Sammlungsbeschreibungen entwickelt, die auf Sammlungen in Forschungs- und Kultureinrichtungen in physischer und digitaler Form angewendet werden kann. 2005 hat Heaney sein Modell um die Analyse von Strukturen der Transaktionen zwischen Nutzer, Nutzerinnen und Institution erweitert.[9] Er legt hierin den Akzent auf die Analyse der Austausch- und Übersetzungsprozesse, die das Interaktionsfeld Sammlung zwischen »medium«, »user« und »resource mediator«, also dem Personal in Bibliotheken, Archiven und Museen, charakterisieren. Das macht – wie in Kapitel *»Building blocks«: Zugang durch Sammlungsbeschreibungen* zu zeigen ist – sein Konzept anschlussfähig an die von Susan Leigh Star entwickelten Begriffe des »Repositoriums« und des »Formulars« als Grenzobjekten. Sammlungsbeschreibungen fungieren hierbei als eine Art Formular, das die Kommunikation heterogener Akteursgruppen über die Sammlung in Form von Standards, Narrativen und Interaktionsformen reguliert.

»Anti-Collection« und »Collectionness«: Annäherungen an den Sammlungsbegriff

Handbücher des *collection management* der 1990er-Jahre vermitteln den Eindruck, dass das Thema der sammlungsspezifischen Erschließung eher zufällig auf die bibliothekswissenschaftliche Agenda geraten ist. Anlass waren der Aufbau und die Präsentation digitaler Sammlungen, die das Problem offengelegt haben, dass trotz einer Fülle von Erschließungsdaten zu einzelnen Titeln im Bibliothekskatalog keine sammlungsspezifischen Informationen dokumentiert und recherchiert werden konnten, z.B. Daten zum Erschließungsgrad oder zur Überlieferungsgeschichte einer Sammlung. Patrick Sahle sprach daher im *Zentralen Verzeichnis Digitalisierter Drucke* von einem »Black-box-Problem« digitaler Sammlungen.[10]

Die strukturellen Defizite bibliothekarischer Dokumentation wurden durch die Produktion digitaler Sammlungen zwar manifest, aber nicht verursacht. Denn diese eigentümliche Form der Intransparenz der Bestände für die Nutzer und Nutzerinnen wie auch für die Bibliotheken selbst ließ sich in gleicher Weise für analoge Sammlungen konstatieren. Tatsächlich boten die hoch entwickelten bibliothekarischen Nachweissysteme bis vor wenigen Jahren keine Möglichkeit, sammlungsspezifische Metadaten aufzunehmen. Bibliothekskataloge sind traditionell darauf ausgelegt, aus Millionen von Publikationen genau den gewünschten Titel herauszufiltern und nach Möglichkeit bestellbar zu machen. Sie boten aber keine Möglichkeit, Sammlungen als Sammlungen zu dokumentieren. Sammlungen waren lange Zeit der blinde Fleck der Bibliothekswissenschaft.

Man versteht den Sammlungsdiskurs in den Bibliotheken besser, wenn man sich vor Augen führt, dass der Sammlungsbegriff maßgeblich vom Standpunkt des *collection development* aus gedacht und entwickelt wurde. So geht etwa Ross Atkinson bei seinen Überlegungen zu den Voraussetzungen institutionellen Sammelns (1994) von einem analytischen Modell der Gabelung (»bifurcation«) einer Gesamtheit von Publikationen (»universe of publications«) in Domänen der »anti-collection« und »collection« aus. Beide Domänen stehen in einem dynamischen Verhältnis zueinander. Was als Gabelung erscheint, ist Ausdruck eines Differenzierungsprozesses von Objekten, der auf einer fortlaufenden Reihe von Auswahlentscheidungen darüber beruht, welche Objekte aus der »anti-collection« in die Sammlung überführt und dort eingebettet werden.[11]

Auswahl oder Selektion ist traditionell ein Grundbegriff des Sammlungsmanagements, und in englischsprachigen Ländern hat der Begriff sogar die Berufsbezeichnung des Bibliothekars und der Bibliothekarin als »selector« geprägt. Aussonderung wird dementsprechend als »deselection« bezeichnet. Selbst auf die grundlegende Definition von Sammlung ist der Begriff der Selektion übergegangen. Sammlung – so heißt es etwa bei Betsy van der Veer Martens in *Approaching the anti-collection* (2011) über Bibliotheken, Archive und Museen – sei eine Selektion aus einer Menge unterschiedlicher Materialien, Services und Arrangements.[12]

Atkinson zerlegt den Prozess der Auswahl und des Sammlungsaufbaus in drei Schritte: Entdeckung und Abgrenzung einer »anti-collection«, Evaluierung der Inhalte und schließlich Vollzug der Selektion. Mit dem Vollzug der Selektion, also dem Herauslösen aus einer »anti-collection« und Einbetten von Objekten in eine Sammlung, ändert sich auch das Beziehungsgefüge der Objekte in einer Sammlung: »In all cases, the document is changed through its addition to the collection, and by such addition (or deletion), the collection itself is altered.«[13] Dies macht Atkinson an vier konstitutiven Merkmalen der Sammlungsform fest, die er als relational, polyzentrisch, lokal situiert und temporär kennzeichnet.

Relationalität ist ein weithin akzeptiertes Strukturmoment der Sammlungsform, das vom ordnenden Subjekt aus gedacht wird. Sammeln und Sammlungsaufbau sind nicht die Anhäufung von Objekten, sondern das In-Beziehung-Setzen der einzelnen Objekte, z.B. durch die Anwendung von Ordnungsschemata nach räumlichen, disziplinären, material-, provenienz- oder genderspezifischen Aspekten.[14]

Abb. 1: Sammlung mit polyzentrischer Struktur

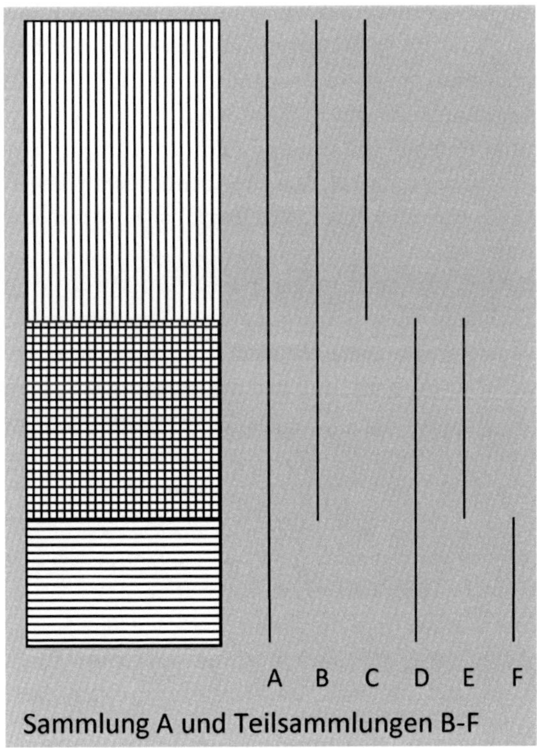

Atkinsons Modell multipler Sammlungskerne als Texturen.
Grafik: Jürgen Weber

Hingegen ist Atkinsons zweites Strukturmoment einer *Polyzentrik* der Sammlungsform unerwartet. Denn Sammlungen werden nach einer weit verbreiteten Meinung von einem Zentrum her konzipiert und aufgebaut, um das herum sich eine Peripherie legt. Wir sprechen dann gerne von Sammlungskernen, von denen, in konzentrischen Kreisen ausgehend und zugleich graduell abflachend, sich die Sammelintensität von der Archiv- über die Forschungsstufe hin bis zu einfacheren Informationsstufen manifestiert. Dagegen favorisiert Atkinson nun ein polyzentrisches Sammlungskonzept, wonach jede Sammlung über multiple Kerne (»focal points or cores«) verfügt (Abb.1).

Was als Kern angesehen wird, hängt vom Grad der Funktionalität (»utility«) ab, die eine Sammlung im Rahmen der Informationsverarbeitung hat. So folgt aus der polyzentrischen Struktur der Sammlung auch eine strukturelle Ambiguität, die unsere Auffassungen und Verwendungen einer Sammlung erst differieren lässt oder die, anders gewendet, uns an einer Sammlung immer wieder neue Entdeckungen machen lässt.[15]

Lokalität und *Temporalität*, Orts- und Zeitorientierung, bezieht Atkinson, knapp zusammengefasst, darauf, dass Objekte einer Sammlung lokal situiert, d.h. an einem Ort oder über einen Anlaufpunkt, in einer Bibliothek in kurzer Zeit für die Nutzung zur Verfügung stehen.[16]

Als Teilmengen oder Sortierungen (»subsets or sorts«) der »anti-collection« sind Sammlungen Repräsentanten einer Gesamtheit von Publikationen, die den Informationstransfer an die Nutzer und Nutzerinnen tragen. Objekte, in Sammlungsform arrangiert, sind so etwas wie ein Modell der »anti-collection«, wie z.B. Ausstellungen, die – als temporäre Sammlungen verstanden – Typisches und Atypisches aus einem definierten Themenfeld herauslösen und auf anschauliche Weise vermitteln. Im System der Literaturversorgung schreibt Atkinson Sammlungen daher grundlegend auch das Merkmal der *Intermediarität*[17] zu, das den Leitbegriff des Sammlungsdiskurses bildet und auch in Stars und Heaneys Konzepten wiederzufinden ist.

Mit der analytischen Figur der »bifurcation« markiert Atkinson nicht die Polarität, sondern die Komplementarität von »collection« und »anti-collection«. Sammlung erscheint hierbei als mediale Form, in der Objekte analoger, digitaler und hybrider Art geordnet und in einem institutionellen Rahmen öffentlich nutzbar gemacht werden können. Jedoch setzt Intermediarität, also die Vermittlung der Sammlung durch Zugang, Präsentation und Austausch, ein werte- und normengeleitetes, den Bestandsaufbau übergreifendes Sammlungsmanagement voraus, das sich auf Perspektivierung und Erhaltung der Objekte bezieht. Im Rückgriff auf die *core values* und den *Code of ethics* der amerikanischen Bibliotheks-, Archiv- und Museumsverbände hat van der Veer Martens in *Approaching the anti-collection* diesen Wertekanon einer »core collection« mit der Formulierung des zeitgenössischen professionellen Verständnisses eines Sammlungsmanagements in kulturellen Institutionen verbunden: »The axiology of the core collection, therefore, involves facilitating access to a well-organized, carefully selected, authenticitated, and protected collection that reflects a variety of voices and viewpoints.«[18] Es ist dieser an der Praxis der institutionellen Verwaltung von Sammlungen orientierte Wertekanon, der »collection« und »anti-collection« voneinander unterscheidet.

Das ist in der Fachwelt nicht unumstritten. Terrence A. Brooks führt in *The education of collection developers* (1991) das Kunstwort der »collectionness« als Inbegriff für die Qualität einer Sammlung in den Sammlungsdiskurs ein, ohne dass sich dafür noch ein verlässliches Maß, wie z.B. Modelle der »co-citation analysis« oder des »bibliographic coupling«, ausmachen ließe. Mit der Ablösung traditioneller Medienformen durch den Informationsbegriff verliere in einem Feld von elektronischen Medien und Hypertexten auch der Sammlungsbegriff zunehmend an Bedeutung: »A ›library collection‹ can no longer be defined by its institutional residence.« Zugespitzt auf die Funktion der Intermediarität, folge daraus: »The ›library collection‹ is housed everywhere there are users.«[19]

In eine ähnliche Richtung weisen auch Überlegungen, die James Curral, Michael Moss und Susan Stuart in *What is a collection?* (2004) vortragen: »To date, the information professions have failed to come to grips with the ›whatness‹ or perhaps better the ontology of the objects in their stewardship within the physical world let alone the digital environment.«[20] Sie favorisieren eine ganz auf Form und Funktion von Sammlungen begrenzte Definition, die sich im Kern nicht mehr auf Entstehung, Überlieferung und Ordnung der Sammlung mit ihren Anleihen an Intentionalität und Zufall bezieht, sondern allein auf deren Eignung zur Intermediarität: »If it is accepted that all collections are in some ways constructed simply to make it easier to handle or to describe the objects contained (a bottle full of flies, or a bowl of fruit, or a flock of sheep), then it follows that we are dealing with relationships which can be dis-aggregated and re-aggregated to form other collections.«[21] Unter Preisgabe des Medienbegriffs sehen sie Sammlungen auf »transient transactions« reduziert, die je nach Gebrauchskontext als »bunch of objects bound together by a defined activity or institutional framework« erscheinen.[22]

Es scheint so, als werde die Frage nach der »collectionness« oder »whatness« von Sammlung zu einem Zeitpunkt gestellt, als es bereits um deren Verabschiedung geht. Betrachtet man die vorgebrachten sammlungskritischen Thesen jedoch genauer, so geht es eher um eine Adaption traditioneller Medienformen an sich verändernde Informationsinfrastrukturen. Das erinnert an die Ausgangslage des Illinois Digital Library Project: »User Meets Infrastructure«. Das Autorinnenteam dieser Studie spricht im Fall der *digital libraries* gegenüber analogen Sammlungen ebenfalls von veränderten (»slightly different«) Medien- und Arbeitspraktiken: »As a new working infrastructure, we have come to see digital libraries as a hybrid of research, demonstration, and production systems.« Sie lenken damit den Blick auf das Interaktionsfeld, in dem Objekte oder Informationen als Sammlung wahrgenommen und verwendet werden, und betonen dessen Prozesscharakter: »›User meets infrastructure‹ recognizes digital libraries as part of an ›assemblage‹ of artifacts, knowledge, practice, and community that entails realistic, workplace-based compromises by library staff, system designers, and patrons. […] Here, we view the digital library as a process of assemblage by a person confronting a working infrastructure.«[23] Wenn nun Sammlung als Element einer prozesshaft vorgestellten Infrastruktur gesehen wird, so ist es nur ein kleiner Schritt zu der Folgerung, dass die definitorische Frage nach der Medienart *What is a collection?* zu einer Frage nach der Vermittlungsart oder Intermediarität *When is a collection?* wird.

Sammlung als »Grenzobjekt« und mediale Form kooperativer Informationsverarbeitung

Star und Griesemer geht es in der Fallstudie zu *Amateurs, professionals in Berkeley's Museum of Vertebrate Zoology, 1907–39* – so der Untertitel von *Institutional ecology* – nicht um ein Konzept oder eine Definition von Sammlung, sie leuchten vielmehr den institutionellen Kontext aus, in dem Sammlung als Sammlung wissenschaftlich genutzt wird.[24] Ziele der diversen Akteursgruppen in Berkeley waren die Erhaltung und Erforschung einer Sammlung von Tierpräparaten, Landkarten und Feldnotizen, die als Ressource für den Naturschutz und Informationsmaterialien über Flora und Fauna Kaliforniens sowie für naturwissenschaftliche Forschungsprojekte zur Verfügung stehen sollte. Star und Griesemer fragen danach, wie denn Diversität erfolgreiches wissenschaftliches Arbeiten begründen kann, und benennen als ein Instrument Repositorien in Bibliotheken und Museen. Stars und Griesemers Einordnungsversuche der Vorgänge in Berkeley in akteur-netzwerktheoretische Auffassungen von wissenschaftlicher Kooperation schaffen erst den Kontext, in dem Atkinsons Charakteristik der Sammlung in Kapitel *»Anti-Collection« und »Collectionness«: Annäherungen an den Sammlungsbegriff* und Heaneys Modell der Sammlungsbeschreibung in Kapitel *»Building blocks«: Zugang durch Sammlungsbeschreibungen*, die beide für sich Plausibilität haben, miteinander verbunden und als Antwort auf Fragen der Medienpraxis und Arbeitsorganisation in selbst geschaffenen Informationsumwelten verstanden werden können: Sammlung als eine mediale Form kooperativer Informationsverarbeitung.

Einleitend räumen Star und Griesemer mit einem der »common myths« auf, wonach Kooperation Konsens und zentrale Steuerung durch dominante, unverzichtbare Akteure und Akteurinnen, »gatekeeper«, voraussetzt. Im Gegenteil dokumentiert die Fallstudie auf der Grundlage von Archivalien und Publikationen das kohärente Zusammenwirken auch ganz unterschiedlicher Akteursgruppen. Es ist ein breites Spektrum von Personen aus heterogenen sozialen Welten, die an Auf- und Ausbau des Forschungsmuseums der University of California beteiligt sind: aus der Universitätsverwaltung und der universitären naturwissenschaftlichen Forschung, aus dem Museum (Kuratierung, Tierpräparation) sowie aus Naturschutzgruppen mit Hilfskräften bei der Feldforschung, darunter Amateurforscher und -forscherinnen, Sammler und Sammlerinnen, Mitglieder wissenschaftlicher Clubs und Personen, die das Vorhaben durch Spenden und Sponsoring unterstützen.[25]

Star und Griesemer folgen Sally Gregory Kohlstedts Interpretation der Bedeutung der Amateurforscher und -forscherinnen für die Entstehung von Forschungsmuseen im 19. Jahrhundert. Diese Entwicklung, die mit dem Aufkommen der Kuriositätenkabinette des 17. Jahrhunderts in Europa nicht mehr vergleichbar ist, markiert eine wichtige Phase in der Professionalisierung naturkundlicher Arbeit und zugleich eine sich verändernde Beziehung von »professionals« und »amateurs« in der Forschung. Kohlstedt zeigt am Beispiel der 1830 gegründeten Boston Society of Natural History, wie sich Amateurforscher und -forscherinnen in Gesellschaften organisierten und im Sinne einer Förderung der professionellen Wissenschaft zugleich eine vermittelnde Funktion zwischen universitärer Forschung und breiter Öffentlichkeit einnahmen: »as observers, collectors, and informed patrons in the process of data gathering.«[26] Zu den Ergebnissen des Engagements gehörten nach Kohlstedt Aufbau und Betrieb eines Museums mit Bibliothek, ein Vortragssaal, ein Publikationsorgan und die Initiierung von Fortbildungen für Lehrer und Lehrerinnen: »a cooperative enterprise, with the active members serving as volunteer curators, reporting on new books, and presenting recent research.«[27] Auf lokaler Ebene warb die Gesellschaft um finanzielle Unterstützung für die Wissenschaft.

Dem Umfeld der Boston Society of Natural History vergleichbar, bestand die Managementaufgabe der Museumsleitung in Berkeley darin, die vielfältigen, doch lösungsorientierten Interessen der Akteursgruppen administrativ so zu bewältigen, dass wissenschaftliche Arbeit in Form loser Kooperation gelang. Star und Griesemer entdeckten, dass die Zusammenarbeit z.B. durch Formulare des Museums für Trapper und Trapperinnen unterstützt wurde, damit Tierfunde, die als Präparate Teil der Sammlung des Museums werden sollten, bereits beim Auffinden nach einheitlichen Standards beschrieben werden konnten. Zugleich wiesen die archivierten Formulare immer wieder Randnotizen auf, die einzelne Beobachtungen auch außerhalb des vorgegebenen Rasters überlieferten.

Für Star und Griesemer gehören Formulare zu jenen Elementen einer Infrastruktur, die sie »boundary objects«, Grenzobjekte, nennen. Grenze bezeichnet hierbei keine Trennlinie, sondern einen gemeinsamen Bezugspunkt kooperierender Akteure und Akteurinnen. Dabei wird das Grenzobjekt nur in dem Maße definiert, in dem es für die handelnden Personen und deren Informations- und Arbeitsbedingungen notwendig ist, unbeschadet von Festlegungen, die es in ganz anderen sozialen Zusammenhängen haben kann.[28]

Ein anderes Beispiel für Grenzobjekte in der Informationsinfrastruktur sind Repositorien in Bibliotheken, Archiven und Museen, in Berkeley die Schritt für Schritt wachsende Forschungssammlung von Tierpräparaten, Fundprotokollen, Landkarten und Publikationen: »For example, we suggested that one kind of object, a repository, took the form of a set of modular things. These are things that might be individually removed without collapsing or changing the structure of a whole. A library, for example, or a collection of case studies (as in some parts of medicine, or in the Talmud), is a repository. A repository of this sort comes from the need for an assembly of things that are conceived iteratively. It has the feature that heterogeneity (internally) across things can be maintained but need not become confrontational. In a repository, the heuristic advantage is the encapsulation of internal units (the pages of a book are bound by covers or electronic conventions: the limits of a Web site by the initial URL).«[29]

Star und Griesemer haben die Funktionsweise des Repositoriums mithilfe eines Diagramms illustriert, das in Abbildung 2 auf der Basis von Abbildung 1 mit Bezug zu Atkinsons These der polyzentrischen Struktur der Sammlung interpretiert wird.[30]

Abb. 2: Repositorium als Grenzobjekt

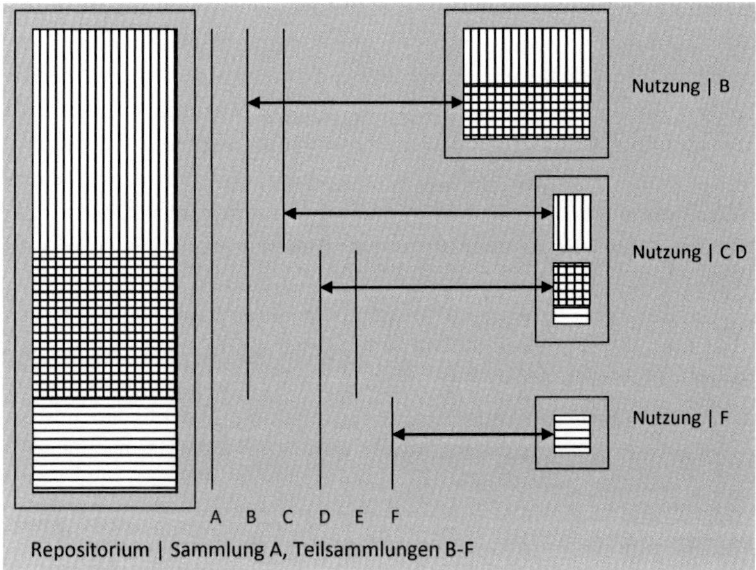

Stars Modell der Grenzobjekte in Kombination mit Atkinsons Modell multipler Sammlungskerne: In n-fachen Nutzungsfällen können die Objekte temporäre Sammlungen ausbilden. Grafik: Jürgen Weber

Es zeigt, durch Pfeile mit den Repositorien verbunden, drei Nutzungsfälle, z.B. Entleihungen von Objekten für Ausstellungen und wissenschaftliche Projektapparate, hier als texturgleiche Repräsentationen der Repositorien dargestellt. Dabei kann man die Textur der Repositorien mit den »verschachtelten« Inhalten (»encapsulation of internal units«) der Medienspeicher assoziieren. Auch in diesen ausschnitthaften Repräsentationen überliefern Sammlungen in jedem Stadium die Spuren ihrer Nutzung, also Ordnungsmerkmale und, vergleichbar den Randnotizen auf Formularen, auch Provenienzmerkmale auf und in den Büchern.

Grenzobjekte haben in der Kommunikation eine temporäre Anker- oder Brückenfunktion für die Rezeptions- und Aushandlungsprozesse, die Star und Griesemer in Anlehnung an die Akteur-Netzwerk-Theorie, wie von Bruno Latour, Michel Callon und John Law beschrieben, als Übersetzung bezeichnen.[31] Davon abweichend sehen sie jedoch die Kommunikation keineswegs durch unverzichtbare Akteure und Akteurinnen, »gatekeeper« oder so genannte singuläre obligatorische Passagepunkte in der Infrastruktur, bestimmt. Vielmehr führen sie die Multiperspektivität wissenschaftlicher Kooperation gerade auf eine Pluralität von Passagepunkten der Steuerung und Distribution der Kommunikation zurück. Daher sprechen Star und Griesemer auch davon, dass das Konzept der Grenzobjekte subversiv wirken könne. Zumindest wirkt es sich antireduktionistisch in dem Sinne aus, dass vereinfachende und dominante methodologische Vorgaben leichter vermieden und verdeckt tradierte, auf lokaler Ebene wirkende Infrastrukturelemente freigelegt werden können.[32] Genau dies ist auch ein Grund dafür, warum Sammlungen immer wieder zum Gegenstand politischer Zensur geworden sind.

Das demokratisch ausgelegte Verständnis wissenschaftlicher Kooperation ist nicht ohne Alternativen. So weisen Star und Griesemer in der Schlusspassage ihrer Fallstudie selbst darauf hin, dass es auch andere, autoritäre Formen der Zusammenarbeit in Institutionen gibt: »imposition of representations, coercion, silencing, and fragmentation.«[33]

»Building blocks«: Zugang durch Sammlungsbeschreibungen

Michael Heaneys Konzept sammlungsspezifischer Erschließung, das 2000 unter dem Titel *An analytical model of collections and their catalogues* erschienen ist, ist das Leitmodell der modernen Sammlungsbeschreibung. In der einleitenden Passage beschreibt Heaney Aufgabe und Reichweite des Modells und greift dafür auf das Bild einer Informationslandschaft zurück. In dieser Landschaft, so führt er aus, ragen einzelne Sammlungen wie auf einer Konturenkarte durch markante Eigenschaften hervor und markieren Bergspitzen, die im Rechercheprozess zugleich Orientierungsmarken darstellen. Dadurch soll insbesondere die erste Phase eines Rechercheprozesses unterstützt werden. Erwartet werden hierbei eher überblicksartige Informationen zur Identifizierung eines Areals (z.B. des Regenwaldes) als spezifische Details (z.B. über Baumkronenschlüsse im Amazonasbecken).[34]

Sammlungsbeschreibungen, so gibt Heaney zu verstehen, haben die Funktion, in gröberen Rastern zu informieren, aber so, dass die Mehrdimensionalität der Landschaft erkennbar bleibt, also weiterführende Hinweise auch auf Details anbietet. Solche Hinweise beziehen sich auf Materialien, Umfang und Inhalte einer Sammlung, die Entstehungs-, Gebrauchs- und Überlieferungskontexte sowie die Beziehungen, in denen die Sammlung zu anderen Sammlungen steht. Außerdem werden die administrativen Bedingungen dokumentiert, unter denen eine Sammlung inventarisiert, gelagert und zugänglich gemacht wird.

Heaney hebt hervor, dass der Merkmalsumfang und der Detaillierungsgrad des Modells bei der Implementierung in spezifischen Daten- und Katalogformaten pragmatisch erweitert oder verringert werden können. Dadurch lassen sich die Bestandsstruktur einer Einrichtung und der Informationsbedarf der Klientel in der Sammlungsbeschreibung angemessen berücksichtigen. Heaney geht sogar so weit zu sagen, dass auch der Umfang einer Sammlung, also die Anzahl der Objekte, die sie enthält, nicht vorgegeben ist. Es erzeugt daher strukturell auch keinen Widerspruch, wenn eine Sammlung aus nur einem Objekt besteht. Auch ein einzelnes Element kann auf der Grundlage des Datenmodells als Sammlung beschrieben werden: »Where an institution can choose between different degrees of aggregation in determining what are its Collections, there is no structure inherent in the model which requires or predisposes a particular level of aggregation.«[35]

Heaneys Feststellung – und das ist der springende Punkt – enthält implizit einen Hinweis auf die Modalität von Erschließungskonzepten in der wissenschaftlichen Dokumentation: Sammlungserschließung sagt weniger darüber aus, was eine Sammlung ist, als darüber, wie wir eine Sammlung in der wissenschaftlichen Praxis jeweils konzeptualisieren und funktionalisieren. Sammlungsbeschreibungen sind standardisierte Kommunikationsformate, die – vergleichbar den Formularen in Stars und Griesemers Konzept der Grenzobjekte – Bearbeitung und Transfer der Informationen über die Sammlung ermöglichen.

Folgerichtig hat Heaney 2005 das Konzept der Sammlungsbeschreibung um die Analyse von Strukturen der Transaktionen zwischen Nutzern, Nutzerinnen und Institution erweitert. »The comparatively static universe of the Collection Description model is complemented by a similarly static universe describing Users. The process of bringing these two together involves transactions in which information is passed back and forth between them.«[36]

Als Beispiel eines solchen Vermittlungs- oder Übersetzungsprozesses – Heaney spricht von »transaction sequences«[37] – wird in Abbildung 3 ein Ausschnitt des Diagramms wiedergegeben, das den über eine Sammlungsbeschreibung vermittelten Zugang mittels Regeln und Handlungsoptionen zu einer Sammlung darstellt.[38]

Heaneys Studie versteht sich als »guide«, Handreichung, zentrale Elemente des *Analytical model of collections and their catalogues*, das die Erschließung von Sammlungen und deren Dokumentation behandelt, in die Praxis einer Institution umzusetzen. Im Unterschied zu diesem Konzept eines »analytical model« bezeichnet Heaney dessen Erweiterung als »transactional model«. Grundlegende Relationen der Transaktionen, wie »passes« im Diagramm der Abbildung 3, werden als Prozess der Kommunikation definiert: »*Passes* The act of communicating information between entities.«[39]

Abb. 3: »Direct access to a physical Collection Description«

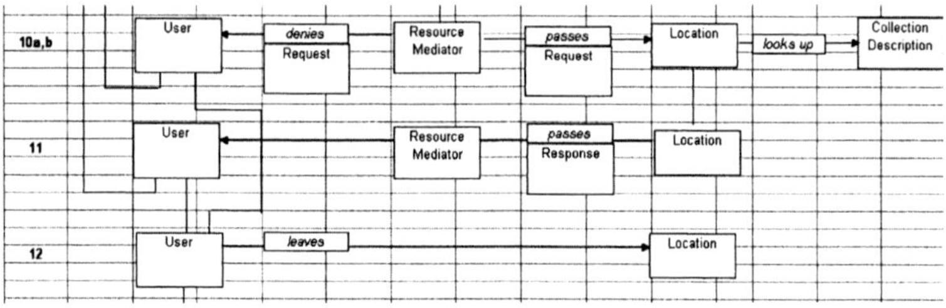

Michael Heaney, Users and information resources, 2005, fig. 6 (Ausschnitt). Grafik: Michael Heaney

Das Modell weist eine Variantionsbreite möglicher Handlungsoptionen aus und entspricht eher einem Baukastensystem mit heuristischem Anspruch als einem statischem System mit universellem Anspruch: »the entities and relationships are no more than building blocks which can be assembled in different sequences to model different sets of transactions, or even the same set of transactions in a different implementation.«[40] Diese einfachen Formen der Operationalisierung von Entitäten und ihren möglichen Beziehungen dienen also als Muster für die Entwicklung von individuellen Services, um »resources« und »user« mittels Transaktionen zu vermitteln.[41] Dabei kommen einerseits die lokalen, auf heterogene Bedarfe abgestimmte Routinen einer Interaktion zwischen Klientel und Institution in den Blick, andererseits die institutionellen technischen und materiellen Voraussetzungen der Forschungs- und Kultureinrichtungen.

Bereits in der Studie von 2000 benennt Heaney rechtliche, organisatorische und räumliche Konstituenten der Sammlung, mit denen er die gängige Definition von Sammlung (»aggregation of physical and/or electronic Items«[42]) erweitert: »This study takes the view that ownership, administration and location are relevant to the definition of a collection.«[43] In der Studie von 2005 erläutert Heaney dann die Konstituenten »location« und »administration« ausführlicher.

Die Entität »location« wird als Repositorium im Sinne eines physischen und elektronischen Speichers interpretiert und 2005 mit zusätzlichen, für die Kommunikation relevanten Attributen (»name«, »contact« usw.) ausgestattet.[44] »Administrator«, 2000 noch unterbestimmt (»An Agent who has responsibility for physical or electronic environment in which a Collection is held.«[45]), wird 2005 umbenannt (»The entity is now re-designed as Resource Mediator to emphasise the active aspects of the agent.«[46]) und in einer Reihe weiterer Diagramme durch Sequenzen von Transaktionen näher charakterisiert.

Heaneys Darstellung von Zugang, Präsentation und Austausch von »user« und Institution bringt – buchstäblich mit der Einführung des Begriffs eines »resource mediator« – den Aspekt der Intermediarität im Kontext der Informationsverarbeitung zur Geltung. Dabei beschreibt das geschickt gewählte Bild der »building blocks« anschaulich die konstruktiven Merkmale, die Sammlungsbeschreibungen und Sammlungen in Kontexten wissenschaftlichen Arbeitens haben können, wie wir sie aus den akteur-netzwerktheoretischen Überlegungen zur Arbeitsorganisation in institutionellen Milieus in Kapitel *Sammlung als »Grenzobjekt« und mediale Form kooperativer Informationsverarbeitung* kennengelernt haben.

Zusammenfassung: Sammlungen als Interaktionsfeld kooperativer Formen wissenschaftlichen Arbeitens

Dieser Aufsatz erkundet einen Diskussionszusammenhang über den Begriff der Sammlung, der sich seit den 1980er-Jahren in Publikationen der Informations- und Bibliothekswissenschaft, Soziologie und Wissenschaftsforschung nachvollziehen lässt. Es geht dabei um die Untersuchung kooperativer Arbeitsformen heterogener Akteursgruppen und damit mehr oder weniger um den Normalfall moderner wissenschaftlicher Arbeitsorganisation. Fragestellungen und Lösungsansätze akteur-netzwerktheoretischer Konzepte zu den soziomateriellen und -technischen Voraussetzungen der Informationsinfrastruktur von Kultur- und Forschungseinrichtungen bilden den Bezugsrahmen, in dem Sammlungen als Interaktionsfeld wissenschaftlichen Arbeitens expliziert werden. Auf eine griffige Formel gebracht, stellen Sammlungen demnach eine mediale Form kooperativer Informationsverarbeitung dar, die als Prozess im Sinne einer prozessualen Verfertigung des Mediums gedacht wird. Mit dem Aufkommen der Digitalität und deren Potential für innovative Nutzungsformen ist eine Konstellation gegeben, in der das Thema der Sammlungen Ende der 1990er-Jahre auch auf die bibliothekswissenschaftliche Agenda gesetzt wird. Mit Heaneys Konzeptstudien 2000 und 2005 zur Sammlung, deren Dokumentation und Vermittlung wird das Thema im Detail ausgearbeitet und gewinnt nicht nur für Erschließung und Präsentation von Sammlungen, sondern auch für die spartenübergreifende Zusammenarbeit von Bibliotheken, Archiven, Museen und Gedenkstätten programmatische Bedeutung.

Die Bezugnahmen genannter Autoren und Autorinnen lassen sich mitunter in den Fußnotenapparaten der Publikationen nachweisen, etwa wenn Curral, Moss und Stuart 2004 in kritischer, archivwissenschaftlicher Tendenz Arbeiten von Star und Heaney rezipieren, oder van der Veer Martens 2011, von Atkinsons und Stars Arbeiten ausgehend, eine schlüssige Aufgabenbestimmung des zeitgenössischen professionellen Verständnisses des Sammlungsmanagements in kulturellen Institutionen gelingt.

Im Rückgriff auf Atkinsons Charakteristik der Sammlungsform 1991 und 1994 und Stars Analyse der Funktionsweise der Sammlung im Wissenschaftsbetrieb 1989 und 2010 lassen sich die Merkmale der Sammlung als mediale Form nun so zusammenfassen: So wie wir eine Sammlung in der wissenschaftlichen Praxis jeweils konzeptualisieren, modellieren und funktionalisieren, ist sie Ausdruck eines kommunikativen Beziehungsgefüges von Inhalten, Formen und Kontexten. Als Ressource vor Ort (über eine Adressierung und Vernetzung auch als Onlineressource) ist sie kurzfristig verfügbar. Sie enthält Objekte, die temporär aus dem Beziehungsgefüge herausgelöst, transportiert, wiederholt genutzt und vermittelt werden können, ohne dass sich Objekte oder Sammlung wesentlich verändern. Der Gebrauch der Sammlung profitiert von ihrer polyzentrischen Struktur und Ambiguität, die Spielräume für ungewisse Konstellationen und Entdeckungen in der Forschung zulassen. Mit der Akzentuierung der Intermediarität und Polyzentrik der Sammlungsform ergeben sich darüber hinaus für die Erschließungs- und Präsentationsaufgaben von Kultur- und Forschungseinrichtungen überzeugende alternative Betrachtungsweisen gegenüber überkommenen Vorstellungen eines monozentrischen Sammlungskonzepts.

Erstveröffentlichung: Der Aufsatz ist unter dem Titel *Was ist eine Sammlung?* zuerst erschienen in: Zeitschrift für Bibliothekswesen und Bibliographie, 67, 2020, H. 1, S. 15–24. Der Text geht zurück auf einen Vortrag auf dem Kolloquium »Sammeln – Forschen – Wissen« der Herzogin Anna Amalia Bibliothek und des Forschungsverbunds Marbach Weimar Wolfenbüttel in Weimar, 3.-5. Mai 2017. – Die in der Erstveröffentlichung angegebenen Internetadressen (12. Juli 2019) wurden am 26. Oktober 2023 aufgerufen.

Anmerkungen

1 Sarah Byrne/Anne Clark/Rodney Harrison/Robin Torrence, Networks, agents and objects. Frameworks for unpacking museum collections, in: Dies. (ed.), Unpacking the collection. Networks of material and social agency in the museum, New York/Dordrecht/Heidelberg/London: Springer, 2011, S. 3–26, hier S. 15.

2 Bruno Latour/Steve Woolgar, Laboratory life: The social construction of scientific facts, Beverly Hills/London: Sage, 1979.

3 Patrick Sahle, Zentrales Verzeichnis Digitalisierter Drucke. Dokumentation, Version 0.8, 2006, bis 2009 online verfügbar unter http://www.zvdd.de/dokumentation.html, vgl. Jürgen Weber, Sammlungsspezifische Erschließung. Die Wiederentdeckung der Sammlungen in den Bibliotheken, in: Bibliotheksdienst, 43, 2009, H. 11, S. 1162–1178, hier S. 1165.

4 Ann Peterson Bishop/Laura J. Neumann/Susan Leigh Star/Cecilia Merkel/Emily Ignacio/Robert J. Sandusky, Digital libraries. Situating use in changing information infrastructure, in: Journal of the American Society for Information Science, 51, 2000, H. 4, S. 394–413, hier S. 394.

5 Bishop/Neumann/Star/Merkel/Ignacio/Sandusky (Anm. 4), S. 408.

6 Susan Leigh Star/James R. Griesemer, Institutional ecology, »translations« and boundary objects. Amateurs, professionals in Berkeley's Museum of Vertebrate Zoology, 1907–39, in: Social Studies of Science, 19, 1989, H. 3, S. 387–420, hier S. 388.

7 Formulierung gebildet in Analogie zu Stars Definition von Infrastruktur als Relation und Handlung »When is an infrastructure?« als »question in terms of a web of usability and action«, in: Susan Leigh Star/Karen Ruhleder, Steps towards an ecology of infrastructure. Design and access for large information spaces, in: Information System Research, 7, 1996, H. 1, S. 111–134, hier S. 112–114. – Vgl. hierzu den einleitenden Beitrag zum Sammelband zentraler Texte Stars in deutscher Übersetzung mit kommentierenden Beiträgen von Sebastian Gießmann/Nadine Taha, »Study the unstudied«. Zur medienwissenschaftlichen Aktualität von Susan Leigh Stars Denken, in: Dies. (hg.), Susan Leigh Star. Grenzobjekte und Medienforschung, Bielefeld: transcript, 2017, S. 13–77, hier S. 39 und S. 52–54.

8 Michael Heaney, An analytical model of collections and their catalogues. A study […] on behalf of the UK Office for Library and Information Networking with support from OCLC, 3. issue revised, Oxford 2000. Seit Juli 2019 im Oxford University Research Archive online verfügbar unter https://ora.ox.ac.uk/objects/uuid:43a021d7-3024-4fd1-bca0-86028ec6ec7d.

9 Michael Heaney, Users and information resources. An extension of the Analytical model of collections and their catalogues into usage and transactions. A study undertaken on behalf of UKOLN, 2. issue revised, Oxford 2005. Seit Juli 2019 im Oxford University Research Archive online verfügbar unter https://ora.ox.ac.uk/objects/uuid:7ca8009c-94e3-46c4-ab05-010df4e62fa3.

10 Sahle (Anm. 3).

11 Ross W. Atkinson, Access, ownership, and the future of collection development, in: Peggy Johnson/Bonnie MacEwan (ed.), Collection management and development. Issues in an electronic era, Chicago: American Library Association, 1994, S. 92–104, hier S. 97–100.

12 Betsy van der Veer Martens, Approaching the anti-collection, in: Library Trends, 59, 2011, H. 4, S. 568–587, hier S. 569. Van der Veer Martens' Definition der Sammlung als »a *selection* from among a number of different materials, services, and arrangements« geht zurück auf: William A. Wortman, Collection management. Background and principles, Chicago: American Library Association, 1989, S. 16.

13 Ross Atkinson, The conditions of collection development, in: Charles B. Osburn/Ross Atkinson (ed.), Collection management. A new treatise, Part A, Greenwich/London: Jai Press Inc., 1991, S. 29–48, hier S. 33.

14 Atkinson (Anm. 13), S.32-35.

15 Atkinson (Anm. 13), S. 42–45. In Abbildung 1 wird Atkinsons Modell multipler Sammlungskerne, die durch ihre Funktionalität definiert sind, in Form von Texturen interpretiert, die additiv, subtraktiv und sich überlagernd (Teil-)Sammlungen A-F bilden und Ausdruck von verschiedenen Perspektiven auf ein Set von Objekten sind.

16 Atkinson (Anm. 13), S. 36–42.

17 Atkinson (Anm. 13), S. 33.

18 van der Veer Martens (Anm. 12), S. 572, vgl. S. 569.

19 Terrence A. Brooks, The Education of collection developers, in: Osburn/Atkinson (Anm. 13), S. 145–158, hier S. 155–156.

20 James Curral/Michael Moss/Susan Stuart, What is a collection?, in: Archivaria, 58, 2004 (Fall), S. 131–146, hier S. 139, https://archivaria.ca/index.php/archivaria/article/view/12480.

21 Curral/Moss/Stuart (Anm. 20), S. 140–141.

22 Curral/Moss/Stuart (Anm. 20), S. 145.

23 Bishop/Neumann/Star/Merkel/Ignacio/Sandusky (Anm. 4), S. 394.

24 Star/Griesemer (Anm. 6) setzen sich in ihrer Fallstudie mit den Arbeiten von Bruno Latour, Michel Callon und John Law zur Akteur-Netzwerk-Theorie auseinander. Aus der Modifikation des Modells des »interessement« resultieren die Überlegungen zur Methodenstandardisierung und das Konzept der »boundary objects«. Ziel ist eine stärker an Fragen institutioneller Ökologien orientierte, ethnografisch verfahrende Betrachtung der soziotechnischen und -materiellen Bedingungen von Arbeit, hier angewandt auf die Rekonstruktion von Entstehungsgeschichte und Betrieb eines Forschungsmuseums. – Es sind zwei Anthologien mit Stars (1954–2010) verstreut publizierten Schlüsseltexten und begleitenden Kommentaren erschienen: Geoffrey C. Bowker/Stefan Timmermans/Adele E. Clarke, Ellen Balka (ed.), Boundary objects and beyond. Working with Leigh Star, Cambridge/London: MIT Press, 2015, sowie Gießmann/Taha (Anm. 7).

25 Star/Griesemer (Anm. 6), S. 388, S. 396–404.

26 Sally Gregory Kohlstedt, The nineteenth-century amateur tradition. The case of the Boston Society of Natural History, in: Gerald Holton/William A. Blanpied (ed.), Science and its public. The changing relationship, Dordrecht/Boston: Reidel, 1976, S. 173–190, hier S. 173.

27 Kohlstedt (Anm. 26), S. 180.

28 Star/Griesemer (Anm. 6), S. 393 mit der zentralen Definition des Grenzobjekts: »Boundary objects are objects which are both plastic enough to

adapt to local needs and the constraints of the several parties employing them, yet robust enough to maintain a common identity across sites. They are weakly structured in common use, and become strongly structured in individual site use. These objects may be abstract or concrete. They have different meanings in different social worlds but their structure is common enough to more than one world to make them recognizable, a means of translation. The creation and management of boundary objects is a key process in developing and maintaining coherence across intersecting social worlds.«

29 Susan Leigh Star, This is not a boundary object. Reflections on the origin of a concept, in: Science, Technology, & Human Values, 35, 2010, H. 5, S. 601–617, hier S. 603–604.

30 Susan Leigh Star, The structure of ill-structured solutions. Boundary objects and heterogenous distributed problem solving (1988/1989), in: Les Gasser/Michel N. Huhns (ed.), Distributed Artificial Intelligence, Vol. 2, London: Pitman/San Mateo: Morgan Kaufmann, 1989, S. 37–54, hier S. 48. Vgl. hierzu die Interpretation von Sebastian Gießmann, Von der Verteilten Künstlichen Intelligenz zur Diagrammatik der Grenzobjekte, in: Gießmann/Taha (Anm. 7), S. 151–166, hier S. 157–159.

31 Star/Griesemer (Anm. 6), S. 389 und S. 414.

32 Star/Griesemer (Anm. 6), S. 388–392.

33 Star/Griesemer (Anm. 6), S. 413.

34 Heaney (Anm. 8), 1.1-1.3.

35 Heaney (Anm. 8), 2.6.

36 Heaney (Anm. 9), 5.1.

37 Heaney (Anm. 9), 4.1.

38 Heaney (Anm. 9), 4.3 (10–12). Ich danke Michael Heaney für die Reproduktionsgenehmigung und die Überlassung der Datei (Mai 2019).

39 Heaney (Anm. 9), 3.7.1.

40 Heaney (Anm. 9), 5.5.

41 Heaney (Anm. 9), 5.6.

42 Heaney (Anm. 8), 5.1.3.

43 Heaney (Anm. 8), 6.4.

44 Heaney (Anm. 8), 5.1.4; Heaney (Anm. 9), 2.3.3.

45 Heaney (Anm. 8), 5.2.6.

46 Heaney (Anm. 9), 2.3.4.1.

Sammlungen enthalten kleine Kopien ihrer selbst

Symmetrien und fraktalähnliche Muster im Sammelprozess

»What have we here? A new tool to measure, not how long, heavy, hot, or loud something is, but how convoluted and irregular it is. It provides science with its first yardstick for roughness.«[1]

Abstract *Sammlungen von Objekten und Daten können erfahrungsgemäß Strukturen von hoher Komplexität ausbilden. In Bibliotheken manifestiert sich die Komplexität von Sammlungen z.B. in diversen Ordnungsvarianten und in Aufstellungsszenarien des Sammlungsguts in Räumen. Die Objektgruppen erscheinen hierbei teils streng systematisch, teils zufallsbestimmt und lückenhaft geordnet, teils auch in Mustern, die den Übergang von Ordnung zu Unordnung markieren. Für die Formen der Komplexität von Sammlungen gibt es bislang kein Maß. Mit dem Konzept des Fraktalen hat Benoît B. Mandelbrot die Qualität der »roughness« mathematischer, natürlicher und artifizieller Phänomene beschrieben. Es geht dabei um rekursive Prozesse und selbstähnliche Strukturen, die in so unterschiedlichen Bereichen wie Verästelungen von Bäumen, Metallbruchstellen, Siedlungsformen und textilen Designstudien, musikalischen Tonfolgen und Kursverläufen von Aktien und Währungen auftreten. Auch Sammlungen kann das Merkmal der »roughness« zugeschrieben und als Ausdruck der Komplexität verstanden und gemessen werden.*

As is known, collections of objects and data can form highly complex structures. In libraries, the complexity of collections can manifest itself in different arrangement methods and collection display scenarios in the rooms. Some such groups of objects are ordered according to a strict system, some are randomly and incompletely ordered, some are ordered in patterns that mark a transition from order to disorder. At present, there is no method for measuring the forms of complexity of collections. Benoît B. Mandelbrot made use of the concept of the fractal to describe the »roughness« of mathematical, natural and artificial phenomena. This concept describes recursive processes and self-similar structures that occur in such diverse phenomena as tree ramifications, metal fractures, settlement forms, textile design studies, musical note sequences and the price movements of stocks and currencies. Collections, too, can be attributed the characteristic of »roughness« and be understood and measured as an expression of complexity.

Einleitung: Selbstähnlichkeit

Abbildungen von Bibliotheken begegnen uns in unterschiedlichen Medienformaten: als Kalenderedition, als Bildband, in Form von Frontispizen historischer Drucke, auf Postkarten und Imagebroschüren. Gleichgültig ob ein historischer oder moderner Bibliothekssaal, ein Kompaktmagazin oder auch das Arrangement von Bücherregalen in häuslicher Umgebung unsere Aufmerksamkeit weckt, in den meisten Fällen erscheinen die Büchersammlungen homogen in großen Bildbereichen, aber inhomogen in kleinen, detailreichen Bildbereichen.

Bei näherem Hinsehen sind es die *Symmetrien* der Eigenschaften, an denen wir die Homogenität der im Raum platzierten Sammlungen festmachen können, z.B. an der Symmetrie der Regalanordnung und dem Arrangement von Globen, Büsten und Vitrinen im Raum. In ihren ausgeprägten hierarchie-, gitter- oder netzartigen Strukturen deuten Symmetrien zugleich auf ein hohes Maß an Diversität und Komplexität angewandter Ordnungsmuster.

Symmetrien sind oft Indikatoren für Komplexität. Wodurch sich die uns oft vertraut erscheinenden Strukturen im Detail auszeichnen, ist nicht immer leicht zu benennen, um es für die Sammlungserschließung zu nutzen. Ein einfaches Beispiel hierfür ist das Gliederungsschema der Dewey-Dezimalklassifikation (Abb. 1), deren Abteilungen und Unterabteilungen mit weiteren Gliederungsstufen der Unterordnung – immer nach dem Schema des Dezimalzahlensystems – Wissensgebiete abbilden. Ein anderes Beispiel ist die Ordnung der Bücher auf Regalen in der Kombination einer klassifikatorischen Aufstellung oder der nummerischen Zugangsfolge mit den Formatgrößen der Bücher. Das entspricht einem gängigen bibliothekarischen Prinzip der Ökonomie bei der »Packung« von Regalen, bei dem sich symmetrische Konfigurationen von Merkmalen einer Sammlung über die verschiedenen Formatgrößen hinweg wiederholen. Auch wenn sich mit den Formaten die Proportionen ändern, bleibt die Symmetrie bestimmter Eigenschaften von einer zur nächsten Objektgruppe unverändert.

Abb. 1: Selbstähnlichkeit: Gliederungsschema der Dewey-Dezimalklassifikation mit symmetrisch angelegter Baumstruktur und Kaskade

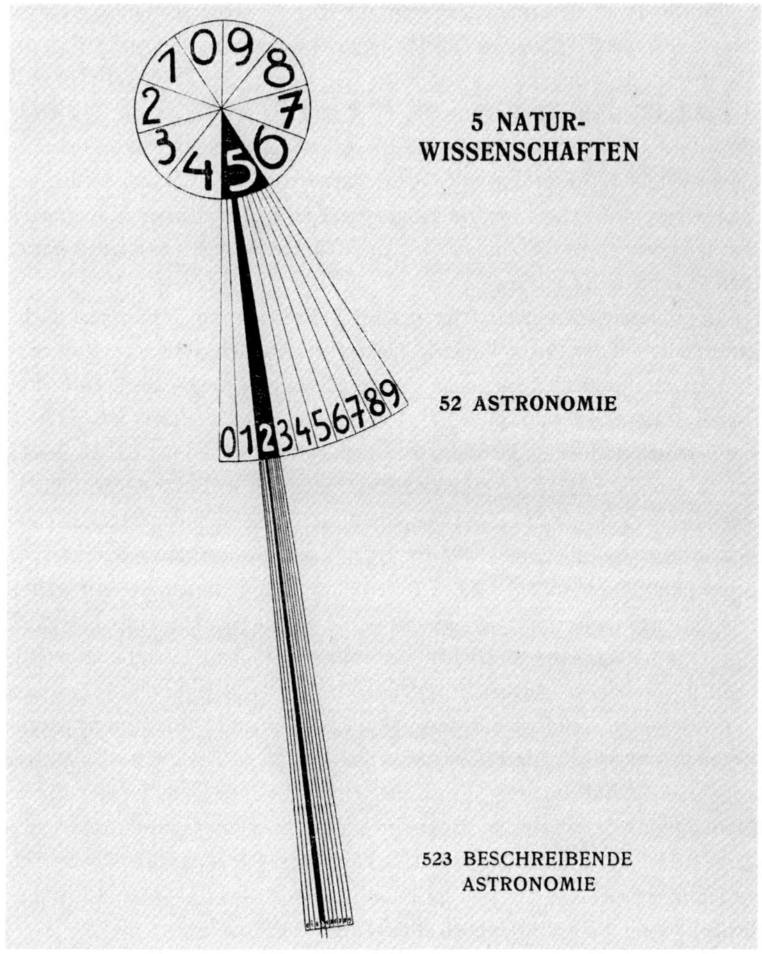

Karl Wilhelm Bührer/Adolf Saager, Die Welt-Registratur. Das Melvil-Deweysche Dezimal-System, München: Die Brücke, 1912, S. 4. Klassik Stiftung Weimar, Herzogin Anna Amalia Bibliothek, Signatur: D4:165b8

Für Benoît B. Mandelbrot sind Symmetrien eine Art Ankerpunkt, um in unübersichtlich wirkenden Konfigurationen ordnende Faktoren sichtbar zu machen: »The fastest way to simplify things is to spot the symmetries, or invariances – the fundamental properties that do not change from one object under study to another.«[2] Objekte mit symmetrischen Strukturen gelten als selbstähnlich, wenn sie über verschiedene Vergrößerungs- oder Verkleinerungsstufen hinweg zwar die Größe, aber nicht die Form verändern. Man sagt dann, dass Teile der Struktur eines Objektes jeweils Kopien des Ganzen enthalten. Wie wir bei der Packung der Regale an dem Gefüge aus Formatgrößen und klassifikatorischer oder Zugangsfolge der Bücher sehen, lässt sich die Ordnung der Bücher auch als Hierarchie selbstähnlicher Komponenten eines Systems verstehen. Strukturen mit Eigenschaften diesen Zuschnitts bezeichnet Mandelbrot als fraktal: »A fractal has a special kind of invariance or symmetry that relates a whole to its parts: The whole can be broken into smaller parts, each an echo of the whole.«[3]

Die für viele fraktale Strukturen zentrale Bestimmung der Selbstähnlichkeit scheint auf den ersten Blick zwar leicht verständlich zu sein, verlangt mathematisch aber nach zahlreichen Differenzierungen, die für die Argumentation dieses Aufsatzes nur in begrenztem Umfang entwickelt werden müssen. Ein Beispiel: Anders als mathematische Objekte erreichen natürliche Objekte und Artefakte den Grad exakter Selbstähnlichkeit nicht. Zur Plausibilisierung dieses Sachverhalts wird in populären Darstellungen der fraktalen Geometrie gern auf selbstähnliche Muster verwiesen, die bestimmte Gemüse, wie Brokkoli und Blumenkohl, zeigen. Deren Blütenstände setzen sich aus kleineren Blütenständen zusammen, die noch kleinere Blütenstände enthalten, doch lässt sich die Verkleinerung, leicht nachvollziehbar, nicht unbegrenzt ins Unendliche fortsetzen.[4] Auch bekannte Kunstwerke, wie Salvador Dalís *The face of war* (1940) – ein Totenschädel, dessen Augenhöhlen und Mundöffnung jeweils kleinere Totenschädel derselben Art enthalten – weisen zwar fraktale Muster auf, deren Fortführung ins Unendliche jedoch nur angedeutet werden kann.[5] Man sagt dann, dass solche Objekte im Unterschied zu exakt selbstähnlichen geometrischen Figuren nicht in genaue Kopien des Ganzen in unendlicher Folge zerlegt werden können, und spricht stattdessen von ermäßigter Selbstähnlichkeit, deren Komplexität noch einmal gesteigert ist.[6]

In dem Lehrbuch *Fraktale Geometrie* (2000) machen Herbert Zeitler und Dušan Pagon daher den Vorschlag, bei physischen Objekten in Abgrenzung von mathematischen Fraktalen von *fraktalähnlichen Gebilden* zu sprechen, deren Struktur *durch Simulation eines Fraktals* gefunden wird.[7] In dieser Bedeutung wird der Begriff fraktaler, genauer: fraktalähnlicher Strukturen im Folgenden zur Charakterisierung von Sammlungen als Artefakten gebraucht.

Im Vergleich zur Reichweite, die Interpretationen auf der Grundlage der fraktalen Geometrie im Hinblick auf die Strukturanalyse komplexer Objekte und Prozesse abdecken, erscheint die klassische Geometrie eher als ein Spezialfall von idealisierten Objekten wie Strecken, Rechtecken und Kugeln. Mandelbrot hat diese Differenz der Geometriekonzepte und ihrer Objektbereiche durch das Gegensatzpaar »rough« und »smooth«, »rau« und »glatt« zu charakterisieren versucht. Mandelbrot verweist auf die – mathematikhistorisch gesehen – »anarchischen Auswüchse« einer Vorgeschichte der fraktalen Geometrie in den Jahren 1875 bis 1925 mit ausgefallenen Versuchen, grundlegende Begriffe zeitgenössischer Mathematik zu Ende zu denken: »fantasies, deliberately contrived to point out some logical inconsistencies in mainstream mathematics.«[8] Diese Versuche haben paradoxe Gebilde (mit kuriosen Namen wie »Cantor-Staub«, »Sierpinski-Teppich« und »Menger-Schwamm«) hervorgebracht, die von den Zeitgenossen oft nur als Provokation oder als abnorm eingeordnet werden konnten.[9] Aus der Sicht Mandelbrots ist die fraktale Geometrie daher auch gegen diese Abwehr von Phänomenen des Fragmentierten, Komplexen, Irregulären, kurz: des Rauen gerichtet, deren Evidenz durch unsere Alltagserfahrung bestätigt wird. Mandelbrot leitet seine Autobiographie (2012) denn auch mit einer Beschreibung der Rauheit ein: »Nearly all common patterns in nature are rough. They have aspects that are exquisitely irregular and fragmented – not merely more elaborate than the marvelous ancient geometry of Euclid but of massively greater complexity.«[10] Kennzeichnend für solche rauen Eigenschaften ist, dass sie unter Vergrößerung wider Erwarten nicht einfacher oder glatt werden, sondern ihre Komplexität beibehalten und sich im Sinne ermäßigter Selbstähnlichkeit mehr oder weniger wie kleine Kopien des Ganzen verhalten.

Der Begriff »fraktal« wurde 1975 geprägt (zuvor wurde vereinzelt von »fractional« gesprochen). Mandelbrot nennt sein bekanntestes Buch, *Die fraktale Geometrie der Natur* (englisch zuerst 1977, deutsch 1987), einen »›essay‹ combining a fractal manifesto and a casebook«[11] und steckt damit die Reichweite der Publikation ab: Programm und Beispielsammlung. In der Fachliteratur wird daher auch immer wieder auf den experimentellen Charakter der Theorie hingewiesen, deren Anwendungsperspektiven heute auf technischem und medizinischem Gebiet, in der Kunst und den Kultur- und Naturwissenschaften gesehen werden.

Mandelbrot betont, dass die begonnene Ausformulierung der fraktalen Theorie anwendungsorientiert angelegt sei und von dem frühen Einsatz der Computertechnologie bei der Auswertung und später auch grafischen Darstellung großer Datenmengen profitiere. Daher hat Mandelbrot neben seiner akademischen Lehrtätigkeit seine Forschungsarbeit in technisch orientierten Umgebungen immer geschätzt. So war er Mitte der 1950er-Jahre zunächst im Laboratoire d'Électronique et Physique Appliquée von Philips France in Paris tätig, wo er bei der Entwicklung von Farbfernsehern an der Analyse von Farbspektren arbeitete, bevor er 1958–1993 als Fellow des Thomas J. Watson Research Centers in New York der Forschungsabteilung von IBM (International Business Machines) angehörte.[12]

Zu den ersten Fachbereichen, die sich mit der Theorie des Fraktalen auseinandergesetzt haben, gehörten die Wirtschaftswissenschaften. Anlass war ein Beitrag Mandelbrots in dem Themenband *The random character of stock market prices* (1964), in dem er durch eine datenreiche Analyse der an der New Yorker Börse gehandelten US-Baumwollpreise eines Jahrhunderts auf (später fraktal genannte) Muster – Diskontinuitäten und Sprünge in Kursverläufen – gestoßen war, die nach den Standardmodellen der modernen Finanztheorie gar nicht hätten auftreten dürfen. Der Beitrag löste wiederholt tiefgreifende Debatten über die Grundlagen der Finanzmärkte aus.[13]

Bei der Untersuchung von Prozessen der Finanzmärkte und des Konsumsektors ist Mandelbrot auch auf einen Effekt gestoßen, den er als »long-memory process« großer zeitlicher oder räumlicher Distanzen bezeichnet. Stark vereinfacht besagt dieser Effekt, dass bestimmte Muster, die bei Betrachtung eines kurzen Zeit- oder Längenabschnittes zufällig erscheinen mögen, doch Abhängigkeiten und Wiederholungen aufweisen, die man erkennt, sobald man – wie in einer Projektion – einen längeren zeitlichen oder räumlichen Abschnitt in den Blick nimmt.[14] Zu zeigen, dass solche Datencluster fraktale Strukturen enthalten, dient der Komplexitätsreduktion, die man sich bei der Bestimmung fraktaler Muster auch zur Interpretation von Sammelprozessen zunutze machen kann. Das betrifft Fragestellungen des Sammlungsmanagements, etwa die Entwicklung von Budgets, Parametern der Medienauswahl, Ausstattungsmerkmalen von Bucheinbänden und Benutzungsstatistiken.

Institutionelle Sammlungen sind wie eine Mixtur aus einer unbekannten Anzahl von Faktoren, die das Sammlungsprofil prägen. Gelegenheitskäufe, Motive der Sammelleidenschaft, Zugänge unbekannter Provenienz, Medientausch, kalkulierte Verkäufe und unkontrollierte Verluste durch Diebstahl lassen das Sammlungsmanagement oft unübersichtlich erscheinen. Es ist daher gut vorstellbar, dass man – wie dies z.B. in der Provenienzforschung der Fall ist – bei der Analyse von Überlieferungssträngen auch auf Phänomene stößt, die mit ordnenden Strukturen eines »long-memory process« in Verbindung gebracht werden können. So werden sammlungsidentifizierende Merkmale auch in zerstreuten Teilsammlungen eine Zeitlang unerkannt überliefert und treten in veränderten Kontexten großer zeitlicher oder räumlicher Distanzen wieder zutage. Das können fragmentarisch überlieferte Evidenzen älterer Signaturensysteme und andere Gebrauchsspuren einer Sammlung sein, die ein typisches Muster erkennen lassen und heute voneinander getrennte Teilsammlungen als früher zusammengehörig ausweisen.

Die Leitfrage dieses Aufsatzes, wie sich Komplexität von Sammlungen beschreiben und messen lässt, zielt auf Genese und Erscheinungsformen von komplexen Strukturen *in einer Sammlung* (intra) und auf Beziehungen *zwischen Sammlungen* (inter). Als ein Beispiel wird die Anordnung von Sammlungen im Raum in ihren augenfälligen morphologischen Ausprägungen nach Form und Funktion des Weimarer Rokokosaales untersucht. Die Interpretation macht fraktalähnliche Musterbildungen des Sammlungsdesigns sichtbar, die – so die einschlägige Messgröße – jeweils als *Dimension der Sammlung* bestimmt werden können. Der experimentelle Interpretationsansatz hat keine historische Rekonstruktion zum Ziel, sondern bietet auf der Basis geometrischer Modellbildung ein Hilfsmittel zur Strukturanalyse von Sammlungen an, die nach dem vorgeschlagenen Format auf weitere Experimentierfelder des Sammlungsmanagements übertragbar sein soll.

Symmetrien in Sammlungen

Für die Konzeption des Sammlungsdesigns, d.h. des Designs der räumlichen Anordnung und der Binnenstruktur von Sammlungen, sind Symmetrien von fundamentaler Bedeutung. Durch Erschließungsleistungen, z.B. die Klassifizierung der Objekte nach einem Fachgebiet, entwerfen wir Sammlungen in Form von Systemen. Die Komponenten solcher Systeme stehen untereinander in Beziehung, etwa durch ihre Über-, Unter- und Beiordnung oder auch durch ihre Entgegensetzung. Die Strukturen der Systeme und Subsysteme, die das Beziehungsgefüge der Komponenten bilden, können in Form von symmetrisch konstruierten Hierarchien räumlich abgebildet werden.

Baumstrukturen mit sich verzweigenden Ästen, wie die Dewey-Dezimalklassifikation, gehören zu den bekannteren Grundmustern solcher hierarchischen Gefüge. In ihrer Einfachheit und erst recht in ihrer Fortentwicklung als Gitterstrukturen sind sie dennoch variantenreich und können ganz unterschiedliche Grade von Komplexität annehmen. Verfahren der Design- und Entwurfstheorie, die eine wichtige Schnittstelle für Anwendungen fraktaler Interpretation auf Artefakte in Kulturwissenschaften, Soziologie, Architektur und Kunst sind, können zur Strukturanalyse solcher Gefüge herangezogen werden.

Beispielhaft führen dies die Geografen Michael Batty und Paul Longley in ihrer Studie *Fractal cities. A geometry of form and function* (1994) vor. Sie können durch ihre Profilanalysen urbaner Infrastrukturen zeigen, dass mit zunehmender Komplexität der jahrelangen Nutzung städtischer Räume sich fraktale Muster ausbilden. Das gilt sowohl für Stadtkerne, die schachbrettartig am Reißbrett entworfen scheinen, als auch für Städtegründungen, deren Anlage keine strikte Planung (mehr) erkennen lässt.[15]

Plausibel wird dies durch die propädeutischen Überlegungen, mit denen Batty und Longley die Baumstruktur und die Komponenten eines hierarchischen Gefüges in einen Entdeckungszusammenhang mit fraktalen Mustern bringen: »Various decompositions of the system into sets of elements define subsystems which it may be possible to associate with, and arrange into, a distinct hierarchy. The various elements, and aggregations thereof into subsystems, may reflect the same form but at different system levels of the hierarchy, and if this conception of organizing the system this way is spatial in any sense, these subassemblies may be *replications of the same form at different scales*.«[16]

Batty und Longley machen in ihrer Argumentation Gebrauch von zwei elementaren Methodenbegriffen, »decomposition« und »spatial layout«, die zur Interpretation von Designaufgaben und zur Beschreibung eines Artefakts (das ist das Ziel von Design) angewandt werden.[17] Das analytische Verfahren der Dekomposition hat das Ziel, implizite Attribute eines Designprozesses oder eines Objektes ausfindig zu machen und nutzt für deren Darstellung bevorzugt Baumdiagramme. Das Hilfsmittel des »spatial layout« hat exploratorische Funktion und unterstützt die Modellierung des Artefakts nach Maßgabe der Dekomposition, z.B. durch die Konstruktion der Formen, die benachbarte oder aufeinander verweisende Komponenten einer Hierarchie bilden können. Die Methoden dienen dazu, eine Abstraktionsebene als Basis für Strukturanalysen herzustellen. Als Beispiel soll eine hierarchische Struktur in zwei symmetrischen Varianten als Baumdiagramm und als Netzwerk vorgestellt werden.

Abb. 2: Hierarchie mit Baumdiagramm als Kaskade und als Netzwerk (H-Baum oder H-Fraktal, Ausschnitt) mit der gleichen Verteilung schwarzer und weißer Boxen

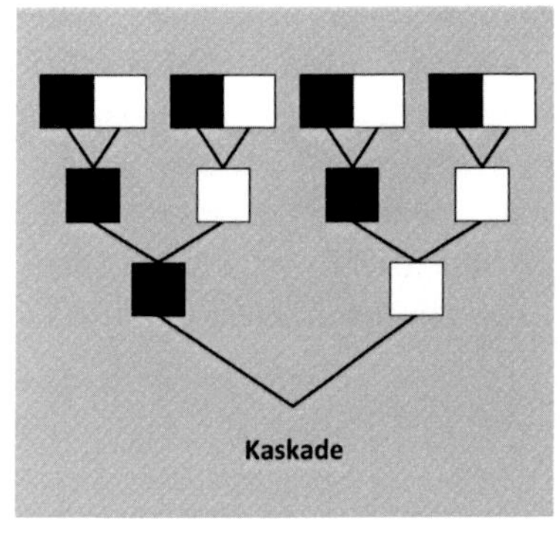

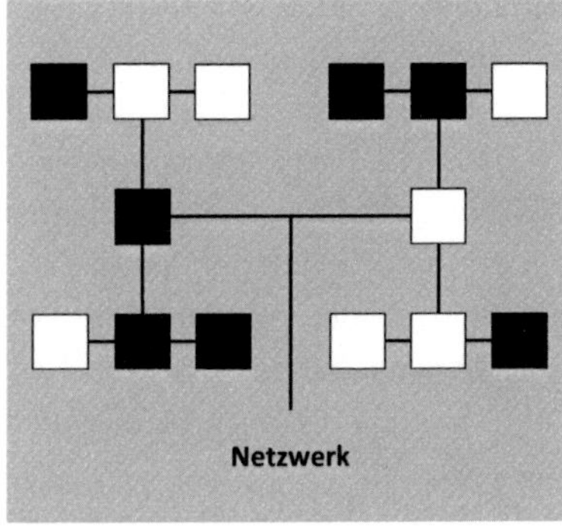

Die Figuren zeigen, dass nach wenigen Verzweigungen aus einer einfachen Bildungsregel (links: schwarze Box; rechts: weiße Box) ein komplexes Muster hervorgehen kann. Grafik: Jürgen Weber

Abbildung 2 zeigt ein Baumdiagramm, auch Kaskade genannt, mit zwei und vier Verzweigungen der Komponenten mit disjunktiver Struktur sowie ein Netzwerk, das gleichwohl hierarchisch angelegt ist und eine andere Ansicht der Kaskade darstellt.[18] Die schwarzen und weißen Boxen sind nach einer sehr einfachen Bildungsregel (links: schwarze Box; rechts: weiße Box) symmetrisch verteilt, gewinnen jedoch mit fortschreitender Verzweigung rasch an Komplexität. Das Netzwerk mit seinen H- oder Y-förmigen Verzweigungen stellt zugleich die Grundform des H-Baums oder H-Fraktals dar, dessen Verzweigungen als verkleinerte Kopien seiner selbst in unendlicher Folge verschachtelt vorgestellt werden können.[19]

Batty und Longley beziehen sich bei ihrer Analyse der Baumstrukturen auf Arbeiten von Christopher Alexander, der in einem vielzitierten Aufsatz *A city is not a tree* (1965) Baumdiagramme näher untersucht und durch ein Schema mit gitterartigen Strukturen ergänzt hat.[20] Anlass für die Auseinandersetzung mit diesen Darstellungsformen waren architekturkritische Untersuchungen zu städtebaulichen Nutzungskonzepten und ihren formalen Repräsentationen. Einrichtungen, wie z.B. Schulen und Sportplätze, die eine gemeinsame Nutzung durch Personen aus verschiedenen Nachbarschaften und Stadtvierteln vorsahen, zeigten eine Überlappung von Bewegungsbildern, deren Komplexität und Diversität mit der Form von Baumdiagrammen nicht mehr adäquat wiedergegeben werden können.

Die Verfahren der Dekomposition und der zeichnerischen Darstellung der Komponenten sind Hilfsmittel, die *Komplexität artifizieller Systeme* zu beschreiben. Auf dieser Abstraktionsebene wird die Art und Weise, wie die Verschränkung und Verschachtelung der Hierarchien urbaner Infrastrukturen zu denken sind, mit dem Aufgabengebiet der Erschließung von Sammlungen als hierarchischen, räumlich abbildbaren Systemen und Subsystemen vergleichbar. Abbildung 3 ist ein Diagramm, das modellhaft die Dekomposition einer Sammlung mit polyzentrischer Struktur darstellen soll. Die Relationen der Komponenten werden abstrakt in Form von Textur, Mengenrelationen und Gitter ausgedrückt.

Abb. 3: Dekomposition einer Sammlung mit polyzentrischer Struktur

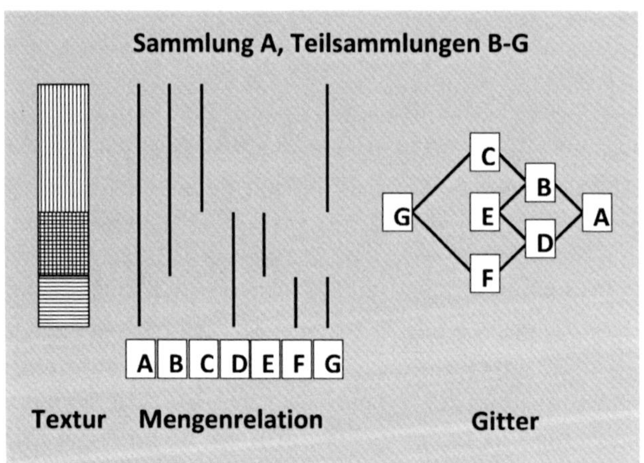

Die Teile der Sammlung und ihre Relationen untereinander werden in Form von Textur, Mengen und Gitter dargestellt, z.B. als Vereinigung (A), Schnitt (E) und symmetrische Differenz (G). Das Gitter baut auf der Kaskadenform in Abb. 2 auf. Grafik: Jürgen Weber

Diese Darstellungsform greift auf ein schon publiziertes Schema[21] zurück, das durch ein Gitter im Sinne Alexanders ergänzt wird. Im Unterschied zu dem Modell von Kaskade und Netzwerk können mit dem Schema der Textur auch Überlappungen dargestellt werden. Die vertikalen Striche (A)-(G) drücken mögliche, mit der Textur verbundene Mengenrelationen aus, z.B. Vereinigung (A), Schnitt (E) und symmetrische Differenz (G). Das Modell zeigt eine

Überlappung von Komponenten zwischen den Sammlungspartitionen, deren Gefüge auch durch ein Gitter – als eine Weiterentwicklung der Kaskadenform – wiedergegeben werden kann.

Dass Sammlungen eine polyzentrische Struktur haben, bedeutet, dass sie im Hinblick auf ihre Funktionen definiert werden, welche sie im jeweiligen institutionellen Umfeld erfüllen. Je nachdem, unter welchen Perspektiven man eine Sammlung betrachten will, können die funktional definierten Sammlungspartitionen verschiedene Teilsammlungen oder Sammlungskerne ausmachen, z.B. im Hinblick auf den Schauwert, den Vorbesitz, die Nutzungsfrequenz oder Wissensgebiete.[22]

Battys und Longleys Sicht auf hierarchische Abstraktionen (z.B. in Form einer Kaskade oder eines Netzwerkes) bildet im Folgenden den Ausgangspunkt der Strukturanalyse räumlicher Repräsentationen einer Sammlung. In den nächsten beiden Kapiteln werden an einem Aspekt der räumlichen Infrastruktur des Weimarer Rokokosaales, einem Wegegraphen zu den Repositorien, mithilfe der Simulation des H-Fraktals fraktalähnliche Strukturen aufgezeigt und berechnet.

Ein Jachthafen im Rokokosaal

Als *Kulturgeschichte einer Sammlung* ist eine umfassende Publikation zur Geschichte der Herzogin Anna Amalia Bibliothek untertitelt, die im Kulturstadtjahr Weimars 1999 erschienen ist.[23] Damit wird der Sammlungsbegriff dem Buch zwar programmatisch vorangestellt, scheint aber in einer Übersicht von gut dreihundert Jahren Bibliotheksgeschichte ambivalent, ja unentschieden zu bleiben.

Diesen Eindruck vermittelt schon die Fotostrecke von 26 Schwarz-Weiß-Aufnahmen, mit der Laura Padgett den Band eröffnet. Sie porträtiert den Bibliothekssaal nicht im Weitwinkel der Totalen, wie er nach dem Brand ikonisch werden wird und die Blicke des Publikums auf das lebensgroße Porträtbild Carl Augusts, des Sohns von Anna Amalia und Herzogs von Sachsen-Weimar-Eisenach, lenkt. Im Kontrast dazu präsentiert die Fotografin ungewohnte Perspektiven auf Nischen, Erker und Schlupfwinkel unter den Treppen, zum Teil ausgestattet mit technisch unzulänglichen Vorrichtungen, die man nicht für möglich gehalten hätte. Auch Aufnahmen der durch den Brand 2004 zerstörten zweiten Galerie des Saales sind zu finden. Viele Aufnahmen betonen die

Rundungen und Bögen und verleihen damit der Architektur des fassadenähnlichen Holzkonstrukts und des Regalbaus rokokotypische dynamische Züge.[24]

Auch einem Rezensenten des Buches ist dieser ungewohnte Blick auf die Sammlung und das Ambiente des 1998 zum Weltkulturerbe erhobenen Gebäudes aufgefallen. So schreibt Werner Arnold zur Fotostrecke: »[…] aus variierenden Perspektiven wird das Zentrum der Bibliothek […] beleuchtet und zugleich durch diesen konzentrierten Kunstblick seine Baufälligkeit (die angegriffenen Verschalungen mit den über sie laufenden elektrischen Leitungen) visuell erläutert. Aber auch die rechte Ordnung der Kunstwerke scheint etwas derangiert zu sein, denn manchen Porträts und Büsten sind wohl eher Verlegenheitsplätze als im Hinblick auf eine ideelle Einheit überlegte Standorte zugeordnet worden.«[25]

Die Gründe und Folgen dessen, was Arnold als Fehlen einer ideellen Einheit konstatiert, werden in dem kulturwissenschaftlich akzentuierten Beitrag von Ulrike Steierwald erkundet, der die Epoche 1758–1832 in den Blick nimmt. In diese Zeit fallen der Umzug der Bibliothek aus dem Stadtschloss in den 1760–1766 umgebauten Rokokosaal des Grünen Schlosses und die Öffnung der Bibliothek für eine Nutzung durch die Stadtgesellschaft. Bezogen auf den Zustand der Sammlungen im Saal kommt Steierwald am Ende zu dem ernüchternden Urteil: »Ein systematisches, durch die Literatur repräsentiertes Raum- und Weltbild hat es in der Weimarer Bibliothek nie gegeben.«[26]

Als einen der Gründe nennt sie die Multifunktionalität des neuen Saales. Mit der Funktion eines Schausaales verbanden sich schon früh Aufgaben als Magazin, Versammlungsraum, Gedächtnisort und Museum. Hinzu kommt, dass dessen Struktur darüber hinaus schon bald nach der Inbetriebnahme durch Verdichtungen der Regalkonstruktion überfrachtet worden ist. Es ist seltsam, dass dieser für das Publikum auf den ersten Blick aufgeräumt wirkende Saal von Beginn an konzeptionell durch eine markante Unentschlossenheit geprägt war, die eine Rekonstruktion von Vorzuständen nach Meinung Steierwalds bis heute praktisch unmöglich macht.[27]

Glücklicherweise verfügen wir über zeitgenössische Berichte über die Aufstellung der ersten Sammlungen im Rokokosaal, die nach dem Umbau des Grünen Schlosses in den Saal verlagert wurden. Aus den von Steierwald ausgewerteten Berichten geht hervor, dass die zunächst im Stadtschloss in drei Räumen nach ihren Vorbesitzern geschlossen aufgestellten Sammlungen im Umfang von 30.000 Bänden jeweils systematisch gegliedert waren. So heißt es über den Transfer der Sammlungen in den neuen Hauptsaal der Bibliothek in einem Reisebericht von 1791: »Dieses mit schöner Stuccaturarbeit und Vergoldungen ausgeschmückte Gebäude, hat drey Abtheilungen übereinander; einen grossen länglichten Saal mit einem Oval in der Mitte, und zwey Stockwerken, wozu eine bequeme Treppe führt. Hier ist nun die Trennung der drey erwähnten Bibliotheken größtentheils beybehalten, und auf der rechten Seite, wenn man in den Saal tritt, die Logauische, auf der linken die Schurzfleischische, und im mittleren Oval sind die kostbarsten Werke der herzoglichen Handbibliothek aufgestellt worden.«[28] Diese Aufstellung nach Vorbesitz, Binnenklassifikationen und Formatgrößen scheint dann durch das Vorhaben aufgebrochen worden zu sein, zugunsten einer übergreifenden Systematik, die sich an den komplexen räumlichen Gegebenheiten aller drei Stockwerke orientierte, die alten Sammlungen aufzulösen. So liest Steierwald aus dem Reisebericht, »daß sich zwanzig Jahre nach dem Umzug einzelne Fachgruppen gebildet hatten, in denen die alten und neuen Erwerbungen allmählich durchmischt wurden.«[29]

Steierwald folgert daraus: »Das Ergebnis der systematischen Aufstellung im Saal zeigt jedenfalls, daß hier räumlich kein durch Texte geordnetes Weltbild suggeriert werden konnte. Zwischen den beiden Aufstellungsprinzipien der Provenienz und der fachlichen Einordnung hatte man also keine klare Entscheidung getroffen.« Auch der Versuch, dem Saal hilfsweise durch Einbände aus hellem Gebrauchspergament ein einheitliches Äußeres zu verleihen, ließ sich nicht durchhalten.[30]

Wie man an Padgetts Fotoserie gut nachvollziehen kann, wirkt wie die meisten Bibliothekssäle auch der Rokokosaal homogen in großen Bildbereichen, aber inhomogen in kleinen, detailreichen Bildbereichen. Die Disaggregation der Bücher im symmetrisch angelegten Schausaal manifestiert sich als Spreizung der Sammlungen, deren dynamische Aufstellung Steierwald als Komplexitätssteigerung beschreibt. Verstärkt wird die Spreizung durch eine Tendenz zur Fragmentierung nach Kabinetten und Sondersammlungen, dokumentiert z.B. durch einen Katalog von 1780, der eine Sammlung nach ihrem Aufstellungsort im Saal benennt, bezogen auf ein Fenster auf der Westseite der Basis des Hauptsaales: *Verzeichnis derer in dem Glasschranke des Fensters D befindlichen Handschriften, und andern raren paradoxen und Sotadischen Schriften,*[31] sowie durch »kleine Archive« in den Podesten der Porträtbüsten von Goethe, Schiller, Herder und Wieland, die den Vorhof des zentralen Herzogporträts bilden.[32] Steierwald weist auf die kommunikative Funktion der Porträtkultur mit ihren nachhaltigen rezeptionsästhetischen Wirkungen bis heute hin: »Die heutige Wirkung des Raumes resultiert nicht zuletzt aus den Blicken hunderter gemalter und skulpturierter Porträts, mit denen sich der Betrachter konfrontiert sieht.«[33]

Die Konfiguration der Sammlungen im Rokokosaal ist ein Ergebnis der Beziehungen von Ausstattung, Platzierung und Packung der Repositorien mit den temporären Schwankungen in der Anwendung der Ordnungsprinzipien nach Klassifikationen und Provenienz. Will man die Komplexität dieses Aufstellungsszenarios charakterisieren, wird nun vorgeschlagen, zunächst die Infrastruktur zu beschreiben, zu der auch die Wegeführung zu den Repositorien mit Zwischenräumen und Durchgängen gehört.

Abb. 4: Stark vereinfachter Grundriss der Basis des Rokokosaales mit eingezeichnetem Wegegraphen und nummerierten Verzweigungspunkten auf der linken Seite

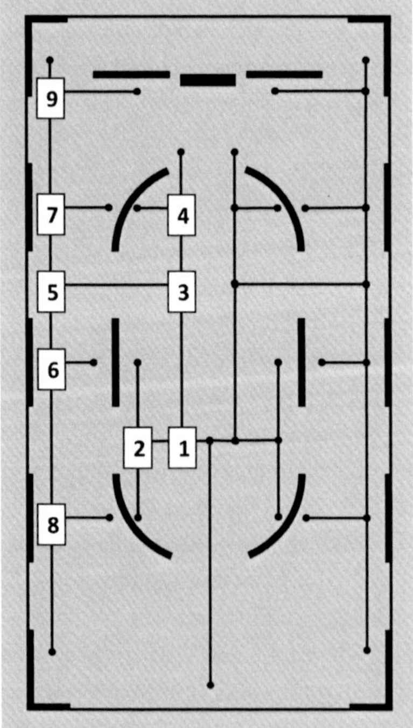

Grafik: Jürgen Weber

Der stark vereinfachte Grundriss des Saales in Abbildung 4 zeigt die Positionierung der Repositorien an den Wänden und im inneren Oval. Dem Zugang zum Saal entgegengesetzt ist an der Stirnseite ein niedriges Sofa unter dem Porträtbild im Zentrum, von Repositorien rechts und links flankiert. Die Wegeführung zu den Sammlungspartitionen lässt sich auf der Grundfläche des Saales als linienförmiger *Wegegraph mit spiegelsymmetrischen Eigenschaften* einzeichnen. Das Grundmuster des Graphen erinnert an die in Abbildung 2 als Netzwerk bezeichnete Variante einer selbstähnlichen hierarchischen Struktur, die eine Spielart des H-Baums oder H-Fraktals (Ausschnitt) ist. Zum Vergleich sind in Abbildungen 4 und 5 markante Verzweigungspunkte des Wegegraphen und der Grundform des H-Fraktals mit Nummern versehen.

Abb. 5: Linke Seite des H-Fraktals (Ausschnitt) mit nummerierten Verzweigungspunkten im Vergleich mit dem Netzwerk in Abb. 2 und dem Wegegraphen in Abb. 4

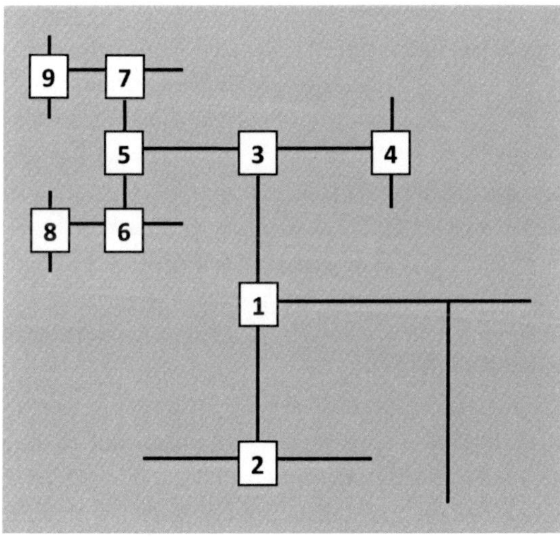

Winkel und Längen der typischen H- oder Y-förmigen Verzweigungen sind variabel und in Abb. 4 an die Umfeldbedingungen angepasst. Grafik: Jürgen Weber

Nach Batty und Longley kommen Formationen dieses Typs in der Städteplanung dann zum Einsatz, wenn auf begrenztem und gebogen geformtem Raum Bebauung und Ausstattung verdichtet geplant werden sollen, z.B. bei der Anlage von Ankerplätzen in einem Jachthafen. Nach diesem Muster lassen sich Straßennetz, Verkehrs- und Transportwege so anlegen, dass man von A nach B gelangt, *ohne die Wege kreuzen zu müssen*. Jeder Wegezweig hat eine direkte Verbindung mit den anderen Zweigen (ohne Überlappung) und endet in einer Sackgasse.[34] Die Wegestruktur im Bibliothekssaal markiert die Sammlungen mithilfe der kleiner werdenden, netzwerkartig angeordneten Komponenten der Verzweigungen an den Kontaktstellen zu den Repositorien und vermittelt so eine Vorstellung davon, wie wir uns durch den Raum bewegen können, um zu den Sammlungspartitionen zu gelangen.

Die Box-Dimension der Sammlung

Der Wegegraph im Bibliothekssaal wird experimentell durch Probieren gefunden und könnte daher auch andere Formen und Winkelöffnungen annehmen. Die gewählte Form des H-Fraktals ist im Hinblick auf die Längen und Winkelöffnung der Verzweigungen variabel und kann an die Umfeldbedingungen angepasst werden. So zeigt der Vergleich von Abbildungen 4 und 5, dass das eingezeichnete Muster des H-Fraktals nur unvollständig und nicht regelmäßig entwickelt ist, zum Teil ist die Ausrichtung der Winkelöffnung um 90° verschoben. Das Muster der Verzweigungen des Wegegraphen auf der Basis des H-Fraktals könnte auch in weitere Nischen vorangetrieben werden und würde mit der wachsenden Anzahl der Verzweigungen den verfügbaren Raum in Teilen mehr und mehr füllen.

In dem geometrisch anschaulichen euklidischen Raum ist ein Würfel dreidimensional (nach Länge, Breite, Höhe) bestimmbar, eine Fläche zweidimensional (Länge, Breite), eine Strecke eindimensional (Länge), der Punkt ist dimensionslos. Mandelbrot und Hudson zufolge können wir uns in der fraktalen Geometrie den Begriff der Dimension als eine Art Maß oder Messinstrument vorstellen, dessen Messwert als Dimensionszahl angegeben wird.[35] Diese Zahl ist eine positive reelle Zahl, so dass es neben Dimensionen mit ganzzahligem Wert auch Dimensionen mit gebrochenem Wert gibt, der z.B. zwischen der ersten und zweiten Dimension, zwischen Strecke und Fläche, liegt. Man sagt dann, dass die eindimensionale linienförmige Strecke des H-Fraktals aufgrund einer wachsenden Anzahl von Verzweigungen einer zweidimensionalen Fläche nahekommt.

Zur Bestimmung der fraktalen Dimension gibt es mehrere Methoden, abhängig davon, welchen Zweck man verfolgt. Im Folgenden wird die so genannte Box-Dimension (»box-counting method«), das für technische Anwendungen bekannteste Messverfahren, angewandt.[36] Die Box-Dimension kann für Mengen in ein-, zwei- und dreidimensionalen Räumen berechnet werden, und zwar unabhängig davon, ob die Strukturen Selbstähnlichkeit aufweisen.

Das breite Spektrum fraktaler Muster haben Michael Frame und Amelia Urry 2016 unter dem Titel *Fractal worlds. Grown, built, and imagined* in einem mathematischen Kompendium für universitäre Grundkurse anschaulich aufbereitet. Das Buch gehört zu einer Reihe von didaktischen Materialien, darunter auch *Arbeitsbüchern* für den Schulunterricht, die für diesen Aufsatz ausgewertet und bei den Berechnungen fraktaler, genauer: fraktalähnlicher Sammlungsstrukturen angewendet wurden.[37]

Eine Schwierigkeit der Anwendung der fraktalen Geometrie auf den Gegenstandsbereich von Artefakten (z.B. Sammlungen) und natürlichen Objekten liegt darin, dass die für die Berechnung der Dimensionszahl vorausgesetzte Existenz eines Grenzwertes einige Zusatzannahmen erforderlich macht. Frame und Urry sprechen in diesem Zusammenhang vom Unterschied »MathWorld vs. PhysicalWorld«.[38] Während wir z.B. das H-Fraktal als mathematisches Objekt aus unendlich iterierten und skalierbaren H-förmigen Verzweigungen konstruiert vorstellen, verfügen wir im Anwendungsbereich von physischen Objekten nur über eine begrenzte, endliche Bandbreite von Skalierungen, die wir auf iterative Strukturen untersuchen können.

Die Bestimmung der Dimensionszahl soll in drei Schritten entwickelt werden.[39] Zunächst wird in **Schritt 1** zeichnerisch mithilfe von Rastern (Boxen) eine relevante Datenmenge erzeugt, auf deren Basis die Box-Dimension ermittelt werden kann. Dann wird in **Schritt 2** anhand einer Skalierungshypothese und eines Potenzgesetzes eine Näherung für die Dimensionszahl plausibel gemacht. Schließlich wird in **Schritt 3** untersucht, ob in einem logarithmischen Koordinatensystem sich eine annähernd lineare Verteilung der erzeugten Datenpunkte als Näherungsgerade ergibt. Ist diese Bedingung erfüllt, kann – **Schritt 2** – die Gültigkeit des Potenzgesetzes unterstellt werden (Skalierungshypothese), und – das war Mandelbrots Einsicht – der Figur können fraktale Eigenschaften zugeschrieben werden. Die Dimensionszahl wird ermittelt, indem die Steigung der Näherungsgeraden mithilfe eines Steigungsdreiecks grafisch dargestellt und durch Division der vertikalen durch die horizontalen Distanzen der Wertepaare berechnet wird. *Je steiler die Gerade ausfällt, desto höher ist die Box-Dimension und folglich komplexer die untersuchte Struktur.*

Schritt 1: Erzeugung der Datenpunkte

Ausgangspunkt für die Bestimmung der Box-Dimension ist der vereinfachte Grundriss der Basis des Rokokosaales mit dem eingezeichneten Wegegraphen in Abbildung 4. Zunächst werden in mehreren Schritten netzartige Gittergerüste mit abnehmender quadratischer Rastergröße (Boxen) über die gesamte Figur des Wegegraphen gelegt. Wie in Abbildungen 6–8 gezeigt, wird für eine gegebene Rastergröße s_i ermittelt, wie viele Raster die Teile der Figur überdecken. Diese Zahl heißt $N(s_i)$. Für eine Folge von Rastergrößen $s_1 > s_2 > ... > s_i > ... > s_n$ wird nun für jedes Gittergerüst die entsprechende Anzahl $N(s_1)$, $N(s_2)$, ..., $N(s_i)$, ..., $N(s_n)$ ausgezählt und in eine tabellarische Übersicht übertragen (Abb. 9), um sie für die folgende Rechenoperation zu nutzen.

Abb. 6–8: Wegegraph unter drei Gittern mit variabler Rastergröße s = 1/6, 1/12, 1/24 *und Anzahl von Rastern N(s), die Teile der Figuren jeweils überdecken*

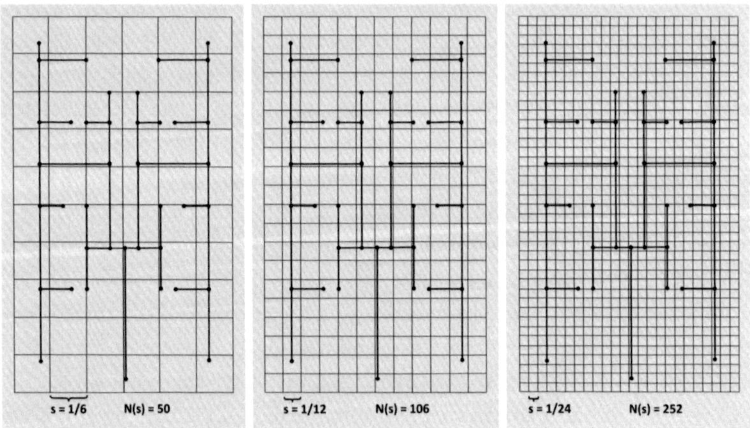

Grafik: Jürgen Weber

Heinz-Otto Peitgen, Hartmut Jürgens und Dietmar Saupe weisen darauf hin, dass in der Praxis eine Folge von Gittergerüsten mit dem Reduktionsfaktor 1/2 für die Rastergröße zweckmäßig sei.[40] Je kleiner die Boxen werden, desto besser passen sie sich der Figur an, in Abbildungen 6–8 dargestellt am Beispiel der Skalierungsfaktoren für s = 1/6, 1/12 und 1/24. Ziel ist es, die Figur mit immer kleineren Boxen zu überdecken, wobei die Rastergröße s gegen 0 strebt, und idealerweise einen mathematischen Grenzwert zu finden, bei dem sich die Anzahl der Boxen N(s), welche die Figur überdecken, in Relation zu den Rastergrößen 1/s nicht mehr verändert.

Schritt 2: Skalierungshypothese

Die hier betrachtete Skalierungshypothese[41] besagt, dass das Verhältnis der Anzahl der überdeckenden Raster N(s) und der reziproken Rastergröße 1/s durch ein Potenzgesetz der Form

$$N(s) = k \cdot (1/s)^D$$

bestimmt wird, wobei k>0 ist und der Exponent D>0 die gesuchte Box-Dimension ist, deren Wert die Komplexität der fraktalen Struktur charakterisieren soll. Damit wird unterstellt, dass mit abnehmender Rastergröße die zur Überdeckung erforderliche Anzahl der Raster proportional nach einer Potenzfunktion zunimmt. Wendet man auf diese Gleichung den Logarithmus an und dividiert durch log(1/s), so erhält man

$$\log(N(s))/\log(1/s) = D + \log(k)/\log(1/s).$$

Betrachtet man die Zahlenwerte der Komponenten der Gleichung in ihrer Abhängigkeit voneinander, so resultieren aus »sehr kleinen« s-Werten (d.h. sehr kleinen Rastergrößen) »sehr große« log(1/s)-Werte, und der Quotient log(k)/log(1/s) wird wiederum »sehr klein« und geht gegen 0 für s gegen 0. Somit erlaubt die obige Gleichung die Näherung

$$D \approx \log(N(s))/\log(1/s).$$

Kann man jetzt zeigen, dass der Grenzwert

$$D = \lim_{s \downarrow 0} \log(N(s))/\log(1/s)$$

existiert, so ist die Box-Dimension D bestimmt.

Die oben erwähnte Schwierigkeit besteht nun darin, dass der Nachweis der Existenz eines Grenzwertes in der »MathWorld« unter Voraussetzungen gilt, die für den Anwendungsbereich der »PhysicalWorld« aufgrund endlicher Werte nicht zu erfüllen sind. In der »PhysicalWorld« gibt man sich mit einer Näherung zufrieden. Wenn für »sehr kleine« s-Werte der Quotient log(N(s))/log(1/s) sich nur noch »sehr wenig« verändert, so hat man die Dimension bestimmt.

Schritt 3: Näherungsgerade und Steigungsdreieck

Um die Dimensionszahl in der Praxis zu ermitteln, kehren wir noch einmal zu der Gleichung

$$\log(N(s))/\log(1/s) = D + \log(k)/\log(1/s)$$

zurück und schreiben diese gleichwertig als affin-lineare Funktion um:

$$\log(N(s)) = D \cdot \log(1/s) + \log(k).$$

In der Fachliteratur[42] spricht man auch von einer doppeltlogarithmischen Darstellung: Die Ordinate ist log(N(s)), die Abszisse ist log(1/s), der Ordinatenabschnitt (oder die Verschiebungskonstante) ist log(k), und die Steigung ist gegeben durch D. Die Steigung der Geraden in dem Steigungsdreieck entspricht dem Quotienten aus der Differenz der Ordinaten Δlog(N(s)) und der Differenz der Abszissen Δlog(1/s), in Abbildung 9 basierend auf den transformierten Daten des ersten und dritten Wertepaares aus Abbildung 6 und Abbildung 8 (0,71 und 0,61). Die Dimensionszahl D des Wegegraphen ist ca. 1,16. Die Logarithmenbasen sind frei wählbar und werden dann beibehalten, in unserem Beispiel werden durchgehend Zehner-Logarithmen angewandt.

Die Steigung der Geraden ist ein Näherungswert, der durch das Minimieren der Rastergrößen verbessert werden kann. In diesem Zusammenhang weisen Frame und Urry darauf hin, dass es bei der Anwendung der Box-Dimension und dem Rückschluss auf eine fraktale Struktur auch zu Fehlinterpretationen kommen kann, wenn die Skalierung zu niedrig angesetzt wird: »Without repetition across at least a few scales, any claim of fractality is difficult to support. [...] In PhysicalWorld, we are looking for objects made of approximate smaller copies of themselves, with enough complication to reveal the imprint of a force working over a considerable range of scales. The minimum range varies with the category of object, but a good rule of thumb is to look for a 100-

fold magnification.«[43] Als Richtwert geben sie zwei »Dekaden« im Sinne von Größenordnungen an: »That is, the smallest boxes should have sides no larger than 1/100 times the sides of the largest boxes.«[44]

Abb. 9: Bestimmung der Box-Dimension

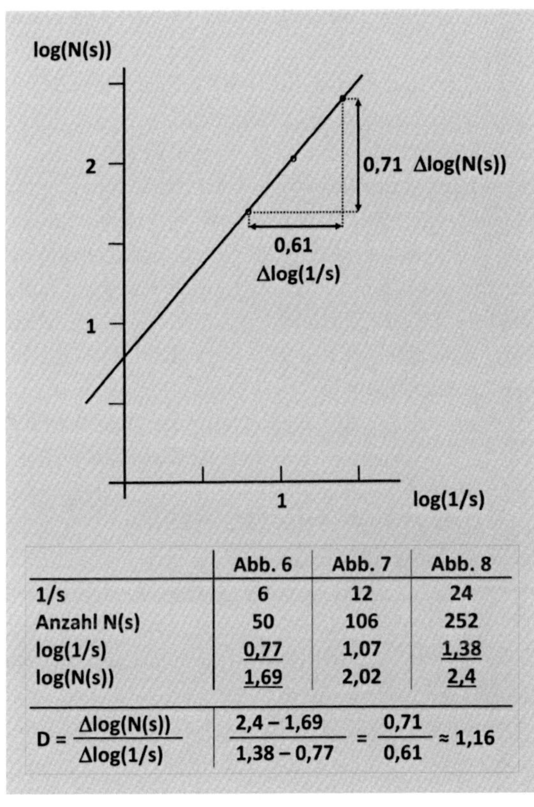

	Abb. 6	Abb. 7	Abb. 8
1/s	6	12	24
Anzahl N(s)	50	106	252
log(1/s)	0,77	1,07	1,38
log(N(s))	1,69	2,02	2,4

$$D = \frac{\Delta\log(N(s))}{\Delta\log(1/s)} \quad \frac{2{,}4 - 1{,}69}{1{,}38 - 0{,}77} = \frac{0{,}71}{0{,}61} \approx 1{,}16$$

Die Steigung der Geraden, welche die Anzahl der Raster N(s) über der Skalierung 1/s annähert, ist die Box-Dimension D. Rechnerisch wird D aus dem Quotienten der Differenz der Ordinaten und der Differenz der Abszissen Δlog(N(s))/Δlog(1/s) ermittelt. Die Steigung wird mithilfe des Steigungsdreiecks bestimmt. Grafik: Jürgen Weber

Frames und Urrys Begründung verweist auf den experimentellen Charakter der fraktalen Geometrie, die durch Probieren, Visualisierung und den Einsatz computergestützter Grafik neue Darstellungsformen nutzt und zugleich Spielräume in der Beurteilung dafür lässt, ab welchem Punkt der Bestimmung der Dimensionszahl wir z.B. einer Sammlung eine fraktalähnliche Eigenschaft zuschreiben können.[45] Auch wenn nach der Faustregel die Skalierung des Wegegraphen noch weiter vorangetrieben werden könnte, lässt sich doch anhand der Näherungsgeraden in Abbildung 9 ein Muster erkennen, das die Skalierungshypothese stützt und folglich für eine fraktalähnliche Struktur des Wegegraphen (mit der Dimensionszahl 1,16) spricht.

Nachweis und Bestimmung fraktaler Formen werden inzwischen in zahlreichen Wissenschafts- und Technikbereichen für analytische und diagnostische Zwecke eingesetzt. Das H-Fraktal, das im Rokokosaal als Wegegraph die Verbindung der einzelnen Sammlungspartitionen vermittelt und in der Städteplanung für die räumliche Konfiguration von Jachthäfen eingesetzt wird, spielt auch in der Biologie und Medizin als geometrisches Modell des Bronchialbaums menschlicher Lungen eine Rolle.[46] Mandelbrot und Hudson verwenden in ihrer Kritik der modernen Finanztheorie eine Reihe von Kurvendiagrammen, welche die Entwicklung der Indexwerte des Dow Jones in verschiedenen Varianten (z.B. Indexänderungen in der Anzahl von Standardabweichungen) zeigen, die ungewöhnliche, nicht erwartete Verläufe deutlicher als die absoluten Werte zutage treten lassen.[47] So können anstelle des Wegegraphen auch andere aussagefähige räumliche Repräsentationen von Daten der Sammelprozesse genutzt werden, um mithilfe der Box-Dimension die Komplexität von Sammlungsprofilen zu charakterisieren. Diese Untersuchungen können systematisch wiederholt, künftige Veränderungen nachvollzogen und gemessen werden.[48]

Die These dieses Aufsatzes, dass Sammelprozesse fraktalähnliche Strukturen aufweisen, deren Komplexitätsgrade in Diagrammen dargestellt und berechnet werden können, verfolgt einen experimentellen Ansatz, der das Sammlungsmanagement um ein neues Handlungsfeld erweitert. Das soll abschließend kurz erläutert und eingeordnet werden.

Paderborn und die Idee der »Fraktalen Bibliothek«

Vor dem Hintergrund der Debatten über die Modernisierung öffentlicher Verwaltungen hat Mitte der 1990er-Jahre das Schlagwort der »Fraktalen Bibliothek« Eingang auch in den bibliothekswissenschaftlichen Diskurs gefunden. In Verbindung mit dem Stuttgarter Fraunhofer Institut für Produktionstechnik und Automatisierung hatte Hans-Jürgen Warnecke, Direktor des Instituts und später Präsident der Fraunhofer Gesellschaft, Publikationen zum Thema *Die Fraktale Fabrik* (1996, zuerst 1992) und *Aufbruch zum Fraktalen Unternehmen* (1995) herausgebracht, in denen er sehr anschaulich die Analyse von Defiziten in der strategischen Ausrichtung und Betriebsorganisation deutscher Industriebetriebe mit zahlreichen Praxisbeispielen des neuen Umgangs mit einem komplexer werdenden, »turbulenten« wirtschaftlichen Umfeld verbunden hatte.[49] Ursprünglich als Antwort auf fernöstliche Wirtschaftskonkurrenzen gedacht, operierte das neue Konzept mit Forderungen wie Vernetzung, Eigenverantwortung des Einzelnen und Vitalität und bildete das zentrale Merkmal der Selbstähnlichkeit auf »fraktale Betriebseinheiten« in Einkauf, Produktion und Vertrieb ab: »Marktwirtschaft funktioniert nach dem Prinzip der Fraktale: Selbstorganisation und Selbstoptimierung in kleinen schnellen Regelkreisen. Jeder erbringt einen Nutzen für den anderen und erhält dafür einen Gegenwert.«[50] Das Konzept teilautonomer Betriebseinheiten und flacher Hierarchien in der Betriebsorganisation ist früh von mittelständischen Betrieben wie den Metallwerken Gebrüder Seppelfricke GmbH & Co. oder Konzernen wie der Mercedes-Benz AG aufgegriffen worden und auf dem Weg der Einführung dezentraler Steuerungsmodelle bis in die kommunalen Verwaltungen vorgedrungen.

Die Ausrichtung auf Werte wie Dienstleistung, Kundenorientierung und ökonomische Effizienz machte das Programm auch für kommunale Bibliotheken attraktiv. In einer Konzeptstudie zur Paderborner Stadtbibliothek hat Klaus Ceynowa die Adaption der neuen Managementmethoden als hoffnungsvolle Weiterentwicklung des Programms der »Dreigeteilten Bibliothek« zu einer »Bibliothek der Kabinette« nachgezeichnet. Ceynowa greift den – auch in der Sammlungsforschung einschlägigen – Begriff des Kabinetts auf, mit dem die Paderborner Bibliothek eine geeignete Übersetzung des Merkmals der Selbstähnlichkeit gefunden hatte. Über den Weg einer »Filialisierung der Bibliotheksbestände« wurde aus einer Dreigeteilten Bibliothek mit Nah-, Mittel- und Fernbereich eine Bibliothek von »selbständig handlungsfähigen Dienstleistungszentren der Kabinette«.[51]

Die von Ceynowa diskutierte Anwendung der fraktalen Theorie auf die Betriebsorganisation einer kommunalen Bibliothek weist den räumlichen Repräsentationen, in denen sich das Organisationsprinzip der Paderborner Bibliothek in ihren Filialgliederungen manifestiert, eine konstitutive Bedeutung zu.

Als Belege werden die Grundrisse der »Computerbibliothek« und der »Kinderbibliothek« wiedergegeben.[52]

In der Computerbibliothek wurde die konventionelle Klassifikation der Wissensgebiete der Informatik und Kybernetik in »Interessenkreise« überführt, z.B. »Computer in der Schule« und »Texten & Gestalten«, und damit nach Ansicht der Bibliothek stärker am Erleben des Alltags des Publikums ausgerichtet. Art der Raumgestaltung und Medienpräsentation lassen ein Muster erkennen, das – für das Publikum immer wieder erlebbar – auch auf andere Sammlungsräume übertragen werden konnte. In Ceynowas Interpretation des Paderborner Modells der »Fraktalen Bibliothek« spielen – ebenso wenig wie bei Warneckes Adaptionen der »Fraktalen Fabrik« – mathematische Anwendungen der fraktalen Geometrie noch keine Rolle.

Fraktalität ist ein Thema des Sammlungsmanagements. Wo Fraktalität als Strukturprinzip plausibel vorausgesetzt werden kann – im Filial- und Kabinettsystem der Paderborner Stadtbibliothek und im experimentell erschlossenen Zugang zur Sammlungskonfiguration des Weimarer Rokokosaals – wird es zu einem wichtigen Indikator für Komplexität, die mit Mitteln der fraktalen Geometrie analysiert, beschrieben und besser verstanden werden kann.

Will man das neue Handlungsfeld bezeichnen, kann man – ganz unabhängig von bibliothekstypologischen Unterschieden – von einer Art experimenteller Sammlungserschließung oder Sammlungstechnik sprechen, etwa mit »collection engineering«[53] zu übersetzen. *Sammlungstechnik ist zu verstehen als Analyse und Kombination von Skalierungseigenschaften einer Sammlung, die im Hinblick auf fraktalähnliche Strukturen untersucht, vermessen und mit anderen Sammlungen verglichen werden können.* Den Spielraum für den experimentellen Nachweis fraktalähnlicher Eigenschaften auf dem Handlungsfeld der Sammlungstechnik auszugestalten, wird dann künftig eine Aufgabe der Normierung der Skalierung von Sammelprozessen sein.

Erstveröffentlichung: Der Aufsatz ist unter dem Titel *Sammlungen enthalten kleine Kopien ihrer selbst. Symmetrien und fraktalähnliche Muster im Sammelprozess* zuerst erschienen in: Zeitschrift für Bibliothekswesen und Bibliographie, 69, 2022, H. 3, S. 142–154. – Die in der Erstveröffentlichung angegebenen Internetadressen (30. September 2021) wurden am 26. Oktober 2023 aufgerufen.

Anmerkungen

1 Benoît B. Mandelbrot/Richard Hudson, The (mis)behavior of markets. A fractal view of risk, ruin, and reward, London: Profile Books, 2008 (zuerst 2004), S. 131.
2 Mandelbrot/Hudson (Anm. 1), S. 125.
3 Mandelbrot/Hudson (Anm. 1), S. 125.
4 Heinz-Otto Peitgen/Hartmut Jürgens/Dietmar Saupe, Bausteine des Chaos. Fraktale, aus dem Amerikanischen übersetzt von Ernst F. Gucker, New York: Springer/Stuttgart: Klett-Cotta, 1992, S.82-83 mit Abb. 2.1 und S. 162–163 mit Abb. 3.1.
5 Michael Frame/Amelia Urry, Fractal worlds. Grown, built, and imagined, New Haven/London: Yale University Press, 2016, S. 121–122 – Durch das Bildmaterial und zahlreiche Motivstudien aufschlussreich ist die kulturhistorisch, anthropologisch und ethnomathematisch ausgerichtete Studie von Ron Eglash, African fractals. Modern computing and indigenous design, New Brunswick/London: Rutgers University Press, 1999. Als ein Beispiel zeitgenössischer afrikanischer Kunst am Bau ist darin abgebildet die Universitätsbibliothek Dakar mit fraktal strukturierter Fassade, S. 216–217 mit Fig. 14.1.
6 Peitgen/Jürgens/Saupe (Anm. 4), S. 172–174.
7 Herbert Zeitler/Dušan Pagon, Fraktale Geometrie – Eine Einführung. Für Studienanfänger, Studierende des Lehramtes, Lehrer und Schüler, Braunschweig/Wiesbaden: Vieweg & Sohn, 2000, S. 145–147.
8 Mandelbrot/Hudson (Anm. 1), S. 128.
9 Peitgen/Jürgens/Saupe (Anm. 4), Kap. 2, S. 81–159 mit Erläuterung des mathematikhistorischen Kontextes. – Mandelbrot/Hudson (Anm. 1), S. 123–128.
10 Benoît B. Mandelbrot, The fractalist. Memoir of a scientific maverick, New York: Vintage Books, 2013 (zuerst 2012), S. XI.
11 Mandelbrot (Anm. 10), S. 265.
12 Mandelbrot (Anm. 10), S. 145–148 und S. 199–213.
13 Benoît B. Mandelbrot, The variation of certain speculative prices, in: Paul H. Cootner (ed.), The random character of stock market prices, London: Risk Books, 2000 (zuerst Cambridge: MIT Press, 1964), S. 369–412. – Mandelbrot/Hudson (Anm. 1), S. 147–172. – Mandelbrot (Anm. 10), S. 216–226.
14 Mandelbrot/Hudson (Anm. 1), S. 173–195, hier S. 183–186.

15 Michael Batty/Paul Longley, Fractal cities. A geometry of form and function, London/San Diego/New York: Academic Press, 1994, S. 47–57 sowie Kap. 2, S. 58–95 und Zusammenfassung S. 369–372.

16 Batty/Longley (Anm. 15), S. 43 mit Hervorhebung im Original.

17 Richard Coyne, Logic models of design, London: Pitman, 1988, S. 4–6 und S. 225–229.

18 Abbildung 2 nimmt eine Idee Battys und Longleys auf, die hierarchischen Beziehungen räumlicher Disaggregation in einem Diagramm vergleichend abzubilden, und reduziert die Muster auf vier Verzweigungen zugunsten der Kennzeichnung schwarzer und weißer Boxen. Das dritte Verfahren der Disaggregation durch Halbierung der Komponenten (»strict subdivision«) bleibt unberücksichtigt. Batty/Longley (Anm. 15), S. 45 mit Fig. 1.17.

19 Beispiele für den H-Baum sind abgebildet in: Benoît B. Mandelbrot, Die fraktale Geometrie der Natur, Sonderausgabe, Basel/Boston/Berlin: Birkhäuser Verlag, 1991, S. 167 (Tafel 167) und S. 176–177 (Tafeln 176 und 177). – Batty/Longley (Anm. 15), S. 78–81.

20 Batty/Longley (Anm. 15), S. 42–47. – Christopher Alexander, A city is not a tree, in: Architectural Forum, 122, 1965, H. 1, S. 58–62; H. 2, S. 58–61. Alexanders Konzeption der Diagramme bezieht sich auf avancierte mathematische Theoriebestände der Zeit. Er nennt Paul R. Halmos' Naive set theory (1960), die Mengenlehre, und Garrett Birkhoffs Lattice theory (1948), die mathematische Verbandstheorie, vgl. hierzu die methodologische Designstudie von Christopher Alexander, Notes on the synthesis of form, Cambridge/London: Harvard University Press, 1971 (zuerst 1964), S. 78–83 und S. 208, Fn. 7, Fn. 8 und Fn. 13.

21 Jürgen Weber, Was ist eine Sammlung?, in: Zeitschrift für Bibliothekswesen und Bibliographie, 67, 2020, H. 1, S. 15–24, hier S. 17–18 mit Abb. 1 und S. 20 mit Abb. 2.

22 Weber (Anm. 21), S. 17–18. Polyzentrik gehört zu den vier konstitutiven Merkmalen der Sammlungsform (relational, polyzentrisch, lokal, temporär) in Atkinsons Konzeption institutioneller Sammlungen, vgl. Ross Atkinson, The conditions of collection development, in: Charles B. Osburn/Ross Atkinson (ed.), collection management. A new treatise, Part A, Greenwich/London: Jai Press Inc., 1991, S. 29–48.

23 Michael Knoche (hg.), Herzogin Anna Amalia Bibliothek. Kulturgeschichte einer Sammlung, München/Wien: Stiftung Weimarer Klassik bei Hanser, 1999.

24 Laura Padgett, Der Rokokosaal, fotografiert, in: Knoche (Anm. 23), S. 11–28. – Achim Ilchmann hat die Formgebung des Rokoko am Beispiel von Linie und Fläche der Ornamentik eines Erfurter Stadthauses in Zusammenhang mit fraktalen Theorieinhalten gebracht (vgl. Anm. 39) und eine Publikation zum Weimarer Rokokosaal angekündigt, vgl. Achim Ilchmann, Das bürgerliche Stadthaus im Rokoko, Tübingen/Berlin: Wasmuth, 2018, S. 63–75. – Achim Ilchmann, Das Rokoko in der Herzogin Anna Amalia Bibliothek, Wiesbaden: Harrassowitz, 2023 (= Beiträge zum Buch- und Bibliothekswesen, Bd. 70), 2023 ergänzt.

25 Werner Arnold: [Rezension von] Michael Knoche (hg.), Herzogin Anna Amalia Bibliothek. Kulturgeschichte einer Sammlung, München/Wien: Stiftung Weimarer Klassik bei Hanser, 1999, in: Bibliothek – Forschung und Praxis, 24, 2000, H. 1, S. 115–117, hier S. 115.

26 Ulrike Steierwald, Zentrum des Weimarer Musenhofes. Die Herzogliche Bibliothek 1758–1832, in: Knoche (Anm. 23), S. 62–97, hier S. 69.

27 Steierwald (Anm. 26), S. 96.

28 Steierwald (Anm. 26), S. 67 und Fn. 111. Zitiert wird: Friedrich Carl Gottlob Hirsching, Versuch einer Beschreibung sehenswürdiger Bibliotheken Teutschlands nach alphabetischer Ordnung der Oerter, Vierter Band, welcher die Supplemente zu den drey ersten Bänden und ein vollständiges Register enthält, Erlangen: Palm, 1791, S. 168.

29 Steierwald (Anm. 26), S. 68.

30 Steierwald (Anm. 26), S. 68–69.

31 Jürgen Weber, Flüchtiges Erbe. Nationale Sammlungen in virtuellen Netzen, in: Michael Knoche/Justus H. Ulbricht/Jürgen Weber (hg.), Das »deutsche Buch« in der Debatte um nationale Identität und kulturelles Erbe, Göttingen: Wallstein, 2006, S. 193–208, hier S. 202–205 mit Abb. 3.

32 Steierwald (Anm. 26), S. 107.

33 Steierwald (Anm. 26), S. 96.

34 Batty/Longley (Anm. 15), S. 47–55, S. 79–82 und S. 92.

35 Mandelbrot/Hudson (Anm. 1), S. 129–131. – Vgl. auch die Illustration »The continuum of fractional dimensions«, in: Batty/Longley (Anm. 15), S. 76, Fig. 2.10.

36 Peitgen/Jürgens/Saupe (Anm. 4), S. 256–265. – Mandelbrot/Hudson (Anm. 1), S. 129–131, S. 138 und S. 292–293. – Frame/Urry (Anm. 5), S. 167–177 und S. 368–370.

37 Frame/Urry (Anm. 5). – Heinz-Otto Peitgen/Hartmut Jürgens/Dietmar Saupe/Evan M. Maletzky/Terence H. Perciante/Lee E. Yunker, Fraktale:

Selbstähnlichkeit, Chaosspiel, Dimension. Ein Arbeitsbuch, aus dem Amerikanischen übersetzt von Ernst F. Gucker, Berlin/Heidelberg/New York: Springer/Stuttgart: Ernst Klett Schulbuchverlag, 1992, im Text zitiert als Arbeitsbuch. – Einen guten Überblick über die Grundzüge der fraktalen Geometrie vermittelt die Webseite der Yale University: Michael Frame/Benoît Mandelbrot/Nial Neger, Fractal geometry, https://users.math.yale.edu/public_html/People/frame/Fractals/.

38 Vgl. Frame/Urry (Anm. 5), S. 56.

39 Trotz zahlreicher didaktischer Hilfsmittel für den schulischen und universitären Unterricht (vgl. Anm. 4, Anm. 5, Anm. 7 und Anm. 37) bleiben Fragen offen, wenn Sachverhalte der fraktalen Geometrie für eine Anwendung auf das bibliothekarische Sammlungsmanagement aufbereitet werden sollen. Daher danke ich Achim Ilchmann, Technische Universität Ilmenau, mit dem ich im Sommer 2021 Entwürfe dieses Aufsatzes diskutieren konnte (vgl. Anm. 24). Er hat geduldig den Weg zu einer plausiblen Erörterung mathematischer Sachverhalte gewiesen und darauf geachtet, dass die Darstellung mathematischen Konventionen genügt. Sollten sich ungenaue und fehlerhafte Formulierungen eingeschlichen haben, geht das auf mich zurück.

40 Peitgen/Jürgens/Saupe (Anm. 4), S. 257–258.

41 Die mathematischen Ausführungen zur Skalierunghypothese (»scaling hypothesis«) werden ausführlicher entwickelt in: Frame/Urry (Anm. 5), S. 167–177 und S. 368–370.

42 Peitgen/Jürgens/Saupe (Anm. 4), S. 256–265, hier S. 256–260. – Arbeitsbuch (Anm. 37), S. 9, S. 25–28, S. 69–74, S. 75–104 und S. 124–132. – Frame/Urry (Anm. 5), S. 171–175.

43 Frame/Urry (Anm. 5), S. 56.

44 Frame/Urry (Anm. 5), S. 176.

45 Frame/Urry (Anm. 5), S. 174.

46 Vgl. Batty/Longley (Anm. 15), S. 79–83 mit Fig. 2.13.-2.15. – Victor D. Varner/Celeste M. Nelson, Computational models of airway branching morphogenesis, in: Seminars in Cell & Developmental Biology, 67, 2017, S. 170–176, hier S. 170–172 mit Fig. 1 und Fig. 2.

47 Mandelbrot/Hudson (Anm. 1), S. 88–94.

48 Mandelbrot/Hudson (Anm. 1), S. 263.

49 Hans-Jürgen Warnecke (hg.), Aufbruch zum Fraktalen Unternehmen. Praxisbeispiele für neues Denken und Handeln, Berlin/Heidelberg/New York: Springer, 1995, hier S. 7. – Hans-Jürgen Warnecke, Die Fraktale

Fabrik. Revolution der Unternehmenskultur, Reinbek bei Hamburg: Rowohlt, 1996 (zuerst 1992).

50 Warnecke, Die Fraktale Fabrik (Anm. 49), S. 12.

51 Klaus Ceynowa, Von der »Dreigeteilten« zur »Fraktalen« Bibliothek. Benutzerzentrierte Bibliotheksarbeit im Wandel: das Beispiel der Stadtbibliothek Paderborn, Würzburg: Königshausen und Neumann, 1994, S. 86.

52 Ceynowa (Anm. 51), S. 32 und S. 80.

53 Begriffsbildung im Anschluss an Mandelbrots Vorschlag einer Finanztechnik (»finance engineering«), vgl. Mandelbrot (Anm. 10), S. 227–229.

Anhang: Provenienzklärung

ProvenanceFinder

Preparing a search engine for the retrieval of provenance data

Abstract *ProvenanceFinder is designed to be an efficient tool of research with free access for everyone who wants to search internet databases for information on provenance. For the time being, twelve online catalogues in libraries, archives and museums have been designated as target databases. A virtual catalogue comprising these databases which have been analysed regarding contents and structure of provenance entries will be developed. As a research tool a multilingual thesaurus of provenance terms will be offered. In cooperation with the Deutsche Nationalbibliothek, the Bibliothèque municipal de Lyon and the Koordinierungsstelle für Kulturgutverluste Magdeburg, there are plans to promote and support the feasibility, the public awareness and the internationalisation of the project beyond the area of libraries. The project has not started yet.*

ProvenanceFinder ist ein effizientes Recherchetool mit freiem Zugang für alle, die in Internet-Datenbanken nach Provenienzinformationen suchen. Als Zieldatenbanken wurden vorerst zwölf Onlinekataloge in Bibliotheken, Archiven und Museen bestimmt. Auf der Basis dieser Datenbanken, die auf Inhalt und Struktur der Provenienzeinträge hin analysiert wurden, wird ein virtueller Katalog entwickelt. Als Rechercheinstrument wird ein mehrsprachiger Thesaurus der Provenienzbegriffe angeboten. In Zusammenarbeit mit der Deutschen Nationalbibliothek, der Bibliothèque municipal de Lyon und der Koordinierungsstelle für Kulturgutverluste Magdeburg ist geplant, die Praxistauglichkeit, öffentliche Wirksamkeit und Internationalisierung des Projekts über den Bibliotheksbereich hinaus zu fördern und zu unterstützen. Das Projekt ist noch nicht angelaufen.

Why provenance research now?

Provenance research deals with the origin and the previous ownership of copies, but also with copy-specific use: marginal notes, dedications, and signs of censorship. In Germany, this kind of research has gained significance over the past years in a twofold way.

Collections, as well as copies, contain a multitude of contextual information on their origin, tradition and their use, that has so far attracted little attention in the librarian practice. As a result, this information has quite often been hidden or even lost. Once this information is lost, the same thing will happen to important provenance data. As a rule, we can find this kind of data in accession books and archive records, as well as in the books themselves in the form of labels, stamps, handwritten notes or insertions of all kinds.

Bernhard Fabian's *Handbuch der historischen Buchbestände in Deutschland* has drawn attention to the significance of such contextual information and has consequently changed our approach to collections and copies. The *Handbuch* regards libraries, archives and museums as interfaces and hubs of collections, whose structures give us information about the various regional connections of such institutions.[1] Provenance research makes these connections visible and can thus be considered an important issue of stock exploitation.

The origin and profiles of use of individual copies and entire collections are an important tool for historical and literary studies, for text editions, literary sociology, art history and bindings research. In libraries these profiles serve as a selective criterion for exhibitions and book presentations and they are indispensable when it comes to the assessment of preservative measures. In a broader sense, antiquarians, auction houses, genealogists and bibliophiles also benefit from provenance information.

In Germany, provenance research has been attracting broader public and political interest thanks to the Initiative *Lost Art Internet Database* of the Koordinierungsstelle für Kulturgutverluste Magdeburg, Germany's central office for the documentation of lost cultural property (https://www.lostart.de/de/start). The Koordinierungsstelle has been collecting data on the losses and the changes in ownership of cultural property, that was lost due to prosecution during the National-Socialist rule or due to events during the Second World War. Provenance research has thus increasingly become a field of research where experts and politicians meet directly and benefit from each other's information. These days, the preparation and implementation of restitution projects in Germany make provenance research a topic in which not only librarians with a preference for historical research are interested. Rather, it is becoming obvious that provenance research must refer to any form of cultural property in libraries and that it is a task with a potential for a sudden increase in political and moral significance.

At present, the most important task is to provide access to already existing provenance information and to link it up. It is the retrieval of and the connection to such information that ProvenanceFinder aims to provide. For a better understanding of its operating processes, the method and standards of previous provenance descriptions as well as the techniques and tools used in ProvenanceFinder research are explained below.

Provenance marks: description and access

David Pearson's reference handbook *Provenance research in book history*[2] is undoubtedly one of the milestones of bibliographical provenance research. According to Pearson, the term provenance is not confined to origin and previous ownership, i.e. the legal relationship of the owner and his copy, it also includes the use of copies. It is against this background that each single copy represents something that it has not yet been seen from the point of view of bibliographical stock exploitation: a physical object and artefact, that – in addition to its format and its size – can also be characterised by a number of individual features. With regard to provenance research, these features, called »evidences«, supply clues to the use and function of the individual copy. The German thesaurus of provenance terms[3] enumerates more than 60 terms for such evidences, the American equivalent[4] nearly 100.

We find various types of evidences on the binding, the edges, on the inside covers of the case and, of course, in the text block of the copies, either in connection with the printed text or on interleaved sheets, and quite often on inlaying letters, photographs and newspaper clippings. There are two groups of features that help us reconstruct the origin and profiles of use of individual copies: (1) direct marks of ownership, e.g. autographs, ex libris, coats of arms; and (2) traces of reading and using copies that supply clues to previous owners and can help identify him or her, e.g. annotations, marginal notes, blackened marks and erasures.

These two groups of features give hints to the type of the copies, i.e. the function of the copies for the previous owner, e.g. withdrawn copies and presentation copies. From the point of view of provenance research, these association copies are the most significant for the identification of the book's intrinsic value because it tells us something about the non-material relationship between previous owner and copy.

However, provenance information is, in general, not easily accessible. There are two reasons for this situation: Until few years ago, there were hardly any bibliographical standards for the description of such copy-specific features, in contrast to bibliographic description and subject indexing. Moreover, even if such information was retrieved and noted as free text in the note area of card or data files, there was no access or research tool to find it.

Consequently, the only hints for the documentation of provenance information could be found, if at all, in bibliographical codes and instructions for the drawing up of author or alphabetical catalogues. Until recently, there were no specific guidelines for the description of copy-specific features. The current editions of the *Anglo-American Cataloguing Rules* (AACR-2) and the *Regeln für die alphabetische Katalogisierung* (RAK-WB) are not appropriately suited for the demands of copy-specific description either. Copy-specific data are normally documented only casually and are not suited for retrieval. The term »provenance« was introduced in the AACR-2 in 1978, and in the RAK-WB as late as 1993 and this was done rather casually at that.[5]

Neither the old card-based librarian catalogues nor the new EDP-based ones are suited to the representation and communication of copy-specific features of books and other library material (fig. 1).[6]

The handling of the notes (whether general or specific), i.e. entries at the bottom of index cards (the note area), is but one example of this problem: On the catalogue cards reproduced in the *British Library general catalogue of printed books to 1975* (1982), copy-specific data are at the end of the actual bibliographic title description, highlighted by a different typography. Sometimes they give information on previous owners as well as on notes and marginalia of the »writing reader«. If, during the conversion of the catalogue cards, such entries are transferred to the electronic data record without further qualification, the research of provenance information amounts to the search for a needle in a haystack. Entries that have been drawn up, in German, »nach Vorlage« or that have been standardised only in part (»With MS. corrections by the author.«) can only be evaluated through search requests that combine various searchable fields in a sophisticated way and use tools such as multilingual thesauri with time-consuming routines of synonym- and abbreviation retrieval.

Fig. 1: »With MS. corrections by the author.«

HUME (DAVID) *the Historian.*
__ A treatise of human nature: being an attempt to introduce the experimental methode of reasoning into moral subjects, *etc.* [By David Hume.] *London: John Noon,* 1739, 40. 1133.c.4-6.
3 vol. 8°. Δ
MS. notes by George Chalmers.

__ [Another copy of vol. 3.] A treatise of human nature, *etc.* [By David Hume.] 1740. C.175.c.8.
Δ
MS. notes by the author.

vol. 155, p. 264

Title: A treatise of human nature: being an attempt to introduce the experimental method of reasoning into moral subjects, etc. [By David Hume.]
Author: David Hume, 1711-1776.
Publication Details: London : John Noon, 1739, 40.
Notes: MS. notes by George Chalmers.
Vol. 3 was printed for Thomas Longman.
Physical Description: 3 volumes ; (8°)
Holdings Note: General Reference Collection C.175.c.8.(1.) [Another copy of vol. 3.] A treatise of human nature, etc. [By David Hume.] 1740.***MS. notes by the author.
Obsolete shelfmark: C.175.c.8.
Shelfmark(s): General Reference Collection 1133.c.4-6.
General Reference Collection C.175.c.8.(1.)

<http://explore.bl.uk/BLVU1:LSCOP-ALL:BLL01001765099>

___ An abstract of a book lately published: entituled, A treatise of human nature, &c. Wherein the chief argument of that book is farther illustrated and explained.
London: C. Borbet [sic], 1740. C.175.c.8.(2.)
pp. 32. 8°. □□
An anonymous abstract, by David Hume, of his "Treatise of human nature". With MS. corrections by the author.

vol. 155, p. 264

The British Library general catalogue of printed books to 1975, Saur: London / München / New York / Paris, 1982.

Title: An abstract of a book lately published; entituled, A treatise of human nature, &c. Wherein the chief argument of that book is farther illustrated and explained.
Author: David Hume, 1711-1776.
Publication Details: London : C. Borbet [sic], 1740.
Notes: An anonymous abstract, by David Hume, of his "Treatise of human nature". With MS. corrections by the author.
Physical Description: 32 pages ; (8°)
Shelfmark(s): General Reference Collection C.175.c.8.(2.)

<http://explore.bl.uk/BLVU1:LSCOP-ALL:BLL01001765111>

British Library, online main catalogue, <https://www.bl.uk/catalogues-and-collections/catalogues>.

When converting data from the British Library general catalogue of printed books to 1975 into the British Library computerised catalogue system, provenance data are stored in various types of note fields (»Notes«, »Holdings Note«). Figure and detail, redesigned and abridged: Jürgen Weber

The activities of the Association of College and Research Libraries of the American Library Association and others have brought about some progress in the field of copy-specific description since the middle of the 1980s. Part of this progress has been the development of various thesauri[7], the establishment of specific cataloguing guidelines[8] and the enlargement of the data format MARC by fields that allow description both at a minimum and a higher level.

Inspired by these initiatives, a model of provenance description has been developed by the Herzogin Anna Amalia Bibliothek under the data format PICA in 1997. This model was published as a »recommendation for the description of provenance« by the Arbeitsgemeinschaft Alte Drucke beim Gemeinsamen Bibliotheksverbund (GBV) in 2003.[9]

Despite some progress,[10] the possibility most frequently used by scholars to learn about previous owners of books is to inquire personally at the respective library. For the time being, it is impossible to carry out a simultaneous research in databases. This situation is even more unfortunate as book and art collections from literary remains have very often been scattered and the reconstruction of this scattered property depends on the very possibility of carrying out a search.

Services offered by ProvenanceFinder

The future ProvenanceFinder is going to offer an accessible tool for the research of this scattered information which is so important for scholarship and for parts of the public. There is a plan to establish a catalogue that is accessible via the Internet and that can be searched specifically for provenances. The catalogue consists of a combination of selected online-catalogues, that enable external users to get free access to provenance information via the respective OPAC. In addition to local library systems, supra-regional catalogues (Manuscripta mediaevalia, Inkunabelkatalog deutscher Bibliotheken (INKA), Lost Art Internet Database) that combine data from further local catalogues, are also taken into consideration.

Consequently, one single search will initiate indirect queries of provenance information from several hundreds catalogues of libraries, archives and museums.

Connected with the search engine a multilingual thesaurus of provenance terms will form the centre, that will specialise in the query of provenance features in designated target databases. The structure and the terms of the thesaurus have been inspired by the thesaurus *Provenance evidence*.[11]

There will probably be four search fields offered: previous owner, provenance mark, author/creator, free text.

Searches with the fields »previous owner« and »author/creator« will be supported alternatively by databases with authority files for persons and corporate bodies, by adopting certain forms of names from a table with a click on the search field.

Searches with the field »provenance mark« will be supported by the thesaurus by adopting a certain descriptor and synonyms from a table by clicking on the search field. Tests carried out during the project will help determine if queries can be broadened automatically and if so, by how many synonyms and abbreviations can it be broadened without forcing the user to select them specifically.

The combined search with author- and provenance categories makes sense whenever the author is no longer directly named in the provenance entries, but is rather indirectly mentioned (»With MS. corrections by the author.«).

There is a plan to integrate ProvenanceFinder into a portal on provenances. During the preparations of this project a list of links with online resources regarding the subject of provenances has been established (cf. endnote 3). In this way, we hope to facilitate the communication between the future users and the cooperative partners and also to make it possible to carry some initial tests.

Cooperative partners

During the preparations of ProvenanceFinder, the Herzogin Anna Amalia Bibliothek has been collaborating with three partners: The Bibliothèque municipale de Lyon, the Deutsche Nationalbibliothek, and the Koordinierungsstelle für Kulturgutverluste Magdeburg/Lost Art Internet Database.

The Bibliothèque municipale de Lyon has been establishing a provenance database since 2001. In 2002 the libraries in Weimar and in Lyon harmonised the French-German terminology of the thesaurus. For a lot of provenance terms the option of doing research in three languages (English-French-German) was added as early as December 2002.[12] There is a plan to intensify the work on terminology by carrying out further checks during multilingual research of provenance information. The Bibliothèque municipale de Lyon has taken on the task of translating the prospective thesaurus into French.

The Deutsche Nationalbibliothek: There is a plan to support the search for names of previous owners (persons and corporate bodies) with the help of information supplied by the Personennamendatei (PND) and the Gemeinsame Körperschaftsdatei (GKD). It is true that we will find only the names of famous previous owners in these databases, and it is also true that not every target database registers names in accordance with PND or GKD. However, this supply of information can be used as a kind of »dictionary« or research tool in accordance with our needs, adapted to the search engine via ProvenanceFinder. It is important for the Deutsche Nationalbibliothek to check the application of the norm data in a new subject matter and technical context. There is a plan to check specifically to what extent PND and GKD are suitable for the search in heterogeneous data, where names are registered in a standardised as well as in a non-standardised form. Furthermore, we will investigate which possibilities exist to improve the suitability of PND and GKD.

The Koordinierungsstelle für Kulturgutverluste Magdeburg/Lost Art Internet Database now cooperates with more than 400 museums, libraries, archives and other public and private institutions all over the world, as well as with many private individuals. The conception and the use of the portal are expected to benefit from the acquired experience in managing information on inquiries and detection of data on previous owners and on objects. It will also benefit from the possibility to help interested institutions and individuals collecting provenance data. It is planned to cooperate on the following tasks:

(1) Research of provenances registered in a non-standardised way: development and tests of research strategies and their terminology, suitable for finding provenance information, that has been registered heterogeneously in databases and electronic publications.

(2) Development of a minimum standard for the documentation of provenances: There are plans to supply interested colleagues in museums, archives and libraries with tools for the retrieval and the description of provenances for Lost Art Internet Database. This measure also aims to standardise technical terms for the documentation of provenances, e.g. owner's annotations, reading dates, sentence structure of dedications.

It was during the preparation of this project that two colloquiums on provenance research were organised and carried out: In 2003 the Herzogin Anna Amalia Bibliothek organised a colloquium »Provenienzforschung für die Praxis. Dokumentation und Recherche von Provenienzen in Bibliotheken« (Provenance research for the practice. Documentation and research of provenances in libraries) in cooperation with the Initiative Fortbildung für Spezialbibliotheken und verwandte Einrichtungen e. V. and the Koordinierungsstelle für Kulturgutverluste Magdeburg in Weimar. In September 2004, there was a follow-up colloquium »Von der Provenienzforschung zur Restitution geraubten Kulturguts: politischer Wille und praktische Umsetzung« (From provenance research to the restitution of looted art – political intention and its implementation) in Berlin.[13]

Both conferences have shown that provenance research is being pushed forward by the current political debate on the restitution of looted art. Provenance research will be successful and widely accepted only if it is carried out in a cooperative way. ProvenanceFinder will be a significant and essential tool to support the search of provenances, but it will also contribute to the international standardisation of provenance documentation.

Erstveröffentlichung: Der Aufsatz ist unter dem Titel *ProvenanceFinder—preparing a search engine for the retrieval of provenance data* zuerst erschienen in: David J. Shaw (ed.), Books and their owners: Provenance information and the European cultural heritage. Papers presented on 12 November 2004 at the CERL conference hosted by the National Library of Scotland, Edinburgh, London: Consortium of European Research Libraries, 2005 (= CERL PAPERS, V), S. 71–79. – Die in der Erstveröffentlichung angegebenen Internetadressen (13. April 2004) wurden am 26. Oktober 2023 aufgerufen und aktualisiert. Die frühere Bezeichnung »Die Deutsche Bibliothek« wurde durch die 2006 eingeführte Bezeichnung »Deutsche Nationalbibliothek« ersetzt. Die Abbildung des Katalogeintrags wurde neu gestaltet.

Anmerkungen

1 Bernhard Fabian (ed.), Handbuch der historischen Buchbestände in Deutschland, vol. 3, Hildesheim/Zürich/New York: Olms-Weidmann, 1992, preface, p. 10.

2 David Pearson, Provenance research in book history. A handbook, London: The British Library, 1994.

3 Multilingual version under construction: Stiftung Weimarer Klassik und Kunstsammlungen, http://www.weimar-klassik.de/de/haab/prov_tpro.html, 2023 online resource no longer available, cf. ProvenienzWiki – Plattform für Provenienzforschung und Provenienzerschließung. T-PRO | Thesaurus der Provenienzbegriffe, processing status: 13 December 2022, https://provenienz.gbv.de/T-PRO_Thesaurus_der_Provenienzbegriffe.

4 Provenance evidence. Thesaurus for use in rare book and special collections cataloguing. Prepared by the Standards Committee of the Rare Books and Manuscripts Section (ALA/ACRL), Chicago: Association of College and Research Libraries, 1988.

5 Michael Gorman/Paul W. Winkler (ed.), Anglo-American cataloguing rules, prepared by American Library Association/British Library/Canadian Committee on Cataloguing/Library Association/Library of Congress, 2. ed., London: Library Association, 1978 (1. ed. 1967), AACR-2. In the index, the keyword »Provenance (early printed monographs)« refers to 2.18F with references to the description of the copy in hand in the »note area«:

»Copy being described | Make notes on special features of the copy in hand. These include rubrication, illumination, and other hand colouring, manuscript additions, binding (if noteworthy), provenance, and imperfections.« – Commentary 2023: The statement that the concept of provenance was »introduced in the AACR-2 in 1978« should be qualified, since the provisions from 2.18F of the AACR-2 can already be found in comparable formulations in 185D of the 1. edition of the AACR of the London edition (Anglo-American cataloguing rules, prepared by American Library Association/Library of Congress/Library Association/Canadian Library Association, British Text, London: Library Association, 1967) and in 184E of the Chicago edition (Anglo-American cataloging rules [...], North American text, Chicago: American Library Association, 1967). In it, the description of provenance marks is broken down according to different types of media (incunabula, manuscripts collections, pictures), and for the description of pictorial material it then says in 272C5 with reference to Frits Lugt, Les Marques de Collection de Dessins & d'Estampes (1921, Supplement 1956, as online resource 2010 of Fondation Custodia, Collections Frits Lugt, Paris, http://www.marquesdecollections.fr/): »Provenance. The names of previous owners may be given if known and if useful for identification. [...] Previous collectors' marks on a print are noted in inverse chronological order, with Lugt designations.« Frits Lugt's catalogue has a tableau of provenance features (e.g. initiales, numéro, paraphe), which are indexed according to visual search criteria. – Kommission des Deutschen Bibliotheksinstituts für Erschließung und Katalogmanagement (ed.), Regeln für die alphabetische Katalogisierung in wissenschaftlichen Bibliotheken, erarbeitet von der Kommission des Deutschen Bibliotheksinstituts für Alphabetische Katalogisierung (bis 1990) und der Expertengruppe RAK des Deutschen Bibliotheksinstituts (seit 1991), red. Hans Popst, 2., überarbeitete Ausg., Berlin: Deutsches Bibliotheksinstitut, 1993- (1. Ausg. 1983), RAK-WB. In the out-of-the-way place 2.6.2.6.4.4. on the »Angaben zum vorliegenden Exemplar«, § 163a states: » [...] 2. Weitere Angaben zum vorliegenden Exemplar können gemacht werden, wenn es für zweckmäßig gehalten wird. Diese Angaben betreffen z.B. Unvollständigkeit (fehlende Blätter), Einbandart, Erhaltungszustand, Kolorierung, handschriftliche Vermerke einschließlich Widmungen, Provenienzen, alte Signaturen, Bücherpreise, numerierte Exemplare, in Zentimetern gemessenes Format.«

6 Jürgen Weber, »The copy in hand«. Ziele und Voraussetzungen exemplarspezifischer Erschließung, in: Bibliotheksdienst, 36, 2002, 5, p. 614–624.

7 Thesauri for use in rare book and special collections cataloguing, prepared by the Standards Committee of the Rare Books and Manuscripts Section (ACRL/ALA): Printing and publishing evidence (1986), Binding terms (1988), Provenance evidence (1988), Paper terms (1990), Type evidence (1990).

8 The Library Association Rare Books Group, Guidelines for the cataloguing of rare books, London: The Group, 1997.

9 Arbeitsgemeinschaft Alte Drucke beim Gemeinsamen Bibliotheksverbund (GBV), http://aad.gbv.de/empfehl.htm, 2023 online resource no longer available, cf. https://provenienz.gbv.de/DBV-Empfehlungen_zur_Provenienzverzeichnung.

10 Monique Hulvey, Provenance description and access, in: CERL Newsletter, 7, July 2003, p. 3–4, https://www.cerl.org/_media/publications/newsletterjuly03.pdf. – Jürgen Weber, Provenance information: steps towards cooperative recording and indexing, in: IFLA Newsletter. Section on Rare Books and Manuscripts, Winter 2003, p. 10–13, https://archive.ifla.org/VII/s18/pubs/winter03.pdf. – Jürgen Weber, Kooperative Provenienzerschließung, in: Zeitschrift für Bibliothekswesen und Bibliographie, 51, 2004, 4, p. 239–245. – The description of provenance can be funded along with other cataloguing projects by Deutsche Forschungsgemeinschaft (DFG): Aus der Deutschen Forschungsgemeinschaft, Förderungsgrundsätze im Programm »Erschließung von Spezialbeständen«, in: Zeitschrift für Bibliothekswesen und Bibliographie, 48, 2001, 5, p. 281–286, p. 283.

11 Provenance evidence. Thesaurus for use in rare book and special collections cataloguing. Prepared by the Standards Committee of the Rare Books and Manuscripts Section (ALA/ACRL), Chicago 1988. – Deborah J. Leslie, Folger Shakespeare Library Washington, has offered the support of the Bibliographic Standards Committee of the Rare Books and Manuscripts Section for the works on the thesaurus.

12 Bibliothèque municipale de Lyon, Numelyo, https://numelyo.bm-lyon.fr/plansite.php.

13 Initiative Fortbildung für wissenschaftliche Spezialbibliotheken und verwandte Einrichtungen e. V., texts and reports 2003 and 2004: https://www.initiativefortbildung.de/html/schlaglichter/schlaglichter.html.

Provenienzklärung und Restitution als Managementaufgabe

Abstract *Provenienzklärung und Restitution unrechtmäßig erworbenen Kulturguts stellen zwar hohe Anforderungen an das Bibliotheksmanagement, sie sind aber keine Überforderung, sondern Bestandteil grundlegender Informationsdienstleistungen und Qualitätssicherung. Grundlage dafür ist eine nachhaltig betriebene Provenienzforschung, deren Management die fachwissenschaftlichen, politisch-administrativen und zivilgesellschaftlichen Aspekte der Dienstleistung berücksichtigt.*

Although provenance clarification and restitution of unlawfully acquired cultural assets place high demands on library management, they are not an excessive challenge, but rather an integral part of basic information services and quality assurance. The basis for this is sustainable provenance research, the management of which takes into account the academic, political-administrative and civil society aspects of the service.

Provenienzklärung und Restitution nach der *Gemeinsamen Erklärung* 1999

»Provenienzklärung« und »Restitution« sind die Schlüsselbegriffe einer Debatte über NS-Raubgut, die die Bibliotheken seit Ende der 1990er-Jahre zunehmend beschäftigt. Die Begriffe umreißen ein Aufgabenfeld, das lange Zeit zu Unrecht eher im Zusammenhang mit dem Kunstmarkt musealer Objekte gesehen und weniger auf Sammlungen oder auch nur einzelne Bücher in Bibliotheken bezogen wurde.

Mit den Fortschritten der Erforschung des NS-Kulturgutraubes sehen sich die Bibliotheken bei der Aufarbeitung des Themas vor erhebliche organisatorische, erschließungspraktische und auch finanzielle Herausforderungen gestellt. Es geht dabei nicht mehr nur um Aufklärung von Erwerbungsvorgängen aus den Jahren 1933 bis 1945, sondern vor allem auch aus der Folgezeit. Auf dem antiquarischen Markt zirkulieren noch immer Bücher, die als NS-Raubgut eingestuft werden und, einmal in öffentlichen Besitz gelangt, von den Institutionen zu restituieren sind. Es zeichnet sich ab, dass die Aufgabe nicht wie bislang in Projektform in einem begrenzten Zeitraum von zwei bis drei Jahren erledigt werden kann, sondern als längerfristige oder dauerhafte Aufgabe begriffen und in die laufenden Geschäftsprozesse integriert werden muss.

Das zentrale Dokument, das die Debatte in Deutschland in Gang gesetzt hat, ist die *Gemeinsame Erklärung* von 1999, die in der *Handreichung* 2007 mit weiteren einschlägigen Dokumenten und Erläuterungen abgedruckt ist.[1] Hierin haben sich die Bundesregierung, die Länder und die kommunalen Spitzenverbände dazu verpflichtet, 1. in den Magazinen und Katalogen aller öffentlich unterhaltenen, Kulturgut bewahrenden Einrichtungen nach NS-Raubgut zu suchen, 2. die Funde zu dokumentieren und 3. zu restituieren, d.h. an die rechtmäßigen Eigentümer oder deren Erben zurückzugeben. Diese Aufgaben können nicht ohne begleitende eigenverantwortliche Archivrecherchen erledigt werden. Neben der obligatorischen Mitteilung der Fund- und Suchmeldungen an die Koordinierungsstelle Magdeburg zur Präsentation der Daten in der Lost Art Internet-Datenbank[2] muss auch die Suche nach den rechtmäßigen Eigentümern veranlasst werden, zumal oft erst in Zusammenhang mit Recherchen zur Familiengeschichte und im Kontakt mit den Erben Klarheit über Zuschreibungen und Überlieferungswege zu gewinnen ist. Für kurzfristige Rechercheaufträge und Rechtsgutachten, aber auch für systematische und vertiefte Forschungsvorhaben können daher seit 2008 Fördermittel bei der Arbeitsstelle für Provenienzrecherche/-forschung am Institut für Museumsforschung der Staatlichen Museen zu Berlin – Stiftung Preußischer Kulturbesitz[3] beantragt werden. Die Arbeitsstelle und Projekte werden aus Mitteln des Beauftragten der Bundesregierung für Kultur und Medien und der Kulturstiftung der Länder finanziert.

Mit der *Gemeinsamen Erklärung* sind keine gesetzlichen Regelungen verbunden, sie ist als »Selbstverpflichtung« und politischer Auftrag mit starkem moralischem Anspruch zu verstehen. Es gibt – im Unterschied zum Wiedergutmachungsrecht – keine zeitlichen Befristungen und damit auch keine Ausschlussfristen. Ziel der Initiative ist es, eine »gerechte und faire Lösung« für solche Fälle zu finden, für die in der Vergangenheit kein oder kein ausreichender Ausgleich gefunden werden konnte. Streitfälle zwischen den Institutionen und den rechtmäßigen Eigentümern können einer Beratenden

Kommission (mit Geschäftsstelle bei der Koordinierungsstelle Magdeburg) zur Mediation vorgelegt werden.

Die *Gemeinsame Erklärung* ist eine Reaktion auf die *Washingtoner Erklärung* von 1998, das sind die *Grundsätze der Washingtoner Konferenz in Bezug auf Kunstwerke, die von den Nationalsozialisten beschlagnahmt wurden*, abgedruckt in der *Handreichung* 2007. Diese Erklärung, zu deren 44 Unterzeichnerstaaten auch die Bundesrepublik Deutschland gehört, markiert auf internationaler Ebene einen grundlegenden Wandel im Umgang mit verfolgungsbedingten Vermögensverlusten. In Deutschland muss die *Gemeinsame Erklärung* zudem in Zusammenhang gesehen werden mit der Aufarbeitung der NS-Vergangenheit öffentlicher Institutionen und privater Unternehmen. Die Veröffentlichung der Ergebnisse dieser späten Form der Vergangenheitsbewältigung, z.B. des Auswärtigen Amtes oder der Deutschen Bank, stößt regelmäßig auf breites öffentliches Interesse. Gemeinsam mit den Museen und Archiven erreicht diese Aufgabe 1999 nun auch die Bibliotheken, die in noch nicht abzuschätzendem Umfang an der Verwertung beschlagnahmter und geraubter Bücher, Manuskripte und Grafiken beteiligt waren oder davon profitiert haben. Das gilt auch für Nachkriegsgründungen, da ein großer Teil des Raubgutes z.B. als »herrenloses Gut« erst nach 1945 in die Bibliotheken gelangt oder noch immer unentdeckt im Handel ist.

NS-Raubgut: Rechtslage und Begriff

Im Zuge der Wiedervereinigung beider deutscher Staaten kam es auch zu einer Verbesserung der Restitutionspraxis. Während es die DDR weitgehend unterlassen hatte, gesetzliche Voraussetzungen für die Rückerstattung von NS-Raubgut zu schaffen, zeichnete sich die Rechtslage in der Bundesrepublik durch die mehrfache Neudefinition von »Härtefällen« und Anmelde- und Ausschlussfristen aus, ohne jedoch zu umfassenden praktikablen Regelungen zu kommen. Immer wieder wurden Personengruppen, z.B. Zwangsarbeiter, Opfer der NS-»Euthanasie« und »Asoziale«, als nicht anspruchsberechtigt ausgeklammert. Zu einem »Schlussstrich« ist es durch die Lücken der Wiedergutmachung daher nie gekommen.

Wichtige Impulse verdankt die Diskussion über eine wirksame Wiedergutmachung dem *Vermögensgesetz*, eigentlich *Gesetz zur Regelung offener Vermögensfragen (VermG)*. Das Gesetz sollte bei seiner Verabschiedung 1990 zunächst nur DDR-Unrecht rückgängig machen und wurde erst spät im

Einigungsprozess beider deutscher Staaten um Regelungen zum Vermögensverlust durch NS-Verfolgung ergänzt.[4] Nach allgemeiner Auffassung nimmt die aktuelle Fassung des Gesetzes aber Gehalt und Merkmale des Wiedergutmachungsrechts in einer Weise auf, die – verstärkt durch höchstrichterliche Rechtsprechung seit den 1990er-Jahren – den Weg zu einer pragmatischen und fairen Restitutionspraxis geebnet hat.

§ 1 Abs. 6 VermG bezieht sich auf vermögensrechtliche Ansprüche von Bürgern und Vereinigungen, »die in der Zeit vom 30. Januar 1933 bis zum 8. Mai 1945 aus rassischen, politischen, religiösen oder weltanschaulichen Gründen verfolgt wurden und deshalb ihr Vermögen in Folge von Zwangsverkäufen, Enteignungen oder auf andere Weise verloren haben.« Infolge von diskriminierenden Steuergesetzen, Berufsverboten, Beschlagnahmen und anderen Verfolgungsmaßnahmen sind die Bibliotheken zu Schenkungen und günstigen Ankäufen gekommen, deren Hintergründe im Zuge der Provenienzklärung aufzuhellen sind. Nach der *Handreichung* 2007 muss von unrechtmäßigem Erwerb schon in solchen Fällen ausgegangen werden, »bei denen ein verfolgungsbedingter Entzug vermutet wird bzw. nicht ausgeschlossen werden kann«.[5] Soll also umgekehrt ein Verdacht auf NS-Raubgut entkräftet werden, muss die Institution jeweils die Rechtmäßigkeit des fraglichen Zugangs nachweisen.

Im Restitutionsfall kann außer der Rückgabe der Objekte auch deren Ankauf als Entschädigung angeboten werden, doch wird man die Entscheidung darüber den rechtmäßigen Eigentümern überlassen und im Streitfall einen Mediator einschalten müssen. Um Fehlentscheidungen und Doppelleistungen, z.B. durch Rückgabe trotz einer früheren Entschädigung, zu vermeiden, muss in jedem Fall eine Anfrage an das Bundesamt für zentrale Dienste und offene Vermögensfragen (BADV)[6] in Berlin gerichtet werden. Hier ist zu klären, ob es bereits Entschädigungen gegeben hat oder aktuelle Verfahren nach § 1 Abs. 6 VermG anhängig sind.

Durch die *Gemeinsame Erklärung* sind die geltenden gesetzlichen Bestimmungen, wie sie in den Anlagen Va und Vb der Onlineversion der *Handreichung* 2007 ausführlicher dargestellt sind, nicht geändert worden. Für die Rückerstattung von Vermögenswerten mit Bezug zu den alten Bundesländern gibt es praktisch keine durchsetzbaren Rechtsansprüche mehr; an deren Stelle ist die Selbstverpflichtung der *Gemeinsamen Erklärung* getreten. Für die Rückerstattung von Vermögenswerten mit Bezug zu den neuen Bundesländern bestehen infolge des VermG jedoch Rückgabeansprüche, und zwar auch dann, wenn sich das Objekt heute auf dem Gebiet der alten Bundesländer befindet.

So muss in einem Verdachtsfall geprüft werden, ob beim Bundesamt oder einem der Landesämter zur Regelung offener Vermögensfragen Rückgabeansprüche geltend gemacht worden sind. Antragsfrist hierfür war 30. Juni 1993. Für die Rückerstattung von »erbenlosem Vermögen« und Vermögenswerten jüdischer NS-Verfolgter, auf die keine Rückerstattungsansprüche angemeldet worden sind, ist zunächst die Conference on Jewish Material Claims Against Germany in ihrer Funktion als Universalrechtsnachfolgerin nach dem VermG anzusprechen. In allen anderen Fällen greift wiederum die Selbstverpflichtung der *Gemeinsamen Erklärung*.

Bei dieser Ausgangslage sollten keine für die Restitution relevanten Entscheidungen ohne Rechtsberatung, z.B. durch das Justiziariat der Institution oder Fachanwälte, getroffen werden. Es gehört zu den Aufgaben der Institution, im Zuge der Provenienzklärung die Umstände der Verfolgung sowie Vorgeschichte, Art und Umstand des Zugangs zu recherchieren und zu bewerten. Doch sollte man sich darüber im Klaren sein, dass die Bibliotheken solche Prüfungen aus der Position der mutmaßlichen Nutznießer eines verfolgungsbedingten Vermögensverlustes vornehmen; Wertungen sollten daher nicht ohne externe Beratung getroffen werden, etwa durch die Conference on Jewish Material Claims Against Germany.

In der Fachliteratur und umgangssprachlich hat sich neben dem technischen Begriff »NS-Raubkunst« der Begriff »NS-Raubgut« als Verständigungsbegriff etabliert, der NS-verfolgungsbedingt entzogene Kulturgüter im Sinne § 1 Abs. 6 VermG bezeichnet. Hiervon zu unterscheiden ist der Begriff der »Beutekunst«, der im Zusammenhang mit Verstößen gegen die Haager Landkriegsordnung von 1907 kriegsbedingt verbrachte Kulturgüter bezeichnet, wobei Beutekunst eine Vorgeschichte als NS-Raubkunst haben kann.

Wirkungsreferenz durch Management: Kennzahlen, Leitbild und Governance

Im Zuge des New Public Management sind seit Anfang der 1990er-Jahre moderne Managementkonzepte auf den öffentlichen Sektor übertragen worden. Die Konzepte hatten nicht nur verbesserte technische Verfahrensweisen zum Ziel, sondern sollten auch die konzeptionelle Arbeit der Verwaltungsführungen verstärkt auf handlungskoordinierende Sichtweisen lenken. Ziel war die Trennung betrieblich relevanter Entscheidungen der Fachverwaltungen von den politisch-strategischen Entscheidungen, wie sie z.B. durch die *Gemeinsa-*

me Erklärung zum Ausdruck kommen. An die Stelle der Selbstreferenz der Berufe mit Betonung berufsständischer Standards sollte, verkürzt gesagt, Wirkungsreferenz durch Management treten. Kunden- und Dienstleistungsorientierung sollten die betriebswirtschaftlichen Verfahren ergänzen, die seit Ende der 1970er-Jahre auch im Bibliotheksbereich erfolgreich eingeführt worden waren.

Von der damit verbundenen Binnenmodernisierung der Bibliotheksverwaltungen konnte das Aufgabenfeld der Provenienzklärung und Restitution jedoch nicht profitieren. So werden die Ergebnisse der NS-Raubgutforschung weder in Indikatoren, z.B. Kennzahlen, statistisch erfasst, noch findet sich die Selbstverpflichtung der *Gemeinsamen Erklärung* in einem der Leitbilder wieder, die sich Bibliotheken als Mission gegeben haben, noch sind Strukturen aufgebaut worden, die dauerhaft externe juristische und gutachterliche Kompetenz und beratende, evaluierende Gremien einbeziehen. Solche Elemente wären deutliche Indizien für einen proaktiven, rechenschaftsfähigen und transparenten Umgang auch mit NS-Raubgut.

Provenienzklärung und Restitution sind bis 2011 in keinem der zahlreichen Kompendien für Bibliotheksverwaltung und -management berücksichtigt worden. Das ist unverständlich, bietet die inzwischen gut entwickelte, wirkungsorientierte Verwaltungskultur der Bibliotheken doch günstige Voraussetzungen für die effektive Bearbeitung der Aufgabe. Bibliotheken sind Teil des Bildungssystems und als wissenschaftliche Einrichtungen auch Teil der Forschungsinfrastruktur. Aus diesen funktionalen Zusammenhängen heraus können sie durch eine verbesserte Governance das Management von Provenienzklärung und Restitution neu justieren und geeignete Verfahren zur Steuerung und Handlungskoordination entwickeln, und zwar (a) in Hinsicht auf die politisch-administrativen Aspekte der Durchführung von Restitutionsverfahren und (b) in Hinsicht auf die fachwissenschaftlichen, bibliothekarischen Standards und Techniken der Dokumentation der Provenienz- und Restitutionsdaten. Dafür, ob und in welchem Umfang auch neue Formen zivilgesellschaftlicher Teilhabe, z.B. Runde Tische, berücksichtigt werden können, gibt es noch keine Beispiele.

Governance soll dabei im Sinne einer Lenkungsform verstanden werden, wie sie als »educational governance« schon für den Hochschulbereich beschrieben wurde.[7] Ziel ist es, die Handlungen der auf mehreren Ebenen beteiligten Akteure so zu koordinieren, dass die finanziellen, organisatorischen und personellen Reserven einer Institution hier zugunsten des Restitutionsprozesses mobilisiert werden. Bezogen auf die Anforderungen, die sich aus der *Handreichung* 2007 für den Umgang mit NS-Raubgut ergeben, lassen sich daraus für das Sammlungsmanagement in Bibliotheken folgende handlungskoordinierenden Leitlinien und Verfahrensvorschläge ableiten.

(a) Politisch-administrative Aspekte: Nach der *Handreichung* 2007 ist bei der Vorbereitung von Restitutionen »ein ausschließlich reaktiver Ansatz unzureichend«.[8] Um über den appellativen Charakter hinaus, den die Selbstverpflichtung der *Gemeinsamen Erklärung* nur haben kann, *proaktives Handeln* zu fördern, müssen Anreizsysteme geschaffen werden. So sind z.B. die Fördermittel zu verstehen, die Bund und Länder über die Berliner Arbeitsstelle für Provenienzrecherche/-forschung seit 2008 gewähren. Über die Einwerbung solcher Projektmittel hinaus sollen die Einrichtungen aber auch auf dem Feld der Provenienzklärung in eine Wettbewerbssituation gebracht werden, in der – durch die Generierung statistisch verwertbarer Daten – Quantität und Intensität ihrer Aktivitäten ablesbar, überprüfbar und vergleichbar dargestellt werden. Auf diesen Wettbewerb müssen sich die Bibliotheken vorbereiten.

Aufgrund der Menge und weiten Streuung von Objekten, die als NS-Raubgut einzustufen sind, können Provenienzklärung und Restitution nicht in einem Kraftakt gelöst werden. Die verfügbaren Fördermittel müssen als Anschubfinanzierung betrachtet werden, um Grundlagen für eine systematische Recherche in den Institutionen zu schaffen und Kompetenzen aufzubauen, die eine *langfristige Bearbeitung der Provenienz- und Restitutionsaufgaben* gewährleisten.

Mit einer verbesserten Governance ist auch die verstärkte *Nutzung von Netzwerken* verbunden, die den Bibliotheken einerseits über die verbundgestützten kooperativen Arbeitsweisen, andererseits über die Infrastruktur, die infolge der *Washingtoner Erklärung* auf internationaler Ebene etabliert worden ist, offensteht. Aus der Erfahrung der letzten Jahre stehen als wichtige Ansprechpartner in der Praxis, etwa bei der Suche nach Rechtsnachfolgern, die Commission for Looted Art in Europe[9], die Conference on Jewish Material Claims Against Germany[10] und das Bundesamt für zentrale Dienste und offene Vermögensfragen zur Verfügung. Neben der Koordinierungsstelle Magdeburg und der Arbeitsstelle für Provenienzrecherche-/forschung haben sich die Hannoverschen Symposien[11] zu einem internationalen Forum für den fachlichen Austausch unter Bibliotheken und anderen Sparten des Kultur- und Bildungsbetriebs entwickelt, dessen Ergebnisse regelmäßig in Tagungsbänden dokumentiert werden.

Neben Publikationen, Ausstellungen und Tagungen, die Gelegenheit zur Präsentation der eigenen Aktivitäten geben, sollte eine Einrichtung ihr Engagement im Sinne der *Gemeinsamen Erklärung* auch im Leitbild darstellen. *Transparenz* ist insbesondere auch gegenüber den rechtmäßigen Eigentümern bzw. den potenziellen Berechtigten, oft im direkten Kontakt, herzustellen. Die oft langwierigen internen Abstimmungs- und Entscheidungsprozesse müssen für Außenstehende verstehbar gemacht werden. Im Vorfeld von Restitutionen muss Zugang zu den Objekten und Archivalien gewährt werden; es sind vergleichende Wertgutachten einzuholen; die Veröffentlichung restitutionsrelevanter Sachverhalte und Pressemitteilungen müssen mit den Verhandlungspartnern abgestimmt werden. Neben der obligatorischen juristischen Prüfung des eigenen Vorgehens sollte auch die Berufung eines Gremiums erwogen werden, das die eigenen Aktivitäten evaluierend und beratend begleitet.

Schon die Vorbereitung von Restitutionen verursacht beträchtliche Kosten etwa für Rechtsberatung und Wertgutachten, die sich schnell als restitutionshemmend auswirken können. Daher ist es für Einrichtungen, die mit größeren Mengen an NS-Raubgut belastet sind, empfehlenswert, ein Fundraising zu betreiben, um neben den begrenzten Förder- und Erwerbungsmitteln zusätzliche Mittel einzuwerben. *Fundraising* setzt ein hohes Maß an Transparenz und nachvollziehbare Kontrollstrukturen voraus.

(b) Bibliothekarische Aspekte: Die Dokumentation der Provenienz- und Restitutionsdaten muss den aktuellen Standards bibliothekarischer Erschließung folgen. Von proprietären Nachweisinstrumenten, z.B. Listen und Spezialkatalogen außerhalb der allgemeinen Bibliothekskataloge, ist abzuraten, da deren langfristige Pflege und Kompatibilität mit anderen Systemen nicht gewährleistet werden kann. Provenienzklärung und Restitution einzelner Objekte als Teilsammlungen oder kompletter Sammlungen berühren den bibliothekarischen Geschäftsgang vom Zugang bis zur Aussonderung, für dessen professionelle Handhabung auf die differenzierten Instrumente des Sammlungsmanagements zurückgegriffen werden kann. Im Rahmen der kooperativen Provenienzerschließung sind inzwischen Mindeststandards und Techniken entwickelt worden, die für die Erschließung von NS-Raubgut geeignet sind: Nutzung und Ausbau von Normdateien, ein multilingualer Thesaurus der Provenienzbegriffe, Katalogisierungsrichtlinien unter Berücksichtigung exemplar- und sammlungsspezifischer Erschließung, Integration von Bilddaten.[12] Eine regelkonforme Verzeichnung, Pflege und Präsentation der Provenienz- und Restitutionsdaten im Onlinekatalog sind zugleich Voraussetzung für eine statistische Auswertung und auch den Export der Daten. So ermöglicht z.B. eine Schnittstelle des Gemeinsamen Verbundkataloges des Gemeinsamen Bibliotheksverbundes (GBV) das regelmäßige Update der NS-Raubgutdaten in der Lost Art Internet-Datenbank der Koordinierungsstelle für Kulturgutverluste Magdeburg.

Bestandsaufnahme 2011

Bei der zentralen Stelle zur Dokumentation der Fund- und Suchmeldungen, der Lost Art Internet-Datenbank der Koordinierungsstelle für Kulturgutverluste Magdeburg, sind bei einer Bestandsaufnahme Ende 2011 nicht mehr als 18 Bibliotheken registriert, die Funde gemeldet haben: (nach Bundesländern) UB Tübingen, UB (LMU) München, StB Nürnberg, UB (HU) Berlin, SBB (Berlin), ZLB Berlin, SUB Bremen, SUB Hamburg, StUB Frankfurt a.M., UB Marburg, UB Braunschweig, SUB Göttingen, UStB Köln, StB Essen, SLUB Dresden, UB Leipzig, LB Dessau-Roßlau, HAAB Weimar. Von den 18 Bibliotheken sind neun zugleich Projektnehmer der Arbeitsstelle für Provenienzrecherche/-forschung, hinzu kommen vier Projekte anderer Bibliotheken: GWLB Hannover und die Instituts- und Seminarbibliotheken der Universitäten Köln (Kunsthistorisches Institut) und Göttingen (Seminar für Deutsche Philologie) sowie der Stiftung Neue Synagoge Berlin – Centrum Judaicum. Zu ergänzen sind einzelne Bibliotheken, z.B. die BSB München, die über Restitutionen berichtet haben, aber die genannten Plattformen nicht für die Dokumentation nutzen. Statistische Übersichten und Kennzahlen, die Auskunft über die Quantität der ermittelten Funde und Intensität der Recherchen geben könnten, sind 2011 – auch in der Deutschen Bibliotheksstatistik (DBS) – nicht verfügbar.

Erstveröffentlichung: Der Aufsatz ist unter dem Titel *Provenienzklärung und Restitution als Managementaufgabe* zuerst erschienen in: Hans-Christoph Hobohm/Konrad Umlauf (hg.), Erfolgreiches Management von Bibliotheken und Informationseinrichtungen, Aktualisierungs- und Ergänzungslieferung Nr. 38, Loseblatt-Ausgabe, Hamburg: Dashöfer, 2012, Kap. 2.2.1 (Praxisbeispiel), S. 1–11. – Die in der Erstveröffentlichung angegebenen Internetadressen (11. Oktober 2012) wurden am 26. Oktober 2023 aufgerufen und aktualisiert. Literaturangaben wurden aus dem Text in Anmerkungen überführt. Die nicht einfach zu überblickende Versionengeschichte der Print- und Onlinepublikationen der *Handreichung* seit 2001 wurde im Anmerkungsteil nicht mehr nachgetragen. Informationen hierzu finden sich mit Abbildung der Broschüren im Einleitungskapitel dieses Buches. Der Abstract wurde 2023 erstellt.

Anmerkungen

1 Der Beauftragte der Bundesregierung für Kultur und Medien (hg.), Handreichung zur Umsetzung der »Erklärung der Bundesregierung, der Länder und der kommunalen Spitzenverbände zur Auffindung und zur Rückgabe NS-verfolgungsbedingt entzogenen Kulturgutes, insbesondere aus jüdischem Besitz« vom Dezember 1999, vom Februar 2001, überarbeitet im November 2007 (= 5., überarbeitete Auflage), Bonn/Berlin: 2007. Onlineversion der Handreichung mit aktualisierten Informationen (Anlagen) als 6., korrigierte Auflage, 2007: http://www.lostart.de/Webs/DE/Koordinierungsstelle/Handreichung.html, 2023 online nicht mehr verfügbar. – Gunnar Schnabel/Monika Tatzkow, Nazi Looted Art. Handbuch Kunstrestitution weltweit, Berlin: Proprietas-Verlag, 2007.

2 https://www.lostart.de/de/start.

3 http://www.arbeitsstelle-provenienzforschung.de/, 2023 online nicht mehr verfügbar.

4 Vollzitat: »Vermögensgesetz in der Fassung der Bekanntmachung vom 9. Februar 2005 (BGBl. I S. 205), das zuletzt durch Artikel 15 Absatz 33 des Gesetzes vom 4. Mai 2021 (BGBl. I S. 882) geändert worden ist«, https://www.gesetze-im-internet.de/vermg/BJNR211590990.html. – Korrektur und Erläuterung 2023: Der Ausdruck »erst später« im Text der Erstveröffentlichung des Aufsatzes wurde 2023 durch den Ausdruck »erst spät im Einigungsprozess beider deutscher Staaten« ersetzt. Mit dem Vermögensgesetz, das am 29. September 1990 in Kraft trat, war die Aufgabe verbunden, das in der DDR enteignete Flüchtlingsvermögen auszugleichen, ohne dadurch überlagerte Fälle von NS-Raubgut von einer Restitution auszuschließen. Die Rückerstattung jüdischen Vermögens wurde erst Ende August 1990, gegen Ende der Einigungsverhandlungen beider deutscher Staaten, geregelt, eine ergänzende Anmeldeverordnung für Vermögensverluste von NS-Verfolgten wurde am 11. Oktober 1990 nachgetragen. Zur Entstehungs- und Novellierungsgeschichte des Vermögensgesetzes vgl.

Christian Meyer-Seitz, Die Entwicklung der Rückerstattung in den neuen Bundesländern seit 1989. Eine juristische Perspektive, in: Constantin Goschler/Jürgen Lillteicher (hg.), »Arisierung« und Restitution. Die Rückerstattung jüdischen Eigentums in Deutschland und Österreich nach 1945 und 1989, Göttingen: Wallstein, 2002, S. 265–279, hier S. 265–270.

5 Handreichung (Anm. 1), S. 8.

6 https://www.badv.bund.de/DE/Bundesaemter/BADV/Aufgaben/start.html.

7 Vgl. Herbert Altrichter/Thomas Brüsemeister/Jochen Wissinger (hg.), Educational Governance. Handlungskoordination und Steuerung im Bildungssystem, Wiesbaden: VS Verlag für Sozialwissenschaften, 2007.

8 Handreichung (Anm. 1), S. 8.

9 https://www.lootedartcommission.com/.

10 http://www.claimscon.de/.

11 Gottfried Wilhelm Leibniz Bibliothek Hannover, https://www.provenienzforschung-niedersachsen.de/kooperationspartner/gottfried-wilhelm-leibniz-bibliothek-hannover/.

12 Vgl. https://provenienz.gbv.de/Hauptseite.

Personen- und Sachindex

Alle Bibliotheken sind unter »Bibliothek« zusammengeführt. Andere Institutionen, Firmen und Vereine sind unter dem Eigennamen verzeichnet.

P

R

S